Hans-Rüdiger Hintze

Ansatz und Bewertung der Wirtschaftsgüter in der steuerlichen Eröffnungsbilanz bei der Umwandlung von Personengesellschaften in Kapitalgesellschaften

Hans-Rüdiger Hintze

Ansatz und Bewertung der Wirtschaftsgüter in der steuerlichen Eröffnungsbilanz bei der Umwandlung von Personengesellschaften in Kapitalgesellschaften

Nachdruck der Originalfassung von 1972

Herausgegeben von Robert Hintze

Bibliografische Information der Deutschen Nationalbibliothek:
Die Deutsche Nationalbibliothek verzeichnet diese Publikation in der Deutschen
Nationalbibliografie; detaillierte bibliografische Daten sind im Internet über
http://dnb.d-nb.de abrufbar.

Herausgabe, Umschlagsgestaltung und Satz: Dr. Robert Hintze

Verlag: tredition GmbH, Hamburg
ISBN: 978-3-8495-7498-7
Printed in Germany

Vorwort des Herausgebers

Die vorliegende Arbeit wurde im Wintersemester 1972 von der juristischen Fakultät der Georg-August-Universität zu Göttingen als Dissertation angenommen. Trotz einer hervorragenden Benotung erschien Sie damals nicht in einer über den Buchhandel erhältlichen Auflage, sondern der Verfasser entschied sich wie viele andere Autoren von wissenschaftlichen Schriften für die Veröffentlichung im Selbstverlag mit einer überschaubaren Anzahl von Bibliotheksexemplaren.

Zum 70. Geburtstag des Autors, der in den letzten Jahrzehnten als überregional bekannter und geachteter Rechtsanwalt und Notar die Geschicke einer angesehenen Wirtschaftskanzlei mitgestaltet hatte, erscheint die vorliegende Arbeit nun erstmals als regulär verlegtes Buch, und zwar in ihrer Originalfassung, d.h. Literatur, Rechtsprechung und Gesetzgebung sind auf dem Stand von 1965.

Die Veröffentlichung wurde dabei bewusst ohne inhaltliche Überarbeitung vorgenommen. Zum einen ist die Arbeit für Rechtskundige aus rechtshistorischer Sicht hochinteressant. Gerade im Umwandlungs- und Umwandlungssteuerrecht hat sich die Rechtslage entscheidend verändert. So wurde insbesondere der vom Autor stark kritisierte § 17 UmwStG durch das Steuerbereinigungsgesetz 1999 vom 29. Dezember 1999 vollständig aufgehoben. Eine weitere entscheidende Änderung hat sich mit Inkrafttreten des Bilanzrechtsmodernisierungsgesetzes (BilMoG) am 29. Mai 2009 ergeben, wodurch der Grundsatz der Maßgeblichkeit der Handelsbilanz für die Steuerbilanz im Prinzip weggefallen ist.

Zum anderen hat die Arbeit hinsichtlich ihrer zentralen Fragestellung nicht an Aktualität eingebüßt. Zahlreiche Vorschriften, die der Autor seinen Überlegungen zugrunde legt, mögen zwar maßgeblich abgeändert oder ganz aufgehoben worden sein. Die essentiellen Überlegungen der Arbeit, welcher Ansatz des Betriebsvermögens in Umwandlungsfällen unter welchen Umständen sinnvoll wäre, sind jedoch weiterhin gültig und hilfreich. Es erschien daher als wünschenswert, dass die vorliegende Arbeit auch 42 Jahre nach Ihrer Entstehung noch einmal einem breiten Publikum zugeführt wird.

Bremen, im Februar 2014   Dr. Robert Hintze

Meiner geliebten Frau

VIII

Inhaltsverzeichnis

Abkürzungsverzeichnis

a.A.	anderer Ansicht
a.a.O.	am angegebenen Ort
Abs.	Absatz
a.E.	am Ende
AG	Aktiengesellschaft
AG	Die Aktiengesellschaft (zit. nach Jahrgang und Seite)
AktG	Aktiengesetz vom 6. September 1965
Anm.	Anmerkung
AO	Reichsabgabenordnung vom 22. Mai 1931
Art.	Artikel
BB	Der Betriebsberater (zit. nach Jahrgang und Seite)
BdF	Bundesminister der Finanzen
BerlinFG	Berlinförderungsgesetz in der Fassung vom 29. Oktober 1970
BFH	Bundesfinanzhof
BFHE	Entscheidungen des Bundesfinanzhofs (zit. nach Band und Seite)
BGB	Bürgerliches Gesetzbuch vom 18. August 1896
BGBl.	Bundesgesetzblatt
BGH	Bundesgerichtshof
BGHZ	Entscheidungen des Bundesgerichtshofs in Zivilsachen (zit. nach Band und Seite)
BMWF	Bundesminister für Wirtschaft und Finanzen
BStBl.	Bundessteuerblatt
BVerfG	Bundesverfassungsgericht
BVerfGE	Entscheidungen des Bundesverfassungsgerichts (zit. nach Band und Seite)
DB	Der Betrieb (zit. nach Jahrgang und Seite)
d.h.	das heißt
DNotZ	Deutsche Notarzeitung (zit. nach Jahrgang und Seite)
DR	Deutsches Recht (zit. nach Jahrgang und Seite)
DStR	Deutsches Steuerrecht (zit. nach Jahrgang und Seite)
DStZ A	Deutsche Steuer-Zeitung, Ausgabe A (zit. nach Jahrgang und Seite)
DStZ B	Deutsche Steuer-Zeitung, Ausgabe B (zit. nach Jahrgang und Seite)
EFG	Entscheidungen der Finanzgerichte (zit. nach Jahrgang und Seite)

EStG	Einkommensteuergesetz in der Fassung vom 1. Dezember 1971
EStR	Einkommensteuer-Richtlinien
FG	Finanzgericht
FGG	Gesetz über die Angelegenheiten der freiwilligen Gerichtsbarkeit vom 17. Mai 1898
FR	Finanz-Rundschau (zit. nach Jahrgang und Seite)
Geschäftsz.	Geschäftszeichen
GewStG	Gewerbesteuergesetz in der Fassung vom 20. Oktober 1969
GG	Grundgesetz für die Bundesrepublik Deutschland vom 23. Mai 1949
gl.A.	gleicher Ansicht
GmbH	Gesellschaft mit beschränkter Haftung
GmbHG	Gesetz betreffend die Gesellschaften mit beschränkter Haftung vom 20. April 1892
GmbHR	GmbH-Rundschau (zit. nach Jahrgang und Seite)
HGB	Handelsgesetzbuch vom 10. Mai 1897
h.M.	herrschende Meinung
HRR	Höchstrichterliche Rechtsprechung (zit. nach Jahrgang und Seite)
INF	Die Information über Steuer und Wirtschaft (zit. nach Jahrgang und Seite)
i.S.	im Sinne
i.V.	in Verbindung
JbFfSt	Jahrbuch der Fachanwälte für Steuerrecht (zit. nach Jahrgang und Seite)
JW	Juristische Wochenschrift (zit. nach Jahrgang und Seite)
JZ	Juristenzeitung (zit. nach Jahrgang und Seite)
KG	Kammergericht
KG	Kommanditgesellschaft
KGaA	Kommanditgesellschaft auf Aktien
KStG	Körperschaftsteuergesetz in der Fassung vom 13. Oktober 1969
KVStG	Kapitalverkehrsteuergesetz in der Fassung vom 24. Juli 1959
l.	links/linke
LAG	Gesetz über den Lastenausgleich vom 14. August 1952
LG	Landgericht
NJW	Neue Juristische Wochenschrift (zit. nach Jahrgang und Seite)
NWB	Neue Wirtschafts-Briefe (zit. nach Sachgebiet und Seite)
OHG	Offene Handelsgesellschaft
OFD	Oberfinanzdirektion
r.	rechts/rechte

RFH	Reichsfinanzhof
RG	Reichsgericht
RGZ	Entscheidungen des Reichsgerichts in Zivilsachen (zit. nach Band und Seite)
Rspr.	Rechtsprechung
RStBl.	Reichssteuerblatt
Sp.	Spalte
StAnpG	Steueranpassungsgesetz vom 16. Oktober 1934
StB	Der Steuerberater (zit. nach Jahrgang und Seite)
StbJb	Steuerberater-Jahrbuch (zit. nach Jahrgang und Seite)
StBp	Die steuerliche Betriebsprüfung (zit. nach Jahrgang und Seite)
StBK	Steuererlasse in Karteiform (zit. nach Paragraph und Nummer)
StKongrRep	Steuer-Kongreß-Report (zit. nach Jahrgang und Seite)
StLex	Steuer-Lexikon, Fachzeitschrift für Steuerrecht, Teil II (zit. nach Fachgebiet und Seite)
StRK	Steuerrechtsprechung in Karteiform (zit. nach Paragraph und Randnummer)
StuW	Steuer und Wirtschaft (zit. nach Jahrgang und Spalte bzw. Nummer)
u.a.	unter anderem / und andere
UmwG	Umwandlungsgesetz in der Fassung vom 6. November 1969
UmwStG	Gesetz über die steuerlichen Maßnahmen bei Änderung der Unternehmensform (Umwandlungssteuergesetz) vom 14. August 1969
UStG	Umsatzsteuergesetz (Mehrwertsteuer) vom 29. Mai 1967
Vfg	Verfügung
vgl.	vergleiche
WM	Wertpapier-Mitteilungen Teil IV B (zit. nach Jahrgang und Seite)
WPg	Die Wirtschaftsprüfung (zit. nach Jahrgang und Seite)
ZfbF	Schmalenbachs Zeitschrift für betriebswirtschaftliche Forschung (zit. nach Jahrgang und Seite)
zit.	zitiert

Einleitung

1. Die Bedeutung der Bilanzierung in der steuerlichen Eröffnungsbilanz für die Durchführung der Umwandlung

Zahlreiche Unternehmen von Personengesellschaften sind infolge des wirtschaftlichen Aufschwungs der Bundesrepublik nach dem 2. Weltkrieg und nach überstandener Rezession in den Jahren 1967/68 in eine Größenordnung hineingewachsen, die ihre Inhaber zu der Frage zwingt, ob es nicht richtiger wäre, eine neue, den veränderten Größenverhältnissen angepasste und für den Wettbewerb im Gemeinsamen Markt geeignete Rechtsform zu wählen und deshalb den Betrieb in Form einer Kapitalgesellschaft weiterzuführen. Nur so kann oft mit der wirtschaftlichen Entwicklung Schritt gehalten werden; denn neben der bei Kapitalgesellschaften günstigeren Möglichkeit der Finanzierung und Kreditaufnahme, wodurch oftmals erst die dringend notwendigen Investitionen durchgeführt werden können, spielt hier auch die erleichterte Möglichkeit der Heranziehung außen stehenden Managements ohne Aufnahme in den Kreis der Gesellschafter eine Rolle.

Hinzu kommt, dass nicht immer das Eigenkapital mit der Ausdehnung des Unternehmens Schritt gehalten hat, wenn es überhaupt jemals in ausreichendem Umfang vorhanden war. Viele Kaufleute suchen deshalb das gesteigerte Risiko wenigstens für ihren persönlichen Bereich in der Weise zu begrenzen, dass sie ihr Unternehmen in eine GmbH umwandeln, falls sie nicht die Form der GmbH & Co. KG wählen.

Wenn deshalb für die Frage, ob eine Personengesellschaft in eine Kapitalgesellschaft umgewandelt werden soll, vor allem wirtschaftliche Gründe maßgebend sind, so spielen doch auch stets steuerliche Überlegungen eine nicht zu unterschätzende Rolle. Der für den Bereich des Ertragsteuerrechts wichtigste Unterschied in der Besteuerung beruht darauf, dass das in der Rechtsform der Kapitalgesellschaft geführte Unternehmen einer besonderen Steuer, der Körperschaftsteuer, unterworfen ist. Die von dieser Gesellschaft erzielten Gewinne werden, wenn sie nicht zum Körperschaftsteuersatz von derzeit 51 % thesauriert, sondern an die Gesellschafter ausgeschüttet werden, nicht nur bei der Kapitalgesellschaft selbst, sondern auch bei den Gesellschaftern einer nochmaligen Besteuerung, nämlich der Einkommensteuer, unterworfen. Es kann aber mit *Gaitzsch*[1] davon ausgegangen werden,

---

[1] S. 17.

dass für die Umwandlung einer Personengesellschaft in eine Kapitalgesellschaft ausschließlich aus Gründen der unterschiedlichen laufenden Besteuerung beider Gesellschaftsformen heute kaum mehr ein Bedürfnis bestehen dürfte. Anders verhält es sich jedoch mit der Frage, inwieweit die Umwandlung selbst infolge des Vermögensübergangs auf die Kapitalgesellschaft zu einer zusätzlichen Steuerbelastung führt. Die Feststellung etwa, der Umwandlungsakt selbst löse zusätzliche Steuerbelastungen in nicht unbeträchtlicher Höhe aus, wäre durchaus geeignet, die für eine Umwandlung sprechenden wirtschaftlichen Gesichtspunkte entscheidend zu mindern. Sie könnte sogar von ausschlaggebender Bedeutung für die Frage sein, ob eine Umwandlung überhaupt durchgeführt werden soll. Für die Frage aber, ob überhaupt und wenn ja, in welcher Höhe infolge der Umwandlung zusätzliche Steuerbelastungen entstehen, ist entscheidend, mit welchen Werten die in der Schlussbilanz der Personengesellschaft enthaltenen Wirtschaftsgüter in der steuerlichen Eröffnungsbilanz der Kapitalgesellschaft angesetzt werden können oder müssen. Fast ebenso wichtig ist, ob bisher nicht aktivierte immaterielle Wirtschaftsgüter, vor allem ein Geschäftswert nunmehr in der Eröffnungsbilanz der Kapitalgesellschaft ausgewiesen werden müssen.

2.   Abgrenzung der Arbeit

Diese Fragen sind Gegenstand der folgenden Untersuchung, wobei lediglich die praktisch wichtigen Fälle der Umwandlung in eine Aktiengesellschaft und in eine GmbH behandelt werden sollen. Wie die einleitenden Ausführungen bereits erkennen lassen, werde ich mich dabei auf die sogenannte übertragende errichtende Umwandlung beschränken. Darunter wird die Umwandlung einer Personengesellschaft auf eine von denselben Gesellschaftern neu gegründete Kapitalgesellschaft verstanden, wobei die Gesellschafter anstelle ihrer bisherigen Mitunternehmeranteile Anteile an der Kapitalgesellschaft erhalten. Im Gegensatz hierzu spricht man von einer übertragenden verschmelzenden Umwandlung, falls eine Personengesellschaft in eine bereits bestehende Kapitalgesellschaft eingebracht wird.[2] Doch handelt es sich dabei um einen besonderen Fall der Unternehmenskonzentration, der nicht nur zusätzliche Probleme aufwirft,[3] sondern sich wegen der fehlenden Identität der Gesellschafter bei der eingebrachten Personengesellschaft und der

---

[2] Zu den Begriffen vgl. *Brönner*, UmwStG, S. 5; *Glade/Steinfeld*, UmwStG, Anm. 9 und 11; *Schneider/Schlaus*, DB 1969, 2213; *Meyer-Ladewig*, BB 1969, 1005, 1006; *Müller*, Wpg 1969, 590, 591; *Felix*, Anm. 11.

[3] Z. B. falls die Gesellschafter der eingebrachten Personengesellschaft nicht nur junge, sondern auch alte Aktien der aufnehmenden Aktiengesellschaft erhalten.

aufnehmenden Kapitalgesellschaft in der Problematik grundsätzlich von der übertragenden errichtenden Umwandlung unterscheidet. Deshalb würde eine auch nur teilweise Erörterung der verschmelzenden Umwandlung den Rahmen dieser Arbeit sprengen.

§ 1 Die steuerrechtliche Erfassung der Umwandlung durch die §§ 17 ff. UmwStG 1969

Der Ansatz und die Bewertung der Wirtschaftsgüter in der steuerlichen Eröffnungsbilanz der Kapitalgesellschaft nach erfolgter Umwandlung ist in § 17 des Gesetzes über steuerliche Maßnahmen bei Änderung der Unternehmensform (Umwandlungssteuergesetz) vom 14. August 1969 [4] geregelt, § 17 UmwStG leitet den Dritten Teil dieses Gesetzes ein, der die Einbringung eines Betriebes, Teilbetriebes oder Mitunternehmeranteils in eine Kapitalgesellschaft gegen Gewährung von Gesellschaftsanteilen betrifft und im Wesentlichen die vom Reichsfinanzhof [5] und ihm folgend vom Bundesfinanzhof [6] entwickelten Grundsätze übernimmt und erstmals gesetzlich regelt. Hierbei ist es dem Gesetzgeber jedoch nicht gelungen - dies sei vorweg bemerkt -, die in manchen Punkten auf diesem Gebiet unsichere Rechtsprechung durch eine klare gesetzliche Regelung abzulösen. Die enge Anlehnung an das bisherige Richterrecht hat die ungelösten Probleme weitgehend offen gelassen und darüber hinaus zu weiteren Zweifelsfragen Anlass gegeben.

Wenn § 17 Abs. 1 UmwStG generell von der Einbringung eines Betriebes, Teilbetriebes oder Mitunternehmeranteils in eine Kapitalgesellschaft spricht, so fällt hierunter auch die errichtende Umwandlung einer Personengesellschaft in eine Kapitalgesellschaft. Dies ergibt sich schon daraus, dass das Gesetz im Folgenden die Einbringung stets als Sacheinlage bezeichnet. Unter Sacheinlage ist im Handelsrecht die Einlage beliebig übertragbarer Sachen und Rechte mit bilanzfähigem Vermögenswert gegen Gewährung von Gesellschaftsrechten an der aufnehmenden Kapitalgesellschaft zu verstehen,[7] und zwar nicht nur im Falle der Sachkapitalerhöhung einer bereits bestehenden Kapitalgesellschaft (§ 183 AktG und § 56 GmbHG), sondern auch im Falle der Sachgründung einer Kapitalgesellschaft (§§ 27, 31 AktG und § 5 Abs. 4 GmbHG). Diesen Begriff hat der Gesetzgeber lediglich auf die Fälle der Einbringung von Betrieben, Teilbetrieben oder Mitunternehmeranteilen beschränkt, ansonsten aber inhaltlich voll übernommen.[8]

---

[4] BGBl. 1969 I, S. 1163; BStBl. 1969 I, S. 498.

[5] Vgl. u.a. die Urteile des RFH vom 9. 5. 1933 – VI A 434/30 –, RStBl. 1933, 999; vom 31. 10. 1934 – VI A 848/33 –, Mrozek-Kartei § 16 Abs. 1 Ziff. 1 EStG 1934, R 1; vom 25. 11. 1936 – VI A 847/35 –, Mrozek-Kartei § 16 Abs. 1 Ziff. 1 EStG 1934, R 18.

[6] Vgl. u.a. die Urteile des BFH vom 4. 2. 1954 – IV 347/53 S –, BStBl. 1954 III, 112; vom 28. 7. 1960 – IV 27/59 U –, BStBl. 1960 III, 403; vom 13. 7. 1965 – I 167/59 U –, BStBl. 1965 III, 640.

[7] *Baumbach/Hueck*, AktG, Anm. 3 zu § 7 und GmbHG, Anm. 5 zu § 5; v. *Godin/Wilhelmi*, Anm. 11 zu § 27.

[8] *Uelner*, S. 50.

§ 2   Zivilrechtliche Möglichkeiten der Umwandlung

Die Umwandlung einer Personengesellschaft als Gesamthandsgemeinschaft in eine Kapitalgesellschaft als juristische Person bedeutet die Änderung der Rechtszuständigkeit des Gesellschaftsvermögens und bringt damit nach bisheriger Rechtsansicht die Notwendigkeit einer Übertragung dieses Vermögens mit sich.[9] Mangels gesetzlicher Regelung musste deshalb bis zur Neufassung des Umwandlungsgesetzes wegen der zwingenden Schutzvorschriften über die Gründung einer Kapitalgesellschaft zuerst die Kapitalgesellschaft gegründet und dann das Vermögen der Personengesellschaft nach den Vorschriften über die Sacheinlage (§§ 27, 31 AktG und § 5 Abs. 4 GmbHG) in die Kapitalgesellschaft eingebracht werden.

1.   Umwandlungen im Wege der Einzelrechtsnachfolge

Für derartige Umwandlungen stehen zivilrechtlich verschiedene Wege offen. So kann die Personengesellschaft aufgelöst und das Vermögen auf die Gesellschafter verteilt werden, die ihrerseits eine Kapitalgesellschaft gründen und das, was sie von der Personengesellschaft erhalten haben, in die Kapitalgesellschaft einbringen. Zu nur einer Vermögensübertragung kommt es, wenn eine OHG oder KG sich zusammen mit ihren Gesellschaftern an der Gründung der Kapitalgesellschaft beteiligt,[10] ihr gesamtes Vermögen in diese einbringt und dann - zur Gesellschaft bürgerlichen Rechts herabgesunken - ihre Auflösung beschließt. Dabei fällt ihr jetziges Vermögen, d.h. die Gesellschaftsanteile der Kapitalgesellschaft, die sie als Gegenwert für das eingebrachte Unternehmen erhalten hat, an die Gesellschafter. Weiterhin findet nur eine Vermögensübertragung statt, wenn die Personengesellschaft sich verpflichtet, ihr Vermögen im ganzen auf die von ihren Gesellschaftern neu gegründete Kapitalgesellschaft zu übertragen, die Kapitalgesellschaft dagegen, dieses Vermögen auf die Einlageverpflichtungen ihrer Gesellschafter anzurechnen (Vertrag zugunsten Dritter, § 328 BGB).

Hat die Anrechnung stattgefunden, erlischt die Personengesellschaft, da sie - sofern OHG oder KG - nach vollzogener Übertragung kein Handelsgewerbe mehr betreibt und ihr einziger verbliebener Zweck, darüber zu wachen, dass die Kapitalgesellschaft das übernommene Vermögen auf die Einlageverpflichtungen der

---

[9]   *Hueck*, StuW 1953, Sp. 315, 317.

[10]   Darüber, dass dies bei Personengesellschaften rechtlich möglich ist, vgl. *Meyer-Landrut* in Großk.AktG, Anm. 9 zu § 2.

Gesellschafter anrechnet, erreicht ist (§ 726 BGB).[11]

Diese verschiedenen Gestaltungsmöglichkeiten haben in der Vergangenheit keine große Rolle gespielt, da die Notwendigkeit, die Vermögensgegenstände einzeln auf die neugegründete Kapitalgesellschaft zu übertragen, zu abschreckend wirkte.[12] Wenn sich auch in der Praxis die Übertragung der einzelnen Vermögensgegenstände einfacher darstellt als in der Theorie,[13] so bleibt sie doch umständlich genug und gibt oft zu Unsicherheiten und Zweifeln über den Übergang des Eigentums Anlass.[14] Besonders negativ wirkt sich die Theorie der Einzelübertragungsakte beim Besitz von Grundstücken aus, da bezüglich jedes einzelnen Grundstücks ein Auflassungsvertrag geschlossen werden muss, was oft erhebliche Kosten verursacht.

2.   Umwandlung durch Übertragung aller Mitunternehmeranteile

Gerade dieses Hindernis lässt sich jedoch durch die in Praxis und Theorie stark vernachlässigte Möglichkeit der Umwandlung im Wege der gleichzeitigen Übertragung aller Gesellschaftsanteile durch die einzelnen Gesellschafter auf die von ihnen neugegründete Kapitalgesellschaft überwinden.[15] Gegenstand der Sacheinlage ist in diesem Fall nicht ein Bruchteilseigentum an den zum Gesamthandsvermögen gehörenden Grundstücken, sondern jeweils der Anteil am Gesellschaftsvermögen im Wege der Abtretung nach den §§ 413, 398 BGB,[16] so dass eine Auflassung der Grundstücke nicht erforderlich ist.[17]

Dieser Form der Umwandlung stehen keine rechtlichen Bedenken entgegen. Das Verbot der Übertragung der Anteile am Gesellschaftsvermögen in § 719 Abs. 1 BGB ist nicht zwingend. Mit Zustimmung aller Gesellschafter ist eine solche

---

[11] Vgl. im Einzelnen hierzu *Hueck*, StuW, 1953, Sp. 315, 318 - 320.

[12] *Schneider/Schlaus*, DB 1969, 2213, 2215; *Meyer-Ladewig*, BB 1969, 1005.

[13] *Meyer-Arndt*, S. 202.

[14] Ebenso *Böttcher/Beinert/Hennerkes*, S. 31.

[15] Nur einzelne Großkommentare deuten diesen Weg kurz an.

[16] Vgl. *Löscher* in RGRK z. BGB, Anm. 6 zu § 413.

[17] Vgl. Urteil des RG vom 26. 4. 1910 – VII 364/09 –, RGZ 74, 6, 10 und *Pritsch* in RGRK z. BGB, Anm. 16 zu §§ 925, 925 a für den Fall einer Erbengemeinschaft.

Übertragung möglich,[18] die auch gleichzeitig durch alle Gesellschafter erfolgen kann.[19] In diesem Einvernehmen der Gesellschafter muss bereits die Auseinandersetzung über das Gesellschaftsvermögen gesehen werden. Diese kann von den Gesellschaftern ohne weiteres abweichend von den gesetzlichen Regeln des Liquidationsverfahrens vereinbart werden, so dass auch einer Zuweisung der Anteile der neuen Kapitalgesellschaft an jeden einzelnen Gesellschafter nichts im Wege steht.[20]

Nach der Rspr.[21] und der h.M. in der Literatur[22] schließt die Übertragung des Gesellschaftsanteils die Übertragung der Mitgliedschaft ein. Dadurch tritt der Erwerber als Rechtsnachfolger vollständig in die Rechtsstellung der ausscheidenden Gesellschafter ein. Somit wird die Kapitalgesellschaft durch die Übernahme aller Gesellschaftsanteile durch Rechtsvereinigung Alleineigentümerin des bisherigen Gesellschaftsvermögens, während die Personengesellschaft erlischt.[23]

3. Umwandlung im Wege der Gesamtrechtsnachfolge

Statt dieser Möglichkeit der Umwandlung, die nur noch die Einzelübertragung der Gesellschaftsanteile nach Auflösung der Personengesellschaft verlangt, wurde bei Personenhandelsgesellschaften in der Praxis[24] der Vermögensübergang auf die Kapitalgesellschaft im Wege der Anwachsung gewählt. Die Gesellschafter gründeten eine Kapitalgesellschaft, die sie ohne Kapitaleinlage in die Personengesellschaft eintreten ließen,[25] um dann selbst ohne Abfindung oder unter Verzicht auf ihren Abfindungsanspruch aus der Personengesellschaft auszuscheiden, so dass ihre Anteile am Gesellschaftsvermögen gemäß §§ 105 Abs. 2 HGB, 738 BGB der

---

[18] *Hueck*, Recht der OHG, S. 395 und *Soergel/Siebert/Schultze/v. Lasaulx*, Anm. 3 ff. zu § 719 mit Rechtsprechungshinweisen.

[19] Vgl. Urteil des BGH vom 8. 11. 1965 – II ZR 223/64 – in NJW 1966, 499.

[20] *V. Staudinger/Keßler*, Anm. 17 und 24 zu § 730.

[21] Vgl. die Urteile des BGH vom 28. 4. 1954 – II ZR 8/53 –, BGHZ 13, 179, 185/186 und vom 8. 11. 1965 – II ZR 223/64 – in NJW 1966, 499, 500.

[22] Vgl. *Hueck*, Recht der OHG, S. 397/398 mit Literaturnachweisen.

[23] *V. Staudinger/Keßler*, Anm. 24 zu § 730; *Soergel/Siebert/Schultze/v. Lasaulx*, Anm. 22 zu § 730; *Hachenburg/Schilling*, Anm. 25 zu § 5.

[24] Vgl. Beispiele aus der Praxis bei *Müller*, Wpg 1969, 590.

[25] Hinsichtlich der rechtlichen Zulässigkeit s. Urteil des RG vom 4. 7. 1922 - II B 2/22 -, RGZ 105, 101 und *Hueck*, Gesellschaftsrecht, S. 54/55.

Kapitalgesellschaft anwuchsen.[26] Dadurch wurde - wenn auch auf sehr umständliche Weise - der Effekt einer Umwandlung im Wege der Gesamtrechtsnachfolge erzielt.[27]

Dieser gekünstelte und komplizierte Weg braucht jedoch seit der Neufassung des Umwandlungsgesetzes am 6. 11. 1969[28] nicht mehr beschritten zu werden.[29] Das Umwandlungsgesetz sieht jetzt in den §§ 40 - 49 eine Gesamtrechtsnachfolge bei der errichtenden Umwandlung einer Personenhandelsgesellschaft in eine AG, KGaA oder GmbH vor. Es genügt ein einstimmig gefasster, notariell beurkundeter Umwandlungsbeschluss aller Gesellschafter (§§ 41, 42 bzw. 47, 48 UmwG), der beim Gericht anzumelden ist (§§ 43 Abs. 3 bzw. 49 Abs. 1 UmwG) und mit der Eintragung in das Handelsregister wirksam wird (§§ 44 Abs. 1 Satz 1 bzw. 49 Abs. 2 Satz 1 UmwG). Mit der Eintragung geht das Vermögen der Personenhandelsgesellschaft einschließlich der Verbindlichkeiten ohne Liquidation auf die Kapitalgesellschaft über. Die Personenhandelsgesellschaft ist damit aufgelöst (§ 44 Abs. 1 Satz 2 und 3 bzw. 49 Abs. 2 Satz 2 und 3 UmwG). Das bedeutet, dass das Vermögen der Personenhandelsgesellschaft uno actu im Wege der Gesamtrechtsnachfolge auf die Kapitalgesellschaft übergeht. Um die in der Praxis ohnehin seltener vorkommende Umwandlung in eine Aktiengesellschaft nicht an § 2 AktG (mindestens 5 Gründer) scheitern zu lassen, lässt § 42 Abs. 2 Satz 2 UmwG als weitere Erleichterung zu, dass die Satzung auch durch weniger als 5 Personen festgestellt werden kann. Im Übrigen gelten für die Umwandlung die einschlägigen Gründungsvorschriften (§§ 41 Abs. 2 bzw. 47 Abs. 2 UmwG). Bei der Vermögensübertragung auf eine Aktiengesellschaft muss insbesondere auch die aktienrechtliche Gründungsprüfung vorgenommen und von den Gesellschaftern ein Gründungsbericht erstellt werden (§ 43 Abs. 1 und 2 UmwG).[30]

---

[26] Die Anwachsung, die vom RG und dem ihm folgenden Schrifttum nur dann angenommen wurde, wenn wenigstens zwei Gesellschafter übrig blieben, ist nach der Rspr. des BGH (vgl. das Urteil vom 19. 5. 1960 - II ZR 72/59 -, BGHZ 32, 307) auch dann möglich, wenn alle Gesellschafter bis auf einen ausscheiden.

[27] Vgl. die ausführlichen Erörterungen zu diesem Verfahren bei *Böttcher*, StbJb 1965/66, 175, 190 ff.; *Lenski*, StbJb 1967/68, 267, 284 ff.; *Thiel*, Wpg 1966, 11, 41 ff. und *Widmann/Mayer*, Anm. 3905 ff.

[28] BGBl. 1969 I, S. 2081.

[29] Deshalb soll auf die umstrittenen steuerrechtlichen Probleme dieser Form der "Umwandlung" im Folgenden nicht eingegangen werden, zumal es sich im eigentlichen Sinne nicht um einen Umwandlungs-, sondern um einen Anwachsungsvorgang handelt (so auch *Littmann*, EStR, Anm. 100 a zu § 16).

[30] Vgl. im einzelnen hierzu *Caspers* in Sonderbeilage Nr. 3, S. 3 ff. zu Teil IV der WM 1969; *Meyer-Ladewig*, BB 1969, 1005 ff. und *Schneider/Schlaus*, DB 1969, 2213 ff.

§ 3 Die ertragsteuerliche Gleichstellung der zivilrechtlichen Gestaltungsmöglichkeiten

Wenn auch mit dem neuen Umwandlungsgesetz für die Masse der errichtenden Umwandlungen die bisher gebräuchlichen Verfahren uninteressant geworden sind (sogar eine GmbH & Co. KG kann nach den §§ 40 ff. UmwG in eine Aktiengesellschaft umgewandelt werden),[31] so haben sie doch in Einzelfällen und besonders im Falle der Umwandlung einer Gesellschaft bürgerlichen Rechts weiterhin ihre Bedeutung behalten. Die handelsrechtlich begünstigte errichtende Umwandlung nach den §§ 40 ff. UmwG steht nämlich im Gegensatz zu den §§ 17 ff. UmwStG, die auch die Umwandlung einer Gesellschaft bürgerlichen Rechts erfassen,[32] nur den Personenhandelsgesellschaften zu. Den Gesellschaftern einer Gesellschaft bürgerlichen Rechts verbleibt daher, falls die Gesellschaft sich nicht vorher durch Aufnahme eines vollkaufmännischen Handelsgewerbes in eine OHG verwandelt, nur der Weg der Einzelrechtsnachfolge oder der Abtretung aller Gesellschaftsanteile.

Dies darf jedoch ertragsteuerlich keine Nachteile mit sich bringen. Die verschiedenen handelsrechtlichen Wege, auf denen die Umwandlung in eine Kapitalgesellschaft erreicht werden kann, dienen ein und demselben wirtschaftlichen Ziel und sind wirtschaftlich einander gleichwertig und gleichbedeutend.[33] Unter Beachtung der im Ertragsteuerrecht herrschenden wirtschaftlichen Betrachtungsweise,[34] deren Wesen darin besteht, Sachverhalte nicht allein nach der formaljuristischen bürgerlich-rechtlichen Rechtslage, sondern nach ihrer wirtschaftlichen Tragweite zu beurteilen,[35] dürfen aus Gründen der Gleichmäßigkeit der Besteuerung[36] wirtschaftlich einander gleichwertige Vorgänge nicht ohne zwingenden sachlichen Grund unterschiedlich behandelt werden. Zwingende sachliche Gründe, die für

---

[31] So auch *Widmann/Mayer*, Anm. 748; *Böttcher/Beinert/Hennerkes*, S. 162 und *Felix*, Anm. 15.

[32] Ganz h.M., vgl. *Loos*, UmwStG, Anm. 889; *Herrmann/Heuer*, Anm. 20 - 21 zu § 17 UmwStG; *Uelner*, S. 53.

[33] *Thiel*, DB 1961, 212, 213.

[34] Die wirtschaftliche Betrachtungsweise im Steuerrecht wurde in ständiger Rspr. vom RFH entwickelt und fand ihre gesetzliche Normierung in § 1 Abs. 2, 3 StAnpG.

[35] *Littmann*, EStR, Anm. 77 vor § 1.

[36] Der Grundsatz der Gleichmäßigkeit der Besteuerung ist gesetzlich in § 1 AO und verfassungsrechtlich im Gleichheitssatz des Art. 3 GG verankert, der zugleich in der Bedeutung als Grundsatz der Steuergerechtigkeit für das Steuerrecht eine besonders entscheidende Rolle spielt (vgl. Beschluss des BVerfG - 1 BvL 4/54 - vom 17. 1. 1957 in BVerfGE 6, 55, 70 und *Hübschmann/Hepp/Spitaler/Spanner*, Anm. 29, 31, 32 zu § 1 AO).

eine unterschiedliche ertragsteuerliche Behandlung der verschiedenen Formen der Umwandlung sprechen würden, sind jedoch nicht ersichtlich.

Deshalb macht es für die steuerliche Beurteilung des Umwandlungsvorgangs keinen Unterschied, auf welchem der zivilrechtlich zulässigen Wege sich die Umwandlung vollzieht. Die normale Sachgründung im Wege der Sacheinlage fällt ebenso unter § 17 UmwStG wie die Umwandlung im Wege der Gesamtrechtsnachfolge nach den §§ 40 ff. UmwG, ohne dass das Umwandlungssteuergesetz dies ausdrücklich zu erwähnen braucht.[37]

---

[37] So auch *Glade/Steinfeld*, UmwStG, Anm. 60 und 454; *Meyer-Arndt*, S. 203; *Felix*, Anm. 3.

§ 4 Grundsätzliches Bewertungswahlrecht der Gesellschafter in der steuerlichen Eröffnungsbilanz

§ 17 Abs. 2 Satz 1 und 5 UmwStG räumt der neugegründeten Kapitalgesellschaft hinsichtlich der Bewertung des übernommenen Betriebsvermögens grundsätzlich ein Wahlrecht ein. Sie kann es entweder mit dem Buchwert oder mit einem höheren Wert, höchstens jedoch mit dem Teilwert ansetzen. Dabei handelt es sich nicht um den Wertansatz eines Bilanzpostens "Betriebsvermögen", sondern um die Werte der einzelnen mit der Umwandlung übernommenen Wirtschaftsgüter;[38] denn es gibt keine Bewertung des Betriebsvermögens im Ganzen. Nach dem Grundsatz der Einzelbewertung, der den handelsrechtlichen Grundsätzen ordnungsmäßiger Buchführung entspricht,[39] ist jedes in der Bilanz aufgeführte Wirtschaftsgut für sich zu bewerten.[40] Unter Betriebsvermögen ist lediglich die Summe der Wirtschaftsgüter, die dem Betrieb dienen oder ihrer Art nach zu dienen bestimmt sind, zu verstehen.[41]

Da die Gesellschafter der Personengesellschaft bei der errichtenden Umwandlung mit den Anteilseignern der Kapitalgesellschaft identisch sind, können sie grundsätzlich[42] selbst bestimmen, ob sie die übertragenen Wirtschaftsgüter in der steuerlichen Eröffnungsbilanz der Kapitalgesellschaft mit ihrem Buchwert, dem Teilwert oder mit einem Zwischenwert ansetzen wollen.

---

[38] *Würdinger*, Steuererleichterungen, Anm. 80.

[39] Vgl. § 39 Abs. 1 HGB: Angabe des Wertes der einzelnen Vermögensgegenstände; Gliederungsschema in § 151 AktG im Zusammenhang mit den §§ 153, 155 AktG.

[40] *Littmann*, EStR, Anm. 3 zu § 6.

[41] Urteil des BFH vom 22.12.1955 - IV 537/54 U -, BStBl. 1956 III, 65.

[42] Zu den rechtlichen und tatsächlichen Einschränkungen s. S. 45 ff.

§ 5   Der Ansatz der Wirtschaftsgüter zum Buchwert

I.   Die Bedeutung der steuerlichen Abschlussbilanz der Personengesellschaft und der maßgebliche Zeitpunkt für den Ansatz der Wirtschaftsgüter

Buchwert ist nach § 17 Abs. 2 Satz 2 UmwStG der Wert, mit dem die Gesellschafter das übertragene Betriebsvermögen im Zeitpunkt der Umwandlung in der steuerlichen Abschlussbilanz der Personengesellschaft nach den allgemeinen steuerrechtlichen Vorschriften über die Gewinnermittlung (§§ 4, 5, 6 EStG) anzusetzen haben. Die Aufstellung der steuerlichen Abschlussbilanz ist jedoch nicht nur zur Ermittlung des Buchwerts des Betriebsvermögens notwendig, sondern auch, um den vor und nach dem Zeitpunkt der Umwandlung anfallenden Gewinn abzugrenzen. Der nach der Umwandlung anfallende Gewinn ist der Kapitalgesellschaft zuzurechnen und unterliegt damit der Körperschaftsteuer und bei Ausschüttung zusätzlich der Einkommensteuer. Dadurch unterscheidet sich die Schlussbilanz der Personengesellschaft grundsätzlich nicht von den Abschlussbilanzen vorangegangener Geschäftsjahre.[43]

Maßgebender Zeitpunkt für den Ansatz des Betriebsvermögens in der Abschlussbilanz ist dabei der Zeitpunkt, in dem das wirtschaftliche Eigentum (§ 11 Nr. 4 StAnpG) an den eingebrachten Wirtschaftsgütern auf die neugegründete Kapitalgesellschaft übergeht.[44] Dies ist bei der Umwandlung im Wege der Einzelrechtsnachfolge im Allgemeinen der Zeitpunkt der Eintragung der neuerrichteten Kapitalgesellschaft im Handelsregister.[45] Für den Fall der Umwandlung im Wege der Gesamtrechtsnachfolge ergibt sich dieser Zeitpunkt bereits aus den §§ 44 Abs. 1 Satz 2, 49 Abs. 2 Satz 2 UmwG. Da nach §§ 43 Abs. 3 Satz 2 bzw. 49 Abs. 1 Satz 2 UmwG bereits bei der Anmeldung der Umwandlung zum Handelsregister eine handelsrechtliche Umwandlungsbilanz (nach h.M.[46] eine Vermögensbilanz, weil sie dem Nachweis des Vermögens, das für die Umwandlung zur Verfügung steht, dient) vorzulegen ist, erschien es dem Gesetzgeber ratsam, den Gesellschaftern zu erlauben, den steuerlich maßgeblichen Umwandlungszeitpunkt auf den Zeitpunkt

---

[43]   *Brönner*, UmwStG, Anm. 18 zu §§ 17 ff.

[44]   *v. Wallis*, StuW 1970, Sp. 465, 472; Fasold , AG 1971, 46, 50; Plückebaum, StBp 1971, 101.

[45]   *Glade/Steinfeld*, UmwStG, Anm. 515; *Baumbach/Hueck*, AktG, Anm. 5 zu § 27 und GmbHG, Anm. 5 a zu § 5.

[46]   *Widmann/Mayer*, Anm. 863; *Caspers*, WM Sonderbeilage 3/1969, S. 9/10; wohl auch *Mutze*, BB 1969, 1055; a.A. *Müller*, Wpg 1969, 590, 594: Erfolgsbilanz.

der Aufstellung dieser Umwandlungsbilanz zurückzubeziehen. Damit sollten die Gesellschafter von der kostspieligen und zeitraubenden Aufstellung einer weiteren Bilanz auf den Tag des Vermögensübergangs entbunden werden.[47] Dementsprechend gestattet § 17 Abs. 7 UmwStG für die Umwandlung im Wege der Gesamtrechtsnachfolge auf Antrag eine Rückbeziehung bis zu sechs Monaten vor der Anmeldung des Umwandlungsbeschlusses. Die Finanzverwaltung lässt es zu, dass auch die Umwandlung im Wege der Sacheinlage auf einen Zeitpunkt zurückbezogen werden kann, der höchstens sechs Monate vor der Übertragung des wirtschaftlichen Eigentums liegt,[48] so dass sich auch insofern keine unterschiedliche steuerliche Behandlung zu ergeben braucht.

Die Gesellschafter erleiden auch keine Nachteile dadurch, dass der im Zeitraum zwischen gewähltem Umwandlungsstichtag und Gründung der Kapitalgesellschaft anfallende Gewinn der Körperschaftsteuer unterliegt, da sie bis zur Höhe des Gewinns Entnahmen tätigen und dadurch den Gewinn der wirtschaftlichen Doppelbelastung entziehen können. Nach § 17 Abs. 7 Satz 4 UmwStG gilt die Rückbeziehung der Behandlung als Kapitalgesellschaft nämlich nicht für Entnahmen und Einlagen, die ohne diese gesetzliche Ausnahmeregelung als verdeckte Gewinnausschüttungen der Kapitalgesellschaft bzw. als verdeckte Einlagen der Gesellschafter zu behandeln wären.[49]

II.   Die Problematik des Ansatzes zum Buchwert

Wenn der Gesetzgeber der Kapitalgesellschaft in § 17 Abs. 2 Satz 1 UmwStG erlaubt, das übernommene Betriebsvermögen mit seinem Buchwert anzusetzen, so wird hiermit etwas gestattet, was für sich genommen der errichteten Kapitalgesellschaft steuerliche Nachteile bringt. Dadurch, dass die Kapitalgesellschaft das Betriebsvermögen der Personengesellschaft mit den Werten übernimmt, die diese in ihrer Abschlussbilanz ausgewiesen hat (sogenannte Buchwertverknüpfung), tritt sie nicht nur bezüglich der Abschreibungsmöglichkeiten in vollem Umfang in die Rechtsstellung der Personengesellschaft ein (so auch § 20 Abs. 1 i.V. mit § 7 UmwStG), sondern sie verzichtet auch darauf, die im Betriebsvermögen der Per-

---

[47]   Ähnlich die Begründung des Finanzausschusses zu § 17 Abs. 7 UmwStG in Bundestags-Drucksache V/4245, S. 6.

[48]   Vgl. Schreiben des BdF an die Finanzminister der Länder vom 20. 7. 1970, Abschnitt II, Nr. 1 zu § 17, BStBl. 1970 I, 922, 926.

[49]   Vgl. *Littmann*, DStR 1969, 587, 589.

sonengesellschaft enthaltenen stillen Reserven aufzulösen und die übernommenen Wirtschaftsgüter mit ihren Teilwerten anzusetzen. Unter Teilwert ist hierbei nach § 6 Abs. 1 Nr. 1 EStG der Wert zu verstehen, den das einzelne Wirtschaftsgut unter Berücksichtigung seiner Bedeutung für das Unternehmen und unter Annahme einer Fortführung des Unternehmens besitzt.[50]

Dass der Buchwert des gesamten Betriebsvermögens der Personengesellschaft durchweg unter seinem Teilwert liegt und oft erhebliche stille Reserven enthält, erklärt sich einmal daraus, dass die Abschreibungen auf das Anlagevermögen oft höher sind, als es der betrieblichen Abnutzung des jeweiligen Wirtschaftsguts entspricht, vor allem, wenn spezielle steuerrechtliche Sonderabschreibungen oder Bewertungsfreiheiten von der Personengesellschaft in Anspruch genommen worden sind. Es beruht aber auch darauf, dass die in 5 6 Abs. 1 Nr. 2 EStG aufgeführten nicht abnutzbaren Wirtschaftsgüter, z. B. Teile des Umlaufvermögens oder Beteiligungen, höchstens mit ihren Anschaffungs- oder Herstellungskosten bewertet werden dürfen, selbst wenn ihr Teilwert inzwischen erheblich gestiegen ist. Dies entspricht dem kaufmännischen Grundsatz, nicht realisierte Gewinne nicht auszuweisen.[51]

Der Ansatz des Betriebsvermögens zum Buchwert statt zum Teilwert mindert also durchweg das zukünftige Abschreibungsvolumen der Kapitalgesellschaft. Hierdurch erhöht sich der laufende Gewinn der nächsten Jahre und führt zu einer höheren steuerlichen Belastung der Kapitalgesellschaft.

Die Erlaubnis, das übernommene Betriebsvermögen mit seinem Buchwert anzusetzen, ist nur in Zusammenhang mit § 17 Abs. 4 UmwStG verständlich. Danach bestimmt der von der Kapitalgesellschaft gewählte Buchansatz die Höhe des steuerlich zugrundeliegenden Veräußerungserlöses für die Gesellschafter der Personengesellschaft.

1. Die Wertung der Umwandlung als Veräußerung des Betriebsvermögens an die Kapitalgesellschaft durch den Gesetzgeber

Aus § 17 Abs. 4 UmwStG geht somit hervor, dass das Umwandlungssteuergesetz die errichtende Umwandlung einer Personengesellschaft in eine Kapitalgesell-

---

[50] S. hierzu im einzelnen S. 97 ff.

[51] *Littmann*, EStR, Anm. 9 zu § 6.

schaft, über deren gesellschaftsrechtliche Beurteilung als Tausch oder als arteigener gesellschaftsrechtlicher Organisationsakt Streit besteht,[52] ertragsteuerlich als Veräußerung des Betriebsvermögens gegen Gesellschaftsanteile an die Kapitalgesellschaft ansieht[53] und hieran steuerliche Folgen knüpft. Selbst wenn man die im Schrifttum vorherrschende Auffassung, die errichtende Umwandlung sei gesellschaftsrechtlich ein wertneutraler Organisationsakt, der nicht auf Leistungsaustausch, sondern auf Leistungsvereinigung gerichtet sei,[54] als allein richtig ansieht, bleibt es dem Gesetzgeber unbenommen, die Umwandlung steuerrechtlich als Veräußerung im Wege des Tausches anzusehen,[55] der steuerliche Folgen auslöst. Da es nur eine einheitliche Gesetzgebungskompetenz gibt, kann der Gesetzgeber grundsätzlich durch ein jüngeres Steuergesetz ein älteres zivilrechtliches Institut antasten.[56] Doch sollte trotz der Autonomie des Steuerrechts als Zweig des öffentlichen Rechts die richtige privatrechtliche Erfassung eines Lebenstatbestandes für den Gesetzgeber auf dem Gebiet des Steuerrechts den Ausgangspunkt bilden, um die Einheit der Rechtsordnung zu wahren. Da der Gesetzgeber aber wegen der Eigenart des in erster Linie fiskalischen Zwecken dienenden Steuerrechts nicht gehalten ist, bei der Bestimmung des Steuergegenstandes - hier der errichtenden Umwandlung - durchgängig an die bürgerliche Rechtsordnung anzuknüpfen, können überzeugende steuerrechtliche - auch fiskalische - Gesichtspunkte eine vom Privatrecht abweichende Beurteilung jederzeit rechtfertigen.[57]

Wenn deshalb die steuerrechtliche Erfassung der Umwandlung als Veräußerungstatbestand verfassungsrechtlich nicht zu beanstanden ist, so bestehen doch gegen eine solche Wertung und ihre steuerlichen Folgen erhebliche Bedenken, wie die Ausführungen in der Schlussbetrachtung der Arbeit noch zeigen werden.

---

[52] S. hierzu ausführlich S. 55.

[53] So auch die Begründung zur Einführung des Dritten Teils des Regierungsentwurfs in Bundestags-Drucksache V/3186, S. 14, die sich insoweit der im Steuerrecht in Rspr. und Schrifttum herrschenden Ansicht anschließt.

[54] S. hierzu S. 55 mit Literaturangaben.

[55] Dabei spielt keine Rolle, ob die durch das Wort "gilt" angedeutete Fiktion sich nur auf die Höhe des Veräußerungspreises (so *Loos*, UmwStG, Anm. 990 a.E.) oder auf die Veräußerung als solche bezieht (so *Böttcher/Beinert*, DB 1968, 1961).

[56] *Tipke*, JuS 1970, 149.

[57] *Hueck* StuW 1953, Sp. 315, 316; ebenso die Urteile des BVerfG vom 11. 11. 1964 - 1 BvR 216/64 -, BVerfGE 18, 224, 233 und vom 15. 7. 1969 - 1 BvR 457/66 -, BStBl. 1969 II, 718, 720; vgl. auch *Tipke*, JuS 1970, 149; für eine stärkere Anlehnung des Steuerrechts an das Gesellschaftsrecht *Weber*, JZ 1972, 482, 483.

2. Die rechtstechnische Einkleidung des Prinzips der Buchwertverknüpfung

Die ertragsteuerliche Wertung der Umwandlung als Veräußerung des Betriebsvermögens der Personengesellschaft durch deren Gesellschafter an die neugegründete Kapitalgesellschaft gegen Erhalt von Gesellschaftsanteilen würde nach allgemeinen steuerrechtlichen Grundsätzen als Tauschvorgang zu einer vollen Erfassung aller stillen Reserven, die in den einzelnen Wirtschaftsgütern vorhanden sind, führen. Die Gesellschafter hätten in Höhe der aufgelösten stillen Reserven einen Veräußerungsgewinn nach § 16 Abs. 1 Nr. 2 EStG zu versteuern. Durch die in § 17 Abs. 4 UmwStG vorgesehene Koppelung des in der Eröffnungsbilanz der Kapitalgesellschaft gewählten Buchansatzes mit dem Veräußerungserlös kann dieses Ergebnis jedoch dadurch vermieden werden, dass die Gesellschafter das Betriebsvermögen mit dem Buchwert ansetzen; denn nach § 16 Abs. 2 EStG ist Veräußerungsgewinn bei der Veräußerung eines Betriebes der Betrag, um den der Veräußerungserlös nach Abzug der Veräußerungskosten den Buchwert des Betriebsvermögens übersteigt. Die Entstehung eines Veräußerungsgewinns setzt also immer voraus, dass die Gesellschafter das übertragene Betriebsvermögen mit einem wert ansetzen, der über seinem Buchwert liegt, und dadurch zumindest teilweise stille Reserven auflösen. Bei einem Ansatz zum Buchwert ist die Vermögensübertragung auf die Kapitalgesellschaft deshalb im Gegensatz zum Ansatz mit dem Teilwert oder einem Zwischenwert erfolgsneutral. Die stillen Reserven werden in vollem Umfang in die Kapitalgesellschaft verlagert, ein Veräußerungsgewinn entfällt.

3. Die Nachteile des Buchwertansatzes, insbesondere die Verdopplung der stillen Reserven

Dass es trotzdem für die Gesellschafter nicht immer die günstigste Wahl ist, das Betriebsvermögen mit dem Buchwert anzusetzen, hat mehrere Gründe. Der durch Ansatz des Betriebsvermögens zu einem höheren Wert als dem Buchwert entstehende Veräußerungsgewinn unterliegt nach § 17 Abs. 5 Satz 1 UmwStG lediglich dem ermäßigten Steuersatz des § 34 Abs. 1 EStG, soweit die Gesellschafter natürliche Personen sind. Bereits ohne Berücksichtigung der Steuerprogression macht dies weniger als die Hälfte der Steuer aus, die bei Besteuerung mit dem tariflichen Steuersatz auf den Veräußerungsgewinn entfallen würde. Hinzu kommt, dass im Falle des Ansatzes zum Teilwert zusätzlich der Freibetrag des § 16 Abs. 4 EStG (30.000,- DM bei einem Veräußerungsgewinn von nicht mehr als 100.000,- DM) gewährt wird (5 17 Abs. 5 Satz 2 UmwStG). Die so verringerte Steuerlast kann den Gesellschaftern im Hinblick auf die langfristigen Steuervorteile eines höheren Abschreibungsvolumens der Kapitalgesellschaft infolge der höheren Wertansätze günstiger erscheinen als ein Buchwertansatz. Weiterhin können sich Nachteile daraus ergeben, dass die Kapitalgesellschaft gemäß § 20 Abs. 1 UmwStG i.V. mit § 7 UmwStG in vollem Umfang in die Rechtsstellung der Personengesellschaft eintritt. Sie ist dadurch an die Bilanzierung, insbesondere an die bisher vorgenommenen Abschreibungen der Personengesellschaft gebunden, selbst wenn es sich um besonders hohe Sonderabschreibungen gehandelt hat.

Schließlich ist zu beachten, dass nach § 17 Abs. 4 Satz 1 UmwStG der gewählte Ansatz des Betriebsvermögens auch gleichzeitig als Anschaffungskosten der Gesellschaftsanteile gilt. Hierdurch wird gewährleistet, dass die in dem übertragenen Betriebsvermögen vorhandenen stillen Reserven, soweit sie bei der Umwandlung nicht aufgedeckt und versteuert werden, in den Gesellschaftsanteilen repräsentiert bleiben. Bei einem Ansatz zum Buchwert werden also die stillen Reserven in voller Höhe nicht nur in die Kapitalgesellschaft, sondern auch in die Gesellschaftsanteile verlagert. Um nun die endgültige Versteuerung aller stillen Reserven sicherzustellen, sieht § 18 Abs. 1 Satz 1 UmwStG die spätere Veräußerung der Gesellschaftsanteile, auch wenn diese - wie üblich - im Privatvermögen der Gesellschafter geführt werden,[58] beim Ansatz zum Buchwert oder Zwischenwert stets als gewerbliche Veräußerung i.S. des § 16 EStG an. Dies führt dazu, dass sich der aus der Differenz der fingierten Anschaffungskosten und des erzielten Veräußerungserlöses ergebende Veräußerungsgewinn abweichend von der allgemeinen Regelung in § 17 EStG[59] ohne Rücksicht auf die Höhe der Beteiligung an der Kapitalgesellschaft in voller Höhe - wenn auch zum ermäßigten Steuersatz des § 34 EStG und unter Gewährung des Freibetrages nach § 16 Abs. 4 EStG - versteuert werden muss.[60] Hierdurch wird dann aber nicht nur die bei der Umwandlung aufgeschobene Versteuerung der stillen Reserven nachgeholt, sondern es wird sogar noch die zwischen Umwandlung und Veräußerung eingetretene Wertsteigerung der Gesellschaftsanteile ohne Beschränkung der Besteuerung unterworfen.

---

[58] Dass die Gesellschaftsanteile trotz § 18 UmwStG von Anfang an Privatvermögen sein können, ist ganz h.M., vgl. u.a. *Brönner*, Besteuerung der Gesellschaften, S. 905; *Grund*, DStZ A 1968, 217, 221; *v. Wallis*, BB 1968, 1477, 1479; *Littmann*, DStR 1969, 587, 590; a.A. *Killinger*, DStR 1969, 421, 424: stets Betriebsvermögen; differenzierend *Meyer-Arndt*, Anm. 329: für eine logische Sekunde Betriebsvermögen, dann Privatvermögen.

[59] Insoweit ist § 18 UmwStG lex specialis gegenüber § 17 EStG; so auch *Knur*, DNotZ 1971, 10, 29.

[60] Nach § 17 EStG könnten solche Anteilsrechte steuerfrei veräußert werden, wenn die Beteiligungsquote nur 25 % oder weniger beträgt.

4. Kritik an der gesetzlichen Regelung

Die Verlagerung der nicht aufgelösten stillen Reserven sowohl in die Gesellschaftsanteile als auch in die Kapitalgesellschaft, die deshalb nur von geringeren
Werten abschreiben darf bzw. bei der Veräußerung einzelner Wirtschaftsgüter die
hierbei aufgelösten stillen Reserven als außerordentliche Erträge versteuern muss,
führt zu einer Verdoppelung der stillen Reserven. Diese Verdoppelung lässt sich
immerhin noch durch das das Körperschaftsteuerrecht beherrschende Prinzip der
Doppelbelastung rechtfertigen.[61] Auch ist zu berücksichtigen, dass der Gesetzgeber diese Lösung für notwendig hielt, um Missbräuche zu vermeiden. Bei einer
Verlagerung der stillen Reserven nur in die Kapitalgesellschaft könnten die Gesellschafter statt einer beabsichtigten sofortigen Veräußerung ihres Betriebes unter
steuerpflichtiger Auflösung der stillen Reserven ihr Unternehmen erst unter
Buchwertfortführung in eine Kapitalgesellschaft umwandeln, um danach die zum
tatsächlichen Wert ersatzweise erhaltenen Gesellschaftsanteile erfolgsneutral zu
veräußern.[62] *Loos*[63] nennt das

> "einen aus Praktikabilitätsgründen hingenommenen Unfall der Gesetzge-
> bung, die ihr Instrumentarium nicht fein genug ausgeprägt hat, um die an-
> gestrebte Lösung voll zu erreichen".

Die unbeschränkte Erfassung der nach der Umwandlung eingetretenen Wertsteigerung der Gesellschaftsanteile ist jedoch rechtssystematisch verfehlt, da sie zu einer
ungerechtfertigten Ausdehnung der Steuerpflicht gegenüber den allgemeinen
Vorschriften führt.[64] Trotz der praktischen Schwierigkeiten wäre es gerechter
gewesen, die seit der Umwandlung erfolgende Wertsteigerung der Anteile allein
nach § 17 EStG zu beurteilen. Das in § 18 Abs. 2 Nr. 1 UmwStG eingeräumte
Recht, jederzeit die Versteuerung der in den Anteilen enthaltenen stillen Reserven
beantragen zu können, kann nicht als echte Alternative angesehen werden; denn

---

[61] So auch *Brönner*, Besteuerung der Gesellschaften, S. 889 und *Rau*, DB 1969, 1421, 1431 entgegen
der h.M. in der Literatur, die die Verdoppelung der stillen Reserven als völlig verfehlt ablehnt, vgl.
insbesondere *Fasold*, DB 1968, 1771 ff. und *Würdinger*, StuW 1970, Sp. 255, 260.

[62] Vgl. auch die Ausführungen des RFH in seinem Urteil vom 9. 5. 1933 - VI A 434/30 -, RStBl.
1933, 999, 1003.

[63] UmwStG, Anm. 860.

[64] So auch *Meyer-Arndt*, Anm. 287; *Curtius-Hartung*, BB 1968, 964, 966 und *Fasold*, DB 1968,
1771.

trotz vorzeitiger Versteuerung[65] bleibt die Kapitalgesellschaft weiterhin an die übernommenen niedrigen Buchwerte gebunden.

Die technisch komplizierte, aber doch undifferenzierte Gesetzesregelung erklärt sich aus der kritiklosen Übernahme der höchstrichterlichen Rechtsprechung. Der Reichsfinanzhof und ihm folgend der Bundesfinanzhof haben schon seit 1933 die Buchwertverknüpfung bei Umwandlung einer Personengesellschaft in eine Kapitalgesellschaft mit der Begründung zugelassen, dass wirtschaftlich in der erfolgten Umwandlung lediglich eine formale Änderung des bisherigen Engagements der Gesellschafter zu sehen sei, die ihr Unternehmen nun in der Rechtsform der Kapitalgesellschaft betreiben. Wirtschaftlich gesehen würden die gewährten Gesellschaftsanteile das übernommene Betriebsvermögen repräsentieren, so dass die vorliegende Veräußerung des Betriebsvermögens lediglich bis zur Veräußerung der Gesellschaftsanteile aufgeschoben würde. Dies führe dazu, in dem bei der Veräußerung der Gesellschaftsanteile anfallenden Veräußerungsgewinn nachträgliche gewerbliche Einkünfte i.S. von § 16 EStG und nicht Einkünfte i.S. von § 17 EStG zu sehen.[66]

Während die Rechtsprechung aufgrund der damals bestehenden gesetzlichen Regelungen[67] gar keine andere Möglichkeit hatte, als über die Fiktion des Fortbestehens der Mitunternehmeranteile in den erlangten Gesellschaftsanteilen zu einer erfolgsneutralen Umwandlung zu gelangen[68] - es sei denn, sie hätte ihren Ausgangspunkt, die Umwandlung ertragsteuerlich als Veräußerungsvorgang anzusehen, fallengelassen -, ließ der Gesetzgeber die Möglichkeit einer wirklich steuerneutralen Umwandlung in eine Kapitalgesellschaft ungenutzt. Trotzdem sollte die Kritik an dem Gesetz nicht so weit gehen, von einem "Danaergeschenk des Gesetzgebers"[69] oder von einer "Mausefalle"[70] zu reden, da der Umwandlungsakt

---

[65] In diesem Fall tritt an die Stelle des Veräußerungspreises der gemeine Wert der Anteile, Glade/Steinfeld, UmwStG, Anm. 549.

[66] So bereits das Urteil des RFH vom 9. 5. 1933 - VI A 434/30 -, RStBl. 1933, 999, 1002; vgl. auch die Urteile des BFH vom 28. 7. 1960 - IV 27/59 U -, BStBl. 1960 III, 403 und vom 13. 7. 1965 - I 167/59 U -, BStBl. 1965 III, 640 und *Glade/Steinfeld*, UmwStG, Anm. 136 und S30 mit weiteren Rechtsprechungshinweisen.

[67] Nach *v. Wallis*, BB 1968, 1477, 1478 ist die von der Rspr. entwickelte Buchwertverknüpfung keine Billigkeitsmaßnahme der Rspr., sondern aus dem Einkommensteuergesetz exakt abgeleitet.

[68] So auch *Brönner*, Besteuerung der Gesellschaften, S. 892 und *Littmann*, EStR, Anm. 99 zu § 16 gegen *Blümich/Falk*, Anm. 5 zu § 16 und *Hermann/Heuer*, Anm. 72 c zu § 16 EStG.

[69] *Würdinger*, StuW 1970, Sp. 255, 261.

[70] *Loos*, GmbHR 1969, 178, 182.

22

selbst bei einem Ansatz zum Buchwert keine ertragsteuerliche Belastung auslöst. Eine steuerliche Regelung, kraft derer nicht nur auf eine Besteuerung des Umwandlungsakts selbst, sondern auch auf die spätere Versteuerung der stillen Reserven schlechthin verzichtet wird, würde ebenfalls eine "steuerneutrale Umwandlung" darstellen.

Die in einer solchen Regelung liegenden steuerlichen Vorteile wären aber so groß, dass man eine solche Regelung nur als ein nicht gerechtfertigtes steuerliches Geschenk oder auch als eine Anreizprämie bezeichnen kann, dazu bestimmt, die Wirtschaft um jeden steuerlichen Preis zur Vornahme von Umwandlungen dieser Art zu veranlassen.[71] Auch die in der Literatur am meisten vorgeschlagene Lösung,[72] die stillen Reserven nur in den Gesellschaftsanteilen fortzuführen, wäre in höchstem Grade unbefriedigend.[73] Die Kapitalgesellschaft könnte dann von den um die stillen Reserven erhöhten Wirtschaftsgütern abschreiben, ohne dass die stillen Reserven vorher aufgelöst wurden. Dies käme ebenfalls einem Steuergeschenk gleich, abgesehen von der Möglichkeit, einzelne Wirtschaftsgüter sofort wieder erfolgsneutral zu veräußern.

III. Vorteile des Buchwertansatzes bei auf Dauer angelegter Unternehmensumformung

Ohne einer abschließenden Beurteilung vorzugreifen, kann bereits jetzt gesagt werden, dass die zumindest teilweise Auflösung der stillen Reserven für die Gesellschafter dann empfehlenswert ist, falls sie beabsichtigen, sich alsbald nach der Umwandlung von den erhaltenen Gesellschaftsanteilen zu trennen, vor allem dann, wenn sie nicht wesentlich (über 25 %) an der Kapitalgesellschaft beteiligt sind. Sollten sie jedoch eine auf Dauer angelegte Umformung ihres Unternehmens beabsichtigen, würde bei einem Ansatz der Wirtschaftsgüter zum Buchwert die eingetretene Verdoppelung der stillen Reserven praktisch ohne Folge bleiben. In diesem Fall hätte die Umwandlung für den Bereich der Ertragsbesteuerung allein die für die Gesellschafter als Vorteil zu wertende Wirkung, dass die Besteuerung der stillen Reserven in dem übertragenen Betriebsvermögen auf die Kapitalgesellschaft übergeht, bei der sie dann, wenn auch zu einem anderen Steuersatz, in der-

---

[71] Ähnlich *Thiel*, in FR 1967, 354, 356 zur Umwandlung einer Kapitalgesellschaft in eine Personengesellschaft.

[72] Vgl. u.a. *Fasold*, StbJb 1968/69, 221, 247.

[73] Wie auch *Loos* in StKongrRep 1968, 96, 123/124 trotz aller Kritik einräumt.

selben Zeit eintritt, wie sie auch bei den Gesellschaftern ohne Umwandlung eingetreten wäre.

IV. Voraussetzungen für den Ansatz zum Buchwert

Während das Umwandlungssteuergesetz den Gesellschaftern stets die Möglichkeit einräumt, sämtliche stillen Reserven aufzulösen und die Wirtschaftsgüter mit dem Teilwert in der Eröffnungsbilanz der Kapitalgesellschaft anzusetzen, weil die vollständige Versteuerung der stillen Reserven im Zeitpunkt der Vermögensübertragung den allgemeinen steuerrechtlichen Grundsätzen entspricht, lässt es den Ansatz zum Buch- oder Zwischenwert nur unter bestimmten Voraussetzungen und Einschränkungen zu. Diese sind einmal durch die Sorge des Gesetzgebers um die Steuergerechtigkeit im Verhältnis zur Behandlung bei der Veräußerung von einzelnen Wirtschaftsgütern, vor allem aber durch die Sorge um die vollständige Erfassung der nicht aufgelösten stillen Reserven bedingt.

1. Übertragung des gesamten Betriebes oder aller Mitunternehmeranteile

Als Voraussetzung für die vollständige - aber auch für die teilweise - Fortführung der stillen Reserven verlangt § 17 Abs. 1 UmwStG, dass der Betrieb der Personengesellschaft oder die Mitunternehmeranteile in die neugegründete Kapitalgesellschaft eingebracht werden.

a) Die Bedeutung von zurückbehaltenen Wirtschaftsgütern für den Betriebsbegriff

Betrieb ist in § 17 Abs. 1 UmwStG als steuerrechtlicher Begriff in gleichem Sinne zu verstehen wie der Ausdruck "ganzer Gewerbebetrieb" in § 16 Abs. 1 Nr. 1 EStG, aus dessen Gedankengut § 17 UmwStG stammt.[74] Dass statt Gewerbebetrieb der umfassendere Begriff Betrieb gewählt worden ist, erklärt sich daraus, dass nicht nur die Übertragung eines gewerblichen Betriebsvermögens, sondern auch des Betriebsvermögens einer freiberuflichen Praxis, z. B. einer Anwaltssozietät oder Wirtschaftsprüfergesellschaft, unter das Umwandlungssteuergesetz

---

[74] *V. Wallis*, StuW 1970, Sp. 465, 468; *Loos*, UmwStG, Anm. 891.

fällt.[75] Aus der Gesetzesfassung könnte gefolgert werden, dass bereits die Zurückbehaltung eines einzigen Wirtschaftsguts bei der Umwandlung zur Versagung der §§ 17 ff. UmwStG führen könnte. Nach der Rechtsprechung des Bundesfinanzhofs zu § 16 EStG reicht es jedoch für die Einbringung eines Betriebes aus, dass seine wesentlichen Grundlagen in der Weise auf die Kapitalgesellschaft übertragen werden, dass der Betrieb als lebender Organismus des Wirtschaftslebens fortgeführt werden kann.[76] Auf § 17 UmwStG bezogen bedeutet dies, dass eine erfolgsneutrale Umwandlung nicht daran scheitert, dass die Gesellschafter einzelne Wirtschaftsgüter, die nicht zu den wesentlichen Grundlagen des Betriebes gehören, nicht auf die neugegründete Kapitalgesellschaft übertragen,[77] sondern unter steuerbegünstigter[78] Auflösung der darin enthaltenen stillen Reserven in ihr Privatvermögen überführen. Dies wird vor allem bei der Umwandlung im Wege der Einzelrechtsnachfolge häufig der Fall sein.

Die Feststellung, ob die in das Privatvermögen der Gesellschafter überführten Wirtschaftsgüter die wesentlichen Grundlagen des Betriebs ausmachen, liegt weitgehend auf tatsächlichem Gebiet.[79] Dabei ist die Funktion des einzelnen Wirtschaftsguts im Rahmen des Betriebes entscheidend.[80] Bei der Umwandlung von Personengesellschaften wird es häufig vorkommen, dass Schulden und Grundstücke nicht auf die neugegründete Kapitalgesellschaft übertragen werden. Bei Grundstücken liegt der Grund oft darin, dass im Falle ihrer Vermietung oder Verpachtung an die Kapitalgesellschaft das Miet- bzw. Pachtverhältnis zwischen Gesellschafter und Kapitalgesellschaft als verschiedenen Rechtssubjekten steuerlich grundsätzlich anerkannt wird. Der wirtschaftlich gerechtfertigte, angemessene[81] Miet- bzw. Pachtzins, der an die Gesellschafter gezahlt wird, mindert als

---

[75] *Glade*, NWB Fach 18, S. 2015, 2027; *Herrmann/Heuer*, Anm. 20/21 zu § 17 UmwStG.

[76] Urteil des BFH vom 6. 2. 1962 - I 197/61 S -, BStBl. 1962 III, 190.

[77] Ganz h.M., vgl. u.a. *Steinfeld*, Inf 1970, 533 und auch das Schreiben des BdF vom 20. 7. 1970, Abschnitt II Nr. 6 Abs. 1, BStBl. 1970 I, 922, 927.

[78] Für die Anwendung des ermäßigten Steuersatzes des § 34 Abs. 1 EStG trotz Buchwertfortführung der übrigen Wirtschaftsgüter auch *Meyer-Arndt*, Anm. 306; *Glade/Steinfeld*, UmwStG, Anm. 505 und *Loos*, DB 1970, 9, 12; a.A. *v. Wallis*, BB 1968, 1477, 1480.

[79] Vgl. das Urteil des BFH vom 25. 11. 1965 - V 173/63 U -, BStBl. 1966 III, 168, 169.

[80] *Plückebaum*, DStR 1967, 85, 90 und v. Wallis, StuW 1970, Sp. 465, 469; a.A. *Littmann*, EStR, Anm. 8 a zu § 16.

[81] Der über den angemessenen Pachtzins hinaus gezahlte Betrag ist als verdeckte Gewinnausschüttung der Kapitalgesellschaft an ihre Gesellschafter anzusehen (*Herrmann/Heuer*, Anm. 55 zu § 6 KStG) und nach § 6 Abs. 1 Satz 2 KStG bei der Ermittlung des Einkommens der Kapitalgesellschaft zu berücksichtigen.

Betriebsausgabe den Gewinn der Kapitalgesellschaft und damit die Körperschaftsteuer.

Während die Zurückbehaltung der Verbindlichkeiten unschädlich ist, weil zu den wesentlichen Grundlagen des Betriebes nur die Besitzposten gehören, die Finanzierung dagegen austauschbar ist,[82] sind Betriebsgrundstücke in der Regel keine Wirtschaftsgüter von untergeordneter Bedeutung. Dies ergibt sich allerdings nicht ohne weiteres aus der Tatsache, dass im gesellschaftlichen Gesamthandsvermögen stehende Grundstücke stets notwendiges Betriebsvermögen der Personengesellschaft sind.[83] Obwohl nach der Rechtsprechung des Bundesfinanzhofs[84] Wirtschaftsgüter dann als notwendiges Betriebsvermögen anzusehen sind, wenn sie eine wesentliche Grundlage des Betriebes bilden, dem sie dienen, brauchen die beiden Begriffe "notwendiges Betriebsvermögen" und "wesentliche Grundlagen des Betriebes" nicht unbedingt identisch zu sein, da sie ganz verschiedene Beziehungen betreffen.[85] Daher sollte mit *Littmann*[86] bei Grundstücken allein darauf abgestellt werden, ob sie wesentlich auf den Betrieb zugeschnitten sind. Im Gesamthandsvermögen stehende Grundstücke dürfen nur dann als wesentliche Grundlage des Betriebes angesehen werden, wenn sie für einen bestimmten Betrieb hergerichtet sind, wie z. B. das Fabrikgrundstück eines Herstellungsbetriebes.[87]

b) Rechtsfolgen bei Zurückbehaltung eines Wirtschaftsguts von wesentlicher Bedeutung

Falls ein solches auf den Betrieb zugeschnittenes Grundstück nicht auf die Kapitalgesellschaft übertragen, sondern unter Eintragung der Gesellschafter als Mitei-

---

[82] H. M., vgl. *v. Wallis*, StuW 1970, Sp. 465, 471; *Loos*, UmwStG, Anm. 917 unter Bezug auf die Urteile des RFH vom 26. 9. 1928 - VI A 1139/28 -, RStBl. 1928, 363 und des BFH vom 24. 4. 1959 - VI 19/57 U -, BFHE 68, 619, 622; a.A. *Widmann/Mayer*, Anm. 3805 a.

[83] *Grieger*, BB 1965, 1387, 1388 unter Hinweis auf das Urteil des BFH vom 8. 10. 1965 - VI 185/64 U -, BStBl. 1965 III, 708, 709.

[84] Vgl. Urteil vom 24. 3. 1959 - I 205/57 U -, BStBl. 1959 III, 289 mit weiteren Hinweisen.

[85] Ausführlich hierzu *Hermann/Heuer*, Anm. 13 zu § 17 UmwStG.

[86] EStR, Anm. 8 zu § 16.

[87] So auch *v. Wallis*, StuW 1970, Sp. 465, 471 und im Ergebnis der BFH in seinen Urteilen vom 16.1.1962 - I 57/61 S -, BStBl. 1962 III, 104, 105 und vom 28. 10. 1964 - VI 102/64 U -, BStBl. 1965 III, 88, 89, der ansonsten jedoch eine klare Linie vermissen lässt, vgl. *Littmann*, EStR, Anm. 8 zu § 16 mit Rechtsprechungshinweisen.

gentümer in deren Privatvermögen überführt und dann lediglich an die Kapitalgesellschaft vermietet oder verpachtet wird, liegt keine Übertragung des Betriebs der Personengesellschaft auf die Kapitalgesellschaft i.S. des § 17 UmwStG vor. Insoweit besteht kein Unterschied gegenüber dem Fall einer sogenannten Betriebsaufspaltung.[88] Es ist von einer Übertragung einzelner Wirtschaftsgüter auszugehen. Dies hat die Auflösung sämtlicher stillen Reserven bei allen Wirtschaftsgütern und ihre sofortige Versteuerung zur Folge. Hinzu kommt, dass in den Fällen, in denen eine am 1. 1. 1968 bereits bestehende Personengesellschaft bis zum 31. 12. 1972 die Gründung der Kapitalgesellschaft zur Eintragung ins Handelsregister anmeldet, noch zusätzlich die in § 29 Nr. 2 UmwStG vorgesehene Befreiung von der Gesellschaftssteuer, die ansonsten gemäß § 2 Abs. 1 Nr. 1 KVStG für die Ausgabe der Gesellschaftsanteile anfällt, verlustig geht.

Dieses Ergebnis lässt sich auch nicht - wie *Felix*[89] bei Nichteinbringung wesentlicher Wirtschaftsgüter vorschlägt - dadurch vermeiden, dass das Betriebsgrundstück bereits einige Zeit vor der Umwandlung ins Privatvermögen der Gesellschafter entnommen wird. Anlagegegenstände, die - wie ein für den Betrieb hergerichtetes Grundstück - ihrer Art nach gar keinen anderen Zweck haben, als dem Betrieb zu dienen, und deshalb gar nicht in ihrer Zweckbestimmung geändert werden können, können unabhängig von ihrer buchmäßigen Behandlung nur im Falle der Veräußerung (Umwandlung) oder Aufgabe des Betriebes ins Privatvermögen entnommen werden.[90] Wegen dieser Nachteile, die in den meisten Fällen die steuerlichen Vorteile bei weitem überwiegen, sollte es den Gesellschaftern nicht schwer fallen, ein wesentliches Wirtschaftsgut wie ein betriebsbezogenes Grundstück mit auf die Kapitalgesellschaft zu übertragen, falls einer solchen Übertragung nicht außersteuerliche Gesichtspunkte entgegenstehen.

---

[88] In diesem Fall überführt die Personengesellschaft ihr gesamtes Betriebsvermögen bis auf einige wesentliche Anlagegegenstände (meist Grundstücke und Maschinen) in eine neugegründete, von ihr beherrschte Kapitalgesellschaft (Vertriebsgesellschaft), an die sie dann die zurückbehaltenen Anlagegegenstände verpachtet. Sie selbst bleibt als Gewerbebetrieb bestehen, weil sie wesentliche Betriebsgrundlagen zurückbehält und sich über die von ihr beherrschte Kapitalgesellschaft am allgemeinen wirtschaftlichen Verkehr beteiligt. Vgl. auch das Beispiel bei *Plückebaum*, StBp 1971, 101, 103.

[89] Anm. 180.

[90] *Littmann*, EStR, Anm. 225 und 228 zu §§ 4, 5.

**c)   Zurückbehaltung eines im Alleineigentum eines Gesellschafters
stehenden wesentlichen Wirtschaftsguts**

Besondere Probleme ergeben sich, wenn zwar das ganze Gesamthandsvermögen
der Personengesellschaft auf die Kapitalgesellschaft übertragen wird, nicht aber
wesentliche Wirtschaftsgüter, die einem der Gesellschafter allein gehören, wegen
ihrer besonderen Beziehung zum Betrieb steuerlich aber als notwendiges Betriebsvermögen der Personengesellschaft behandelt werden, obwohl sie nicht
in der Handelsbilanz ausgewiesen sind.

aa)   Die Bedeutung der Bilanzbündeltheorie

Dass solche im Alleineigentum eines Gesellschafters stehenden Wirtschaftsgüter,
die die Personengesellschaft für ihre betrieblichen Zwecke nutzt, trotz zivilrechtlich strenger Trennung zwischen Gesellschaftsvermögen und Privatvermögen der
Gesellschafter[91] steuerrechtlich als notwendiges Betriebsvermögen der Personengesellschaft behandelt werden, beruht auf der vom Reichsfinanzhof begründeten
und vom Bundesfinanzhof in seinen entscheidenden Grundzügen übernommenen
Bilanzbündeltheorie.[92] Sie erweitert den steuerrechtlichen Betriebsvermögensbe-
griff gegenüber dem handelsrechtlichen um das gesellschaftereigene "Sonderbetriebsvermögen".

Die Bilanzbündeltheorie hat ihre Grundlage darin, dass die Personengesellschaft
im Gegensatz zur Kapitalgesellschaft ertragsteuerlich kein selbständiges Steuersubjekt ist;[93] einkommensteuerpflichtig sind nach § 1 Abs. 1 EStG nur natürliche Personen. Aus diesem Wesen der Einkommensteuer als einer Besteuerung von
natürlichen Personen und der Bestimmung des § 15 Nr. 2 EStG, in der die einzelnen Gesellschafter einer Personengesellschaft als Unternehmer (Mitunternehmer)
bezeichnet werden, hat die Rechtsprechung gefolgert, dass die Beteiligung eines
Gesellschafters an einer Personengesellschaft in ertragsteuerlicher Sicht einen
selbständigen Gewerbebetrieb bildet.[94] Der Betrieb der Personengesellschaft wird

---

[91]   Vgl. hierzu *Fischer* in Großk.HGB, Anm. 42 zu § 105.

[92]   Ausführlich zur Begründung und Fortentwicklung der Bilanzbündeltheorie: *Markefski*, DStR 1971,
301 ff.

[93]   Sie ist allerdings umsatz- und gewerbesteuerpflichtig (§ 2 Abs. 1 Satz 1 UStG, § 2 Abs. 2 Nr. 1
GewStG).

[94]   Vgl. die Urteile des RFH vom 14. 7. 1937 - VI A 422/37 -, RStBl. 1937, 937; vom 10. 1. 1940 - VI
704/39 -, RStBl. 1940, 134 und des BFH vom 7. 2. 1964 - IV 19/63 U -, BStBl. 1964 III, 328, 329.

für die einkommensteuerrechtliche Betrachtung gedanklich in Einzelunternehmen der Gesellschafter aufgespaltet.[95] Somit stellt die einheitliche Bilanz der Personengesellschaft nur eine rechnerische Zusammenfassung der an sich für jeden Gesellschafter aufzustellenden Einzelbilanzen dar.[96] Da die gedankliche Aufgliederung der Personengesellschaft in einzelne Betriebe dazu führt, dass schuldrechtliche Beziehungen zwischen Gesellschaft und Gesellschaftern ertragsteuerlich nicht berücksichtigt werden, gehört ein Wirtschaftsgut, das im Alleineigentum eines Gesellschafters steht, aber dem Betrieb der Personengesellschaft dient, trotz des zwischen Gesellschaft und Gesellschafter bestehenden Miet- oder Pachtvertrages nicht zum Privatvermögen, sondern zum Betriebsvermögen des Gesellschafters und damit der Personengesellschaft. Es würde bei einem Einzelunternehmer ebenfalls zum Betriebsvermögen gehören. Aufgrund des § 15 Nr. 2 EStG ist es aber nicht gerechtfertigt, das Betriebsvermögen der Gesellschafter einer Personengesellschaft anders abzugrenzen als das eines Einzelunternehmers.[97] Dass diese Rechtsprechung, die sich in den letzten Jahren einer zunehmenden Kritik in der Literatur gegenübersah, nicht gegen Verfassungsrecht verstößt, hat das Bundesverfassungsgericht in seinem Urteil - 1 BvR 457/66 - vom 15. 7.1969[98] bestätigt.

bb) Die Problematik bei der Umwandlung im Wege der Gesamtrechtsnachfolge

Auf der Grundlage dieses durch das Bundesverfassungsgericht sanktionierten, um das gesellschaftereigene Sonderbetriebsvermögen erweiterten steuerlichen Betriebsvermögensbegriffes vertritt der Bundesminister der Finanzen in seinem Schreiben vom 20. 7. 1970 unter II Nr. 6 Abs. 2[99] die Auffassung, dass bei Zurückbehaltung eines im Alleineigentum eines Gesellschafters stehenden wesentlichen Wirtschaftsguts eine Betriebseinbringung i.S. von § 17 UmwStG nicht gegeben ist. Dieser an sich folgerichtigen Auffassung ist die h.M. in der Literatur ge-

---

[95] Vgl. Urteil des BFH vom 28. 10. 1964 - IV 155/63 U -, StRK EStG § 15, R. 558.

[96] So Urteile des RFH vom 14. 7. 1937 und vom 10.1.1940 a.a.O.

[97] So Urteile des BFH vom 18. 3. 1960 - I 37/60 U -, BStBl. 1961, 123; vom 29. 9. 1966 – IV 308/64 -, BStBl. 1967 III, 180, 181 und vom 20.3.1969 - IV R 43/67 -, BStBl. 1969 II, 463 hinsichtlich einer BGB-Gesellschaft.

[98] BStBl. 1969 II, 718, 720 ff.

[99] BStBl. 1970 I, 922, 927/928.

folgt, soweit sie sie nicht vorher bereits vertreten hatte.[100] Sie geht allerdings nicht auf die Frage ein, ob bei einer solchen Auffassung nicht der Personengesellschaft der erleichterte Weg der Umwandlung nach den §§ 40 ff. UmwG, auf den § 17 Abs. 7 UmwStG ausdrücklich verweist, dadurch de facto abgeschnitten wird, dass infolge des gesetzlich vorgesehenen Vermögensübergangs im Wege der Gesamtrechtsnachfolge ein im Alleineigentum eines Gesellschafters stehendes wesentliches Wirtschaftsgut, z. B. ein Betriebsgrundstück, nicht erfolgsneutral auf die Kapitalgesellschaft übertragen werden kann. Wenn dies der Fall wäre, dürften an der Auffassung der Finanzverwaltung erhebliche Zweifel bestehen, da es Sinn und Zweck des Umwandlungssteuergesetzes zuwiderliefe, Gesellschaften, die sich der vereinfachten Form der Umwandlung nach den §§ 40 ff. UmwG bedienen, steuerlich zu benachteiligen. Daher ist zu untersuchen, ob auch bei einer Umwandlung nach den §§ 40 ff. UmwG die Übertragung eines im Alleineigentum eines Gesellschafters stehenden Betriebsgrundstücks auf die Kapitalgesellschaft zum Buchwert möglich ist.

Bei der Umwandlung im Wege der Einzelrechtsnachfolge ergeben sich bei der Übertragung eines im Alleineigentum eines Gesellschafters stehenden Betriebsgrundstücks keine Probleme, egal ob die Personengesellschaft selbst vor ihrer Auflösung oder die Gesellschafter nach erfolgter Auflösung die Vermögensgegenstände auf die Kapitalgesellschaft übertragen oder ob sie ihre Mitunternehmeranteile an die Kapitalgesellschaft abtreten. Jeweils kann der Gesellschafter das ihm allein gehörende Betriebsgrundstück parallel hierzu erfolgsneutral auf die Kapitalgesellschaft übertragen und einen einheitlichen Gesellschaftsanteil erhalten.[101]

Dagegen zerfällt der Vorgang der Übertragung des Gesellschaftsvermögens und des Betriebsgrundstücks im Falle der Umwandlung nach den §§ 40 ff. UmwG deutlich in zwei zeitlich getrennte Teile. Das handelsrechtliche Gesellschaftsvermögen geht mit der Eintragung des Umwandlungsbeschlusses in das Handelsregister im Wege der Gesamtrechtsnachfolge auf die Kapitalgesellschaft über (§§ 44 Abs. 1 Satz 2 bzw. 49 Abs. 2 Satz 2 UmwG). In diesen Rechtsvorgang kann das im Alleineigentum des Gesellschafters stehende Grundstück nicht einbezogen werden. Es muss entweder vor der Eintragung des Umwandlungsbeschlusses zivilrechtlich auf die Personengesellschaft übertragen oder nach der Eintragung im

---

[100] Vgl. *Widmann/Mayer*, Anm. 3829; *Felix*, Anm. 148 Nr. 3; *Uelner*, S. 57; *Fasold*, AG 1971, 46, 51/52 und BB 1972, 309, 311 r. Sp.; zweifelnd *Loos*, UmwStG, Anm. 891 und BB 1971, 304, 407; a.A. nur *Herrmann/Heuer*, Anm. 14 - 16 zu § 17 UmwStG.

[101] So auch *Loos*, DB 1970, 9, 11.

Wege der Kapitalerhöhung mit Sacheinlage in die Kapitalgesellschaft eingebracht werden. Dies würde nach allgemeinen steuerrechtlichen Grundsätzen dazu führen, dass die im Grundstück - meist in beträchtlicher Höhe - enthaltenen stillen Reserven aufgelöst werden müssten: im ersten Fall, soweit sie nunmehr auf die Anteile der übrigen Gesellschafter am Grundstück entfallen,[102] im letzten Fall sogar in voller Höhe. Dies würde zu einem laufenden Gewinn bei dem einbringenden Gesellschafter führen und eine Umwandlung nach den §§ 40 ff. UmwG praktisch verhindern. Nach der im Ertragsteuerrecht herrschenden wirtschaftlichen Betrachtungsweise stellen sich jedoch die infolge des Umwandlungsgesetzes zeitlich auseinanderfallenden Übertragungsakte des Gesellschaftsvermögens einerseits und des Betriebsgrundstücks andererseits als einheitlicher wirtschaftlicher Vorgang der Übertragung des steuerlichen Betriebsvermögens der Personengesellschaft auf die Kapitalgesellschaft dar, wenn die Grundstücksübertragung unmittelbar vor bzw. nach der Eintragung der Umwandlung liegt. Unter diesen Voraussetzungen ist auch im Falle der Umwandlung nach den §§ 40 ff. UmwG eine einheitliche Einbringung des Betriebes i.S. des § 17 Abs. 1 UmwStG gegeben mit der Folge, dass bei Einbringung zum Buchwert auch die stillen Reserven des Grundstücks nicht aufgelöst zu werden brauchen.[103]

Damit sind die geäußerten Zweifel gegen die Auffassung der h.M. ausgeräumt. Weitere Bedenken können nicht daraus hergeleitet werden, dass der Gesellschafter gezwungen wird, als Preis für die erfolgsneutrale Umwandlung der Personengesellschaft sein Alleineigentum am Grundstück aufzugeben, obwohl er dieses unverändert dem gleichen Unternehmen, das lediglich seine Rechtsform geändert hat, im Wege der Miete oder Pacht zur Verfügung stellt. Wenn dieses Ergebnis auch auf den ersten Blick unbillig erscheint,[104] so steht es doch im Einklang mit der strengen Trennung, die der Steuergesetzgeber zwischen Kapitalgesellschaften und Personengesellschaften, deren zivilrechtlichen Verselbständigung er bei der Einkommensteuer insoweit unberücksichtigt gelassen hat, gezogen hat. Eine andere Auffassung wäre nur unter Aufgabe der Bilanzbündeltheorie zu rechtfertigen und würde zu einer steuerlichen Ungleichbehandlung des Gesellschafters einer Personengesellschaft gegenüber einem Einzelunternehmer führen, der bei Um-

---

[102] Vgl. zur Verdeutlichung *Littmann*, EStR, Beispiel 102 a bei Anm. 313 zu §§ 4, 5 unter Hinweis auf das Urteil des BFH - VI R 187/66 U - vom 12. 4. 1967, BStBl. 1967 III, 419.

[103] Im Ergebnis ebenso, aber nur für den Fall der nachträglichen Einbringung im Wege der Kapitalerhöhung: *Widmann/Mayer*, Anm. 3834 und *Loos*, DB 1970, 9, 12.

[104] Deshalb wird es von *Hermann/Heuer*, Anm. 14 - 16 zu § 17 UmwStG, ohne jede weitere Begründung abgelehnt.

wandlung seines Unternehmens in eine Aktiengesellschaft[105] gezwungen ist, als Voraussetzung für eine erfolgsneutrale Umwandlung sein für den Betrieb herge-richtetes Grundstück auf die Aktiengesellschaft zu übertragen.

cc) Die Möglichkeit der Beschränkung der nachteiligen Folgen auf den einzelnen Gesellschafter

Wenn damit auch feststeht, dass der Ansatz des gesamten Betriebsvermögens zum Buchwert erfordert, dass alle für den Betrieb wesentlichen Wirtschaftsgüter - auch die im Alleineigentum eines Gesellschafters stehenden - auf die Kapitalgesell-schaft übertragen werden müssen, so ist doch ungeklärt, welche Folgen es hat, wenn ein im Alleineigentum eines Gesellschafters stehendes wesentliches Wirt-schaftsgut nicht mit übertragen wird. Die Folgerung, dass nunmehr alle in den Wirtschaftsgütern der Personengesellschaft enthaltenen stillen Reserven aufgelöst werden müssen, weil § 17 UmwStG nicht anwendbar sei, leuchtet auf den ersten Blick am ehesten ein. Dies würde jedoch die übrigen Gesellschafter, deren Ein-flussmöglichkeiten auf den Gesellschafter, in dessen Alleineigentum sich das nicht eingebrachte Wirtschaftsgut befindet, beschränkt sind, ungerechtfertigt benachtei-ligen.

Gerechter wäre trotz der praktischen Schwierigkeiten eine nur anteilige Auflösung der stillen Reserven entsprechend der Quote am Gesellschaftsvermögen, die auf den sein wesentliches Wirtschaftsgut zurückbehaltenden Gesellschafter entfällt. Diese Lösung ergäbe sich, wenn die Umwandlung einer Personengesellschaft in eine Kapitalgesellschaft nach § 17 Abs. 1 UmwStG nicht als Einbringung des Betriebes der Personengesellschaft durch diese, sondern als Einbringung von Mitunternehmeranteilen durch die einzelnen Gesellschafter anzusehen und jeder Mitunternehmeranteil für sich zu betrachten wäre. Unter Mitunternehmeranteil wäre dabei in § 17 Abs. 1 UmwStG ebenso wie in § 16 Abs. 1 Nr. 2 EStG der Anteil des Gesellschafters am steuerlichen Betriebsvermögen der Personengesell-schaft einschließlich der ihm allein gehörenden, aber der Gesellschaft dienenden Wirtschaftsgüter zu verstehen.[106] Es hätten dann alle übrigen Gesellschafter ihre Mitunternehmeranteile voll auf die Kapitalgesellschaft übertragen, so dass die auf sie entfallenden Anteile am Betriebsvermögen mit dem Buchwert in der Eröff-

---

[105] Zivilrechtlich möglich nach den §§ 50 ff. UmwG.

[106] *V. Wallis*, StuW 1970, Sp. 465, 469; *Herrmann/Heuer*, Anm. 5 zu § 16 EStG; *Loos*, DB 1970, 9, 11.

32

nungsbilanz der Kapitalgesellschaft angesetzt werden könnten. Lediglich der Gesellschafter, der das ihm gehörende wesentliche Wirtschaftsgut zurückbehalten hat, hätte nicht seinen vollständigen steuerlichen Mitunternehmeranteil, sondern nur seine Anteile an den einzelnen Wirtschaftsgütern[107] auf die Kapitalgesellschaft übertragen; denn wenn das zurückbehaltene Wirtschaftsgut schon wesentliche Grundlage für den Betrieb der Personengesellschaft war, war es dies erst recht für den Mitunternehmeranteil (= "Betrieb" im Sinn der Bilanzbündeltheorie) des Gesellschafters. Die Konsequenz wäre, dass lediglich bei diesem Gesellschafter in Höhe der Differenz zwischen Buchwert und Teilwert des auf ihn entfallenden Teils des übertragenen Betriebsvermögens ein Veräußerungsgewinn anfiele, da insoweit die stillen Reserven aufgelöst werden müssten.

dd) Die grundsätzliche Bedeutung des Problems für die Wahl des Ansatzes Wirtschaftsgüter

Die Erörterung dieser Frage ist über das hier vorliegende Problem hinaus von grundlegender Bedeutung für den Ansatz der Wirtschaftsgüter in der Eröffnungsbilanz der Kapitalgesellschaft. Wenn in der Umwandlung einer Personengesellschaft in eine Kapitalgesellschaft steuerlich stets die gesondert zu betrachtende Einbringung der Mitunternehmeranteile in die Kapitalgesellschaft durch die Gesellschafter zu sehen wäre, hätte dies zur Folge, dass jeder Gesellschafter selbständig das Wahlrecht ausüben dürfte, mit welchen Werten (Buchwert, Zwischenwert oder Teilwert) er den auf ihn entfallenden Teil des übertragenen Betriebsvermögens in der Eröffnungsbilanz der Kapitalgesellschaft ansetzen will. Außerdem hat das Ergebnis auch Auswirkungen auf die noch zu behandelnden gesetzlichen Einschränkungen des Ansatzes zum Buchwert nach § 17 Abs. 2 Satz 3 und 4 UmwStG.

Keine Auswirkungen hat die Lösung dieser Frage allerdings auf das zuvor als Ausgangspunkt abgehandelte Problem, dass die Gesellschafter ein im Gesamthandsvermögen stehendes Wirtschaftsgut, das eine wesentliche Grundlage des Betriebes darstellt, nicht auf die Kapitalgesellschaft übertragen, sondern in ihr Privateigentum überführen. Insoweit überträgt weder die Personengesellschaft ihren ganzen Betrieb auf die Kapitalgesellschaft, noch bringen die einzelnen Gesellschafter ihre vollständigen Mitunternehmeranteile i.S. des § 17 Abs. 1 Um-

---

[107] Gemäß § 11 Nr. 5 StAnpG werden Wirtschaftsgüter, die mehreren zur gesamten Hand zustehen, im Steuerrecht den Beteiligten so zugerechnet, als wären sie nach Bruchteilen berechtigt.

wStG ein. Vielmehr werden stets nur einzelne Wirtschaftsgüter der Personengesellschaft bzw. die Anteile an einzelnen Wirtschaftsgütern auf die Kapitalgesellschaft übertragen, so dass eine Buchwertfortführung für keinen der Gesellschafter möglich ist.

ee)   Keine Lösung allein aus dem Begriff der zivilrechtlichen Gesamthand oder mit Hilfe der Bilanzbündeltheorie

Die Lösung der Frage, ob die Personengesellschaft ihren Betrieb oder die einzelnen Gesellschafter ihre Mitunternehmeranteile in die Kapitalgesellschaft einbringen, hängt nicht so sehr vom Begriff des Betriebes oder des Mitunternehmeranteils i.S. des § 17 Abs. 1 UmwStG ab; denn Mitunternehmeranteil bedeutet steuerrechtlich nichts anderes als Anteil des Gesellschafters am steuerlichen Betriebsvermögen. Deshalb kann nicht nur der Fall der zivilrechtlichen Abtretung der Mitunternehmeranteile an die Kapitalgesellschaft im Wege der Auseinandersetzung, sondern auch jeder andere Weg der Umwandlung steuerrechtlich als Einbringung von Mitunternehmeranteilen angesehen werden. Entscheidend ist vielmehr, ob die Personengesellschaft oder der einzelne Gesellschafter als "Einbringender" i.S. des § 17 Abs. 1 UmwStG anzusehen ist. Da es sich hierbei um die Auslegung des Begriffes eines Steuergesetzes handelt, das unter größtmöglicher Nahrung der Gleichmäßigkeit der Besteuerung einen steuererleichterten Wechsel der Unternehmensform bezweckt, sollte die Lösung nicht allein durch Deduktion aus dem Begriff der zivilrechtlichen Gesamthand gewonnen werden.[108] Das Prinzip der gesamthänderischen Verbundenheit der Gesellschafter würde dazu führen, dass je nachdem, ob die gesamthänderische Verbundenheit vor oder nach der Vermögensübertragung auf die Kapitalgesellschaft gelöst würde, entweder die Gesellschafter in ihrer gesamthänderischen Verbundenheit, also die Personengesellschaft, oder die einzelnen Gesellschafter als Einbringende anzusehen wären; ein Ergebnis, das in seiner Undifferenziertheit - gemessen an seinen Auswirkungen - nicht befriedigen kann.

Doch halte ich es auch nicht für gerechtfertigt, lediglich unter Hinweis auf die Bilanzbündeltheorie die Personengesellschaft steuerlich als nicht existent und

---

[108] Ähnlich *Loos*, BB 1971, 304, 305; a.A. - allerdings unter Verkennung des zivilrechtlichen Umwandlungsvorgangs – *Widmann/Mayer*, Anm. 3826.

34

uneingeschränkt die einzelnen Gesellschafter als Einbringende anzusehen.[109] Die Konsequenz wäre, dass auch in dem Fall, dass keine Umwandlung stattfindet, sondern eine Personengesellschaft ihr Betriebsvermögen in eine Kapitalgesellschaft einbringt und mit den dafür erhaltenen Gesellschaftsanteilen als ihrem Gesellschaftsvermögen weiterbesteht, die einzelnen Gesellschafter als Einbringende angesehen werden müssten.[110] Eine solch starre Handhabung würde jedoch eine Überspitzung der Bilanzbündeltheorie bedeuten, wogegen sich der Bundesfinanzhof gerade in letzter Zeit energisch gewandt hat.[111] Wenn auch die Personengesellschaft ertragsteuerlich kein selbständiges Steuersubjekt ist, so hat der Bundesfinanzhof doch die Auffassung des Reichsfinanzhofs, die Personengesellschaft sei ertragsteuerlich gar nicht existent,[112] der er anfangs gefolgt war, längst aufgegeben. Nach der jüngeren Rechtsprechung des Bundesfinanzhofs[113] ist auch im Ertragsteuerrecht von der einheitlichen Personengesellschaft als Gesamthandsgemeinschaft auszugehen. Dies entspricht der in der Rechtsprechung des Bundesfinanzhofs gegenüber der des Reichsfinanzhofs zu beobachtenden Annäherung des Steuerrechts an die bürgerlich-rechtliche Rechtslage. Auch für das Gebiet der Bilanzbündeltheorie hat der Bundesfinanzhof in seinem Urteil - I 117/60 S - vom 29. 11. 1960[114] ausdrücklich anerkannt, dass das Steuerrecht nur dann von der bürgerlichen Rechtslage abweichen darf, wenn steuerliche Besonderheiten eine abweichende Beurteilung gebieten. Bezeichnend für die gewandelte Auffassung des Bundesfinanzhofs heißt es in seinem Urteil vom 14. 1. 1958:[115]

"Die Bilanzbündeltheorie und ihre gedankliche Aufgliederung der Personengesellschaft in Einzelunternehmen der Gesellschafter will in erster Li-

---

[109] So aber ausdrücklich der koordinierte Erlass des Finanzministeriums Baden-Württemberg vom 24. 9. 1971 - S 1978 A - 1 a / 70 -, DStZ B 1971, 419 und ihn bestätigend das Schreiben des BMWF vom 14. 12. 1971 - F/4 B 2 - S 1909 - 30/71 -, StLex 6, UmwStG §§ 17 - 21, 1; ebenso *Uelner*, S. 52; Felix, Fußnote 160 a) bei Anm. 148 Nr. 4 und *Widmann/Mayer*, Anm. 3827 a.E.; wohl auch *Hermann/Heuer*, Anm. 31 zu § 17 UmwStG und *v. Wallis*, BB 1968, 1477, 1481; als Bekräftigung auch *Loos*, BB 1971, 304, 305 r. Sp.

[110] So ausdrücklich das Schreiben des BMWF vom 14. 12. 1971, a.a.O.; ebenso *Uelner* und *Felix*, a.a.O.; a.A. jedoch *Widmann/Mayer*, Anm. 3888 wegen der hieraus resultierenden Konsequenzen.

[111] Vgl. die Urteile vom 29. 11. 1960 - I 117/60 S -, BStBl. 1961 III, 183, 184 und vom 31. 1. 1964 - VI 337/62 S -, BStBl. 1964 III, 240, 241.

[112] Vgl. das Urteil vom 26. 11. 1931 - VI A 1978/31 -, StuW 1932, Nr. 635.

[113] Vgl. die Urteile vom 14. 1. 1958 - I 159/57 U -, BStBl. 1958 III, 75, 76; vom 5. 7. 1963 - VI 333/61 U -, BStBl. 1963 III, 492 und vom 29. 11. 1963 - VI 170/62 U -, BStBl. 1964 III, 45 r. Sp.

[114] BStBl. 1961 III, 183, 184.

[115] A.a.O.

nie das Verhältnis der Gesellschafter zur Personengesellschaft und der Gesellschafter untereinander verständlich machen. Sie darf aber nicht zu einer Auflösung der Einheit der Personengesellschaft führen."

Folgerichtig ließ der Bundesfinanzhof in diesem Urteil Abschreibungen zu verschiedenen Sätzen durch jeden einzelnen Gesellschafter nicht zu und gewährte auch in seinem Urteil - IV 95/59 S - vom 22. 6. 1961[116] den Freibetrag des § 16 Abs. 4 EStG nur einmal der Personengesellschaft, nicht jedoch jedem einzelnen Gesellschafter. Hieraus wird deutlich, dass die Bilanzbündeltheorie, an der der Bundesfinanzhof auch weiterhin festhält, der Rechtsprechung heute lediglich noch dazu dient, die Mitunternehmerschaft steuerlich der Alleinunternehmerschaft gleichzustellen und den um das gesellschaftereigene Sonderbetriebsvermögen erweiterten Begriff des Betriebsvermögens dogmatisch zu begründen.[117]

Diese Beschränkung der Bilanzbündeltheorie auf die Bedeutung einer gedanklichen Unterstellung zur Verdeutlichung steuerlich relevanter Vorgänge ist von der Literatur fast ausnahmslos begrüßt worden.[118] Es ist jedoch nicht möglich, grundsätzlich die Einschränkung der Bilanzbündeltheorie durch den Bundesfinanzhof gutzuheißen, im Falle der Umwandlung einer Personengesellschaft in eine Kapitalgesellschaft aber ohne jede weitere Begründung lediglich unter Hinweis auf die Bilanzbündeltheorie die Einheit der Personengesellschaft zu verneinen und stets die einzelnen Gesellschafter als Einbringende i.S. des § 17 Abs. 1 UmwStG anzusehen. Die richtige Lösung kann deshalb weder allein aus dem Begriff der zivilrechtlichen Gesamthand noch mit Hilfe der Bilanzbündeltheorie gewonnen werden. Auch halte ich es nicht für zulässig, wie *Loos*[119] alle denkbaren Fallkonstellationen durchzuspielen und die Lösung, die zu den angeblich gerechteren Ergebnissen führt, als systemgerecht und allein richtig hinzustellen.

---

[116] BStBl. 1961 III, 421, 422.

[117] Vgl. das Urteil vom 3.12.1964 - IV 419/62 U -, BStBl. 1965 III, 92, 93; ähnlich auch *Markefski*, DStR 1971, 301, 306 r. Sp.

[118] Vgl. *Herrmann/Heuer*, Anm. 27 c zu § 15 EStG mit Literaturhinweisen.

[119] In BB 1971, 304 ff.

ff)   Lösung über die Identität von Anteilseigner und „Einbringendem" i.S. des § 17 Abs. 1 UmwStG

Wer im Falle der Umwandlung als Einbringender i.S. des § 17 Abs. 1 UmwStG anzusehen ist, ist allein aus dem Zweck und der Systematik des Umwandlungssteuergesetzes zu ermitteln. Um die vollständige Erfassung der stillen Reserven zu gewährleisten, verknüpft § 17 Abs. 4 UmwStG die Anschaffungskosten der Gesellschaftsanteile mit dem Wert, mit dem das übertragene Betriebsvermögen angesetzt wird.

Das gesamte steuerliche Schicksal der Gesellschaftsanteile wird nach § 18 UmwStG von dem Ansatz des eingebrachten Betriebsvermögens abhängig gemacht. Steuerlich gesehen repräsentieren nach erfolgter Umwandlung die Gesellschaftsanteile das übernommene Betriebsvermögen der Personengesellschaft. Dabei kann den einzelnen Gesellschaftsanteilen nur das Betriebsvermögen entsprechen, das den Anteilseignern vor der Einbringung zustand. Dies ist, falls Anteilseigner der einzelne Gesellschafter ist, sein steuerlicher Mitunternehmeranteil an der Personengesellschaft, falls Anteilseigner die Personengesellschaft ist, das gesamte Betriebsvermögen. Hinzu kommt, dass § 17 UmwStG davon ausgeht, dass die ausgegebenen Anteile die Gegenleistung für die Übertragung des Betriebsvermögens darstellen ("... erhält der Einbringende <u>dafür</u> neue Anteile an der Gesellschaft, ...").

Aufgrund dieses unmittelbaren Zusammenhangs zwischen übertragenem Betriebsvermögen und gewährten Gesellschaftsanteilen ist derjenige als Einbringender anzusehen, in dessen Vermögen die als Gegenleistung gewährten Gesellschaftsanteile fallen. Anteilseigner sind in dem Fall, dass die Gesellschafter im Wege der Auseinandersetzung ihre Mitunternehmeranteile an die neugegründete Kapitalgesellschaft gemäß §§ 413, 398 BGB abtreten, ebenso die einzelnen Gesellschafter wie in dem Fall, dass sie nach der Liquidation der Personengesellschaft das gesamte Vermögen einzeln auf die Kapitalgesellschaft übertragen. In beiden Fällen fallen die Gesellschaftsanteile in das ungebundene Vermögen der einzelnen Gesellschafter. Insofern ergeben sich keine Unterschiede zu einer rein zivilrechtlichen Betrachtung, da in beiden Fällen die gesamthänderische Verbundenheit bereits vor der Vermögensübertragung auf die Kapitalgesellschaft gelöst war.

Doch auch im praktisch wichtigsten Fall der Umwandlung im Wege der Gesamtrechtsnachfolge nach den §§ 40 ff. UmwG sind die einzelnen Gesellschafter als Einbringende anzusehen. Nach den §§ 44 Abs. 1, 49 Abs. 2 UmwG entstehen die Gesellschaftsanteile an der Kapitalgesellschaft im Alleineigentum der Gesellschafter, da die Personengesellschaft mit der Eintragung des Umwandlungsbeschlusses ins Handelsregister erlischt. Anteilseigner werden also allein die einzelnen Gesellschafter.

Schwieriger gestaltet sich lediglich der Fall der Umwandlung, in dem die Personengesellschaft ihr gesamtes Vermögen auf die Kapitalgesellschaft überträgt und unmittelbar danach ihre Auflösung beschließt. Die Gesellschaftsanteile gelangen hier zuerst in das gesamthänderisch gebundene Gesellschaftsvermögen und fallen erst mit dem Auflösungsbeschluss an die einzelnen Gesellschaftern Da hier die Personengesellschaft für eine kurze Übergangszeit Anteilseigner wird, könnte sie als Einbringende i.S. des § 17 Abs. 1 UmwStG angesehen werden. Die Gesellschafter in ihrer gesamthänderischen Verbundenheit übertragen aber das Gesellschaftsvermögen auf die neugegründete Kapitalgesellschaft zu dem alleinigen Zweck, ihre gesamthänderischen Bindungen zu lösen und das Unternehmen nunmehr als Kapitalgesellschaft fortzuführen. Deshalb muss die kurze Übergangszeit, in der die Personengesellschaft Anteilseignerin ist, unbeachtet bleiben. Entscheidend ist, dass von vornherein bezweckt ist, dass nicht die Gesamthandsgemeinschaft, sondern die einzelnen Gesellschafter Anteilseigner werden sollen und dass sie dies auch in einem wirtschaftlich einheitlichen Vorgang werden. Dadurch unterscheidet sich dieser Vorgang ganz wesentlich von dem Fall, dass nach der Übertragung des Betriebsvermögens durch die Personengesellschaft die Gesellschaftsanteile bei der Personengesellschaft verbleiben und diese mit ihnen als Gesellschaftsvermögen weiterhin bestehen bleibt.

Schließlich ist zu berücksichtigen, dass sich diese Form der Umwandlung lediglich in ihrer zivilrechtlichen Durchführung von den übrigen Umwandlungsmöglichkeiten unterscheidet, ihnen wirtschaftlich jedoch völlig gleichwertig ist. Eine steuerrechtliche Betrachtungsweise, die sich der wirtschaftlichen Gleichwertigkeit der verschiedenen handelsrechtlichen Erscheinungsformen der Umwandlung verschließen würde, würde sich jedoch mit den wirtschaftlichen Tatsachen in Widerspruch setzen.[120] Auch zwingende sachliche Gründe, die in diesem Fall der Umwandlung eine abweichende steuerliche Behandlung verlangen könnten, sind nicht ersichtlich. Deshalb wäre nach dem Grundsatz der Gleichmäßigkeit der Besteuerung eine steuerliche Ungleichbehandlung dieses wirtschaftlich gleichwertigen Falles gegenüber den anderen Fällen der Umwandlung nicht gerechtfertigt.

---

[120] *Thiel*, DB 1961, 212, 213.

Als Ergebnis bleibt festzustellen, dass in allen Fällen der Umwandlung einer Personengesellschaft in eine Kapitalgesellschaft die einzelnen Gesellschafter als Einbringende i.S. des § 17 UmwStG anzusehen sind.[121] Dies hat zur Folge, dass jeder Gesellschafter selbständig das Wahlrecht ausüben darf, mit welchen Werten er den auf ihn entfallenden Teil des übertragenen Betriebsvermögens in der steuerlichen Eröffnungsbilanz der Kapitalgesellschaft ansetzen will. Für den Ausgangspunkt dieser Erörterung bedeutet es, dass lediglich dem Gesellschafter, der sein im Alleineigentum stehendes wesentliches Wirtschaftsgut (z. B. ein Betriebsgrundstück) nicht mit auf die Kapitalgesellschaft überträgt, die Inanspruchnahme des Umwandlungssteuergesetzes verwehrt ist. Dagegen können die übrigen Gesellschafter die auf sie entfallenden Teile des übertragenen Betriebsvermögens mit dem Buchwert ansetzen und brauchen die darin enthaltenen stillen Reserven nicht aufzulösen und zu versteuern.[122]

gg) Beispiel

Zur Veranschaulichung möge folgendes Beispiel dienen:

Die Abschlussbilanz (Handelsbilanz = Steuerbilanz) der OHG X, die in die GmbH X umgewandelt werden soll, weist folgendes Bild auf:

OHG X

Aktiva	1.000.000,–	Schulden	200.000,–
		Kapitalkonto A	200.000,–
		Kapitalkonto B	200.000,–
		Kapitalkonto C	200.000,–
	__1.000.000,–__		__1.000.000,–__

In den Aktiva der OHG sind 1.200.000,- DM stille Reserven enthalten. Da die stillen Reserven auch bei Auflösung der Personengesellschaft stets ihren ursprüng-

---

[121] A.A. *Brönner*, UmwStG, Anm. 7 zu §§ 17 ff. und *Fasold*, BB 1972, 309, 310 l. Sp.; wohl auch *Würdinger*, Steuererleichterungen, S. 68/69.

[122] So im Ergebnis auch *Loos* in BB 1971, 304, 307 und in JbFfSt 1971/72, 191, 209 und *Widmann/Mayer*, Anm. 3830 unter Aufgabe seiner früheren entgegen gesetzten Ansicht.

lichen Charakter als Betriebsgewinn behalten, werden sie bei Auflösung der Personengesellschaft nicht nach § 155 Abs. 1 HGB im Verhältnis der Kapitalanteile auf die Gesellschafter aufgeteilt, sondern spätestens bei Aufstellung der Liquidationsschlussbilanz ebenso wie bei der Gesellschaft bürgerlichen Rechts[123] auf die einzelnen Gesellschafter nach dem Gewinnverteilungsschlüssel verteilt.[124] Bei einer Gewinnverteilung nach Köpfen gemäß § 121 Abs. 3 HGB (eine Kapitalverzinsung bleibt aus Vereinfachungsgründen außer Betracht) entfallen auf jeden Gesellschafter 400.000,- DM stille Reserven.

Es ergibt sich folgende Vermögensbilanz:

OHG X

Aktiva	2.200.000,–	Schulden	200.000,–
		Kapitalkonto A	600.000,–
		Kapitalkonto B	700.000,–
		Kapitalkonto C	700.000,–
	2.200.000,–		2.200.000,–

Zum notwendigen Betriebsvermögen der OHG zählt auch das in einer Ergänzungsbilanz geführte Grundstück des Gesellschafters A.

Ergänzungsbilanz A

Grundstück	150.000,–	Mehrkapital A	150.000,–

In diesem Grundstück sind weitere 100.000,- DM stille Reserven enthalten, die allein auf A entfallen.

---

[123] Vgl. *Soergel/Siebert/Schultze/v. Lasaulx*, Anm. 3 zu § 734.

[124] Vgl. das Urteil des BGH vom 17. 11. 1955 - II ZR 42/54-, BGHZ 19, 42, 47/48; *Weipert* in RGRK z. HGB, Anm. 10 zu § 154; *Schlegelberger/Geßler*, Anm. 8 und 10 zu § 154; *Hueck*, Recht der OHG, S. 513; a.A. *Bach*, JW 1936, 3118, 3119.

Die Gesellschafter wollen die übertragenen Wirtschaftsgüter in der Eröffnungsbilanz der GmbH mit ihren Buchwerten ansetzen. A überträgt jedoch sein Grundstück, das eine wesentliche Grundlage des Betriebs darstellt, nicht mit auf die GmbH und bringt somit nicht Seinen vollen steuerlichen Mitunternehmeranteil ein. Die GmbH muss deshalb in der steuerlichen Eröffnungsbilanz die in dem übertragenen Betriebsvermögen enthaltenen stillen Reserven soweit voll auflösen, als sie auf den Gesellschafter A entfallen. Da auf A 400.000,- DM entfallen, muss das übertragene Betriebsvermögen um 400.000,– DM aufgestockt werden.

Falls das Stammkapital der GmbH entsprechend der Abschlussbilanz auf 800.000,- DM festgesetzt wird, muss in der steuerlichen Eröffnungsbilanz als Ausgleich für die Aufstockung bei den aktiven Wirtschaftsgütern auf der Passivseite eine offene Rücklage in Höhe von 400.000,- DM ausgewiesen werden. Die steuerliche Eröffnungsbilanz der GmbH hat somit folgendes Aussehen:

GmbH X

Aktiva	1.400.000,–	Schulden	200.000,–
		Kapitalkonto A	200.000,–
		Kapitalkonto B	300.000,–
		Kapitalkonto C	300.000,–
		Rücklage	400.000,–
	1.400.000,–		1.400.000,–

Die Umwandlung hat folgende steuerliche Auswirkungen:

Als Veräußerungsgewinn, der in der letzten einheitlichen und gesonderten Gewinnfeststellung der OHG erscheint (§ 215 Abs. 2 AO), sind zu erfassen:

<u>Bei A</u> durch Auflösung der auf ihn entfallenden stillen Reserven infolge teilweiser Aufstockung der Wirtschaftsgüter in der Eröffnungsbilanz der GmbH ... 400.000,–

durch Auflösung der in seinem Grundstück enthaltenen stillen Reserven infolge Entnahme des Grundstücks aus dem Betriebsvermögen der OHG in sein Privatvermögen ... 100.000,–

zusammen: 500.000,–

<u>Bei B und C</u> kein Veräußerungsgewinn, da für sie infolge der Übertragung des anteilmäßig auf sie entfallenden Betriebsvermögens zum Buchwert die Umwandlung erfolgsneutral verlaufen ist.

d)   Ausgleich unter den Gesellschaftern bei Zurückbehaltung eines wesentlichen Wirtschaftsguts und bei Führung von Ergänzungsbilanzen

Die zwangsweise Aufstockung des auf den Gesellschafter A entfallenden Betriebsvermögens führt bei der GmbH X zu einer Erhöhung des Abschreibungsvolumens bzw. der Ausgangswerte für eine Veräußerung der übertragenen Wirtschaftsgüter um 400.000,- DM. Dieser Vorteil kommt aber allen Gesellschaftern zugute, da eine Ergänzungsbilanz, die es bei Personengesellschaften ermöglicht, die Auswirkungen der Realisierung von stillen Reserven allein einem Gesellschafter zugute kommen zu lassen, bei einer Kapitalgesellschaft nicht denkbar ist. Daher ist es gerechtfertigt, dem Gesellschafter A für diesen Vorteil einen finanziellen Ausgleich zu gewähren. Dies kann in einem höheren Gewinnanteil oder einer Ausgleichszahlung erfolgen.[125]

Ein Ausgleich zugunsten eines Gesellschafters muss aber auch dann stattfinden, wenn er die in seiner steuerlichen Ergänzungsbilanz geführten Werte mit auf die Kapitalgesellschaft überträgt und damit seinen gesamten steuerlichen Mitunternehmeranteil zum Buchwert einbringt. Dies ergibt sich bei der Übertragung eines im Alleineigentum eines Gesellschafters stehenden Wirtschaftsguts, z. B. eines Grundstücks, daraus, dass dieses Wirtschaftsgut dann allein der Kapitalgesellschaft gehört und somit alle Gesellschafter daran partizipieren. Hier bietet sich als Ausgleichsmöglichkeit insbesondere die Feststellung der Anteile am Nennkapital entsprechend dem Verhältnis der wirklichen Werte der übertragenen Wirtschaftsgüter an.

Steuerliche Ergänzungsbilanzen werden bei Personengesellschaften auch geführt, wenn ein Gesellschafter dadurch die Mitgliedschaft erlangt hat, dass ein früherer Gesellschafter ihm seinen Mitunternehmeranteil abgetreten hat, und die Anschaffungskosten höher waren als der Buchwert des auf den Mitunternehmeranteil entfallenden Betriebsvermögens. Dann ist zwar in der Handelsbilanz das Gesellschaftsvermögen mit dem bisherigen Buchwert aktiviert geblieben, weil die übrigen Gesellschafter die Mehrzahlung nicht berührt hat und sie deshalb den neuen

---

[125] Hinsichtlich der verschiedenen Ausgleichsmöglichkeiten s. *Widmann/Mayer*, Anm. 4542 ff.

Gesellschafter nur mit dem Kapitalkonto des Ausgeschiedenen haben teilnehmen lassen. Für den neuen Gesellschafter musste jedoch eine steuerliche Ergänzungsbilanz aufgestellt werden, da in Höhe der Mehrzahlung stille Reserven aufgelöst worden sind. In dieser Ergänzungsbilanz ist auf der Aktivseite der von dem Gesellschafter für die einzelnen Wirtschaftsgüter gezahlte Mehrwert aktiviert und auf der Passivseite der Mehrbetrag seines Kapitals gegenüber dem Buchwert in der Handelsbilanz ausgewiesen.[126]

Beispiel:

Ergänzungsbilanz

Mehrwert des Grundstücks	30.000,–	Mehrkapital	100.000,–
Mehrwert der Maschinen	20.000,–		
Mehrwert der Waren	50.000,–		
	100.000,–		100.000,–

Auf diese Aktivierungen sind dann Abschreibungen nach den allgemeinen Grundsätzen (§ 7 EStG) vorgenommen worden, die zu einer entsprechenden Verringerung des steuerlichen Gewinns, der auf diesen Gesellschafter entfallen ist, geführt haben.

Der in einer solchen Ergänzungsbilanz ausgewiesene Mehrwert ist ein Teil des steuerlichen Mitunternehmeranteils des betreffenden Gesellschafters und lediglich aus Gründen der Einfachheit und Übersichtlichkeit in einer Sonderbilanz ausgewiesen.[127] Er ist deshalb auch ausnahmslos zum Buchwert des übertragenen Betriebsvermögens zu rechnen.[128] Falls im obigen Beispiel im Zeitpunkt der Umwandlung in der Ergänzungsbilanz erst 20.000,– DM der Aktiva abgeschrieben sein sollten, bringt der betreffende Gesellschafter 80.000,– DM weniger stille Reserven ein als die übrigen Gesellschafter. Die Erhöhung des Abschreibungsvolumens um 80.000,– DM bei der aufnehmenden Kapitalgesellschaft infolge der Ansätze in der Eröffnungsbilanz müsste deshalb dem Gesellschafter entsprechend vergütet werden.

---

[126] Einzelheiten bei *Herrmann/Heuer*, Anm. 63 zu § 16 EStG und *Brönner*, Besteuerung der Gesellschaften, S. 778/779.

[127] Vgl. im einzelnen hierzu *Brönner*, a.a.O., S. 88 ff.

[128] *Widmann/Mayer*, Anm. 4099; *Herrmann/Heuer*, Anm. 31 zu § 17 UmwStG.

2. Voraussetzung der unbeschränkten Steuerpflicht der Beteiligten

Als weitere Voraussetzungen für den Ansatz zum Buchwert und damit für eine erfolgsneutrale Umwandlung verlangen die §§ 17 Abs. 1 und Abs. 3 Satz 1 UmwStG, dass die aufnehmende Kapitalgesellschaft und die Gesellschafter der umzuwandelnden Personengesellschaft unbeschränkt steuerpflichtig sind. Nach der Konzeption des Gesetzgebers hat die Verknüpfung des Verzichts auf die Realisierung der stillen Reserven anlässlich der Umwandlung mit der Ausgangsbewertung bei der Kapitalgesellschaft und mit den Anschaffungskosten der Gesellschaftsanteile steuerlich nur dann einen Sinn, wenn die spätere Versteuerung der stillen Reserven sowohl in der Kapitalgesellschaft als auch bei den Gesellschaftern sichergestellt ist. Hat aber die neugegründete Kapitalgesellschaft weder ihre Geschäftsleitung noch ihren Sitz im Inland,[129] so wäre die spätere Realisierung der stillen Reserven in der Kapitalgesellschaft gefährdet. Zwar bleibt die ausländische Kapitalgesellschaft über § 2 Abs. 1 Nr. 1 KStG i.V. mit § 49 Abs. 1 Nr. 2 EStG weiterhin der inländischen Besteuerung unterworfen, falls das übertragene Betriebsvermögen als inländische Betriebsstätte weiterbesteht, doch wollte der Gesetzgeber die Ungewissheit der späteren Versteuerung von vornherein generell ausschließen.

Ebenso wenig ist Gewähr dafür gegeben, dass die in die Gesellschaftsanteile verlagerten stillen Reserven im Falle einer späteren Veräußerung der Anteile versteuert werden, wenn die Gesellschafter, soweit sie natürliche Personen sind, weder ihren Wohnsitz noch ihren gewöhnlichen Aufenthalt im Inland haben.[130] § 49 Abs. 1 Nr. 2 EStG käme als Rechtsgrundlage nur bedingt in Betracht, da es sich nicht notwendigerweise um Anteile i.S. des § 17 EStG handelt und die neuen für die Mitunternehmeranteile gewährten Gesellschaftsanteile auch nicht als inländische Betriebsstätte qualifiziert werden können. Falls nicht alle, sondern nur einzelne Gesellschafter beschränkt steuerpflichtig sind, kann die Kapitalgesellschaft den auf die übrigen Gesellschafter entfallenden Teil des übertragenen Betriebsvermögens mit dem Buchwert ansetzen, da jeder Gesellschafter einzeln seinen Mitunternehmeranteil einbringt. Das übernommene Betriebsvermögen muss lediglich um die stillen Reserven aufgestockt werden, die anteilmäßig auf die beschränkt steuerpflichtigen Gesellschafter entfallen.[131]

---

[129] Vgl. § 1 Abs. 1 KStG.

[130] Vgl. § 1 Abs. 1 Satz 1 EStG.

[131] So auch die Begründung des Finanzausschusses zu § 17 Abs. 3 UmwStG, Bundestags-Drucksache V/4245, S. 6 und ihm folgend - insoweit inkonsequent - auch alle diejenigen, die die Personengesellschaft als Einbringende i.S. des § 17 Abs. 1 UmwStG ansehen.

Ebenso ist eine anteilmäßige Aufstockung des Betriebsvermögens erforderlich, wenn einzelne Gesellschafter zwar unbeschränkt steuerpflichtig sind, aber der bei Veräußerung ihrer Gesellschaftsanteile anfallende Gewinn aufgrund eines Doppelbesteuerungsabkommens nicht der Bundesrepublik zufließen würde (§ 17 Abs. 3 Satz 1 UmwStG). Auch hier ist der Grund für die sofortige Auflösung der stillen Reserven, soweit sie auf jene Gesellschafter entfallen, die Ungewissheit ihrer späteren Versteuerung, die der Gesetzgeber nicht in Kauf nehmen wollte.

V. Einschränkungen des Ansatzes zum Buchwert bei negativem Kapitalkonto

1. Die Vorschrift des § 17 Abs. 2 Satz 3 UmwStG

Nach § 17 Abs. 2 Satz 3 UmwStG wird das hinsichtlich der Bewertung der übertragenen Wirtschaftsgüter in der Eröffnungsbilanz bestehende Wahlrecht der Gesellschafter eingeschränkt, wenn die Passivposten des eingebrachten Betriebsvermögens die Aktivposten übersteigen. In diesem Fall muss das Betriebsvermögen mindestens so hoch angesetzt werden, dass sich die Aktivposten und die Passivposten ausgleichen, wobei das Eigenkapital - als im Grunde rein rechnerische Größe - unberücksichtigt bleibt. Das übertragene Betriebsvermögen muss also insgesamt mindestens mit null DM angesetzt werden, falls sein Wert - unter Berücksichtigung der stillen Reserven - positiv ist. Dass sich die Vorschrift nicht auf den Fall bezieht, in dem auch der Teilwert des übertragenen Betriebsvermögens noch negativ ist, ergibt sich aus § 17 Abs. 2 Satz 5 UmwStG, wonach ein Ansatz über dem Teilwert unzulässig ist.

2. Negatives Kapitalkonto eines Gesellschafters bei positivem Kapitalkonto der Personengesellschaft

Da i.S. des § 17 UmwStG bei der Umwandlung in eine Kapitalgesellschaft nicht die Personengesellschaft ihr gesamtes Betriebsvermögen, sondern die einzelnen Gesellschafter den auf sie entfallenden Teil des steuerlichen Betriebsvermögens einbringen, ist eine Aufstockung bereits dann durchzuführen, wenn auch nur ein steuerlicher Mitunternehmeranteil negativ ist, mag auch der Buchwert des gesamten Betriebsvermögens der Personengesellschaft positiv sein.[132] Eine andere rechtliche Beurteilung würde außer acht lassen, dass der Gesellschafter für seinen Mitunternehmeranteil neben dem Anteil an der Kapitalgesellschaft auch den Ausgleich seines negativen Kapitalkontos erhält, so dass insoweit eine Auflösung der stillen Reserven, die anteilmäßig auf ihn entfallen, gerechtfertigt ist.

Ein negatives Kapitalkonto eines Gesellschafters kann durch Betriebsverluste oder Abschreibungen entstehen. Vor allem bei Berliner Gesellschaftern können die hohen Sonderabschreibungen nach § 14 BerlinFG zu einem negativen Kapitalkonto führen. Es kann aber auch schon seit Gründung der Personengesellschaft vorhanden sein, so wenn ein Einzelunternehmen mit negativem Kapitalkonto zum Buchwert in die Personengesellschaft eingebracht worden ist. Es bedeutet für den Gesellschafter ein negatives Auseinandersetzungsguthaben bzw. eine Ausgleichspflicht gegenüber den anderen Gesellschaftern im Falle der Liquidation der Gesellschaft. Zu beachten ist, dass in dem Fall, dass für den betreffenden Gesellschafter eine positive Ergänzungsbilanz geführt worden ist, sein steuerlicher Mitunternehmeranteil erst dann negativ ist, wenn das in der Steuerbilanz der Personengesellschaft ausgewiesene negative Kapitalkonto des Gesellschafters auch nach Abzug des Mehrkapitals aus seiner steuerlichen Ergänzungsbilanz noch negativ ist.

Die Vorschrift des § 17 Abs. 2 Satz 3 UmwStG führt dazu, dass auch dann, wenn in der handelsrechtlichen Eröffnungsbilanz der Kapitalgesellschaft die übernommenen Vermögensgegenstände mit ihren Buchwerten angesetzt werden, in der steuerlichen Eröffnungsbilanz das Betriebsvermögen mindestens um den Betrag des negativen Kapitalkontos des Gesellschafters aufgestockt werden muss. Dies widerspricht nicht dem Grundsatz der Maßgeblichkeit der Handelsbilanz für die Steuerbilanz.[133] § 17 Abs. 2 Satz 3 UmwStG ist eine zwingende Bewertungsvorschrift, die ausdrücklich einen niedrigeren handelsrechtlichen Bilanzansatz steuerrechtlich für unzulässig erklärt. Daher ist nach § 5 Abs. 4 EStG eine Abweichung von der handelsrechtlichen Eröffnungsbilanz gerechtfertigt.[134] Da in Höhe des erzwungenen Aufstockungsbetrages eine Auflösung der stillen Reserven bei dem auf den betreffenden Gesellschafter entfallenden Teil des Betriebsvermögens erfolgt, muss dieser Gesellschafter insoweit einen Veräußerungsgewinn versteu-

---

[132] Gl.A. *Widmann/Mayer*, Anm. 4166 und *Loos*, BB 1971, 304, 306; a.A. bei gleicher Ausgangsposition *v. Wallis*, BB 1968, 1477, 1481.

[133] Zum Maßgeblichkeitsgrundsatz s. ausführlich S. 64 ff.

[134] Insofern völlig unproblematisch, vgl. *Herrmann/Heuer*, Anm. 104 zu § 5 EStG und *Glade/Steinfeld*, UmwStG, Anm. 467.

ern, der allerdings nach § 17 Abs. S Satz 1 UmwStG nur dem ermäßigten Steuersatz des § 34 Abs. 1 EStG unterliegt.

3. Beispiel

Folgendes Beispiel sei zur Verdeutlichung gewählt:

Die Abschlussbilanz (Handelsbilanz = Steuerbilanz) der OHG Y, die in die GmbH Y umgewandelt werden soll, weist folgendes Bild auf:

OHG Y

Aktiva	100.000,–	Schulden	40.000,–
Kapitalkonto A	15.000,–	Kapitalkonto B	75.000,–
	115.000,–		115.000,–

Die stillen Reserven in den aktiven Wirtschaftsgütern betragen 60.000,– DM. Bei einer Gewinnverteilung nach Köpfen gemäß § 121 Abs. 3 HGB ohne vorherige Kapitalverzinsung entfallen von den stillen Reserven auf A 30.000,– DM, so dass der wirkliche Wert seines Mitunternehmeranteils positiv ist.

Es ist vorgesehen, dass das Betriebsvermögen der OHG zu den Buchwerten auf die GmbH Y übertragen wird. Das Stammkapital der GmbH soll 80.000,– DM betragen. Davon sollen 75.000,– DM entsprechend der Abschlussbilanz der KG auf B entfallen, während A Gesellschaftsanteile in Höhe von 5.000,– DM erhalten soll. Als Ausgleich wird gegen A eine Einzahlungsforderung von 20.000,– DM in der Eröffnungsbilanz ausgewiesen. Die handelsrechtliche Eröffnungsbilanz der GmbH Y weist damit folgendes Bild auf:

GmbH Y

Aktiva	100.000,–	Schulden	40.000,–
Einzahlungsforderung		Stammkapital A	5.000,–
gegen A	20.000,–	Stammkapital B	75.000,–
	120.000,–		120.000,–

Weil steuerrechtlich hinsichtlich des von A eingebrachten Mitunternehmeranteils mit einem Buchwert von minus 15.000,– DM nach § 17 Abs. 2 Satz 3 UmwStG mindestens ein Gleichgewicht zwischen Aktiva und Passiva herzustellen ist, müssen die aktiven Wirtschaftsgüter um 15.000,– DM aufgestockt werden. Der Ausgleich auf der Passivseite der steuerlichen Eröffnungsbilanz wird dadurch hergestellt, dass 15.000,– DM als offene Rücklage gebucht werden. Die steuerliche Eröffnungsbilanz der GmbH Y setzt sich daraufhin wie folgt zusammen:

GmbH Y

Aktiva	115.000,–	Schulden	40.000,–
Einzahlungsforderung		Rücklage	15.000,–
gegen A	20.000,–	Stammkapital A	5.000,–
		Stammkapital B	75.000,–
	135.000,–		135.000,–

Ertragsteuerlich hat die Umwandlung zur Folge, dass bei A infolge der teilweisen Auflösung der anteilmäßig auf ihn entfallenden stillen Reserven ein steuerbegünstigter Veräußerungsgewinn von 15.000,– DM zu erfassen ist, während für B die Umwandlung erfolgsneutral verläuft.

Falls in dem Beispielsfall in den aktiven Wirtschaftsgütern insgesamt nur 20.000,– DM stille Reserven enthalten sind, so dass auch der wirkliche Wert des Mitunternehmeranteils des A noch negativ ist (minus 15.000,– DM plus 10.000,– DM anteilige stille Reserven ergibt minus 5.000,– DM), so brauchen in der steuerlichen Eröffnungsbilanz der GmbH Y die aktiven Wirtschaftsgüter nur um die auf A entfallenden stillen Reserven von 10.000,– DM aufgestockt zu werden.[135] Eine andere rechtliche Auffassung würde gegen § 17 Abs. 2 Satz 5 UmwStG verstoßen, der einen Ansatz des auf A entfallenden Betriebsvermögens über seinem Teilwert verbietet. Auf A entfällt dann lediglich ein Veräußerungsgewinn von 10.000,– DM.

---

[135] Zumindest missverständlich bei v. *Wallis* in BB 1968, 1477, 1481.

4. Negatives Kapitalkonto des Kommanditisten

Das Ergebnis wäre nicht anders, wenn es sich bei der umzuwandelnden Personengesellschaft um eine KG und bei A um den Kommanditisten handeln würde, dessen Kapitalkonto infolge von Verlusten negativ geworden wäre. Zwar nimmt der Kommanditist nach 5 167 Abs. 3 HGB nur bis zum Betrag seines Kapitalanteils und seiner rückständigen Einlage am Verlust der Gesellschaft teil, doch soll nach der h.M. im Schrifttum[136] durch § 167 Abs. 3 HGB nur die Grenze des endgültig zu tragenden Verlustes bestimmt werden. Erst bei Beendigung der Gesellschaft soll der Kommanditist höchstens durch den Verlust seiner Einlage am Gesamtverlust der Gesellschaft teilnehmen. Daher wird dem Kommanditisten, sofern die Gesellschafter nicht ausdrücklich etwas anderes vereinbart haben, zunächst der ganze Verlustanteil, der ihn nach dem Verteilungsmaßstab trifft, auf sein Kapitalkonto angerechnet.

Dies nimmt die Rechtsprechung im Steuerrecht zum Anlass, dem Kommanditisten auch steuerrechtlich die Verluste der KG zuzurechnen, so dass auch die steuerliche Abschlussbilanz bei Auflösung der KG durchaus ein negatives Kapitalkonto des Kommanditisten aufweisen kann.[137] Wenn dann der Kommanditist im Falle der Umwandlung der KG in eine GmbH trotz seines negativen Kapitalkontos Gesellschaftsanteile erhält, so ist dies bei ihm ebenso zu behandeln wie bei einer Veräußerung, bei der der Veräußerungserlös sein negatives Kapitalkonto verschwinden lässt.[138] Es ist auch gerechtfertigt, den durch die Aufstockung der aktiven Wirtschaftsgüter in der Eröffnungsbilanz der GmbH entstandenen Veräußerungsgewinn allein dem Kommanditisten zuzurechnen; denn die Entstehung der jetzt aufzulösenden stillen Reserven hat sich steuerlich allein bei dem Kommanditisten Gewinn mindernd bzw. Verlust erhöhend ausgewirkt.

---

[136] Vgl. u.a. *Schlegelberger/Geßler*, HGB, Anm. 7 zu § 167 und *Weipert* in RGRK z. HGB, Anm. 14 zu § 167.

[137] Vgl. das Urteil des BFH vom 13. 3. 1964 - VI 343/61 S -, BStBl. 1964 III, 359, 360 ff.

[138] Vgl. insoweit das Urteil des BFH vom 13. 3. 1964, a.a.O.

VI. Einschränkungen des Ansatzes zum Buchwert aufgrund der Maßgeblichkeit der Handelsbilanz für die Steuerbilanz

1. Der erforderliche Ausgleich des Grund- bzw. Stammkapitals in der steuerlichen Eröffnungsbilanz

Zusätzliche Probleme ergeben sich, wenn trotz positiven Gesellschaftsvermögens der steuerliche Buchwert des gesamten Betriebsvermögens der Personengesellschaft, das auf die Kapitalgesellschaft übertragen werden soll, negativ ist, weil infolge hoher stiller Reserven in den Wirtschaftsgütern alle Gesellschafter in der Abschlussbilanz der Personengesellschaft negative Kapitalkonten ausweisen. In einem solchen Fall führt der von § 17 Abs. 2 Satz 3 UmwStG geforderte Mindestansatz des übertragenen Betriebsvermögens mit null DM lediglich dazu, dass infolge der ausreichend vorhandenen stillen Reserven die negativen Kapitalkonten der Gesellschafter durch Aufstockung der aktiven Wirtschaftsgüter beseitigt werden. Unberücksichtigt bliebe jedoch, wie das erforderliche Grund- bzw. Stammkapital von 100.000,– DM bei der AG und von 20.000,– DM bei der GmbH auf der Aktivseite der steuerlichen Eröffnungsbilanz der Kapitalgesellschaft ausgeglichen werden soll.

Ein Ausgleich durch Einzahlungsforderungen gegen die Gesellschafter wird nur in Betracht kommen, wenn die in den Wirtschaftsgütern enthaltenen stillen Reserven nicht ausreichen, um auch noch das Nennkapital der Kapitalgesellschaft zu decken, oder wenn die Gesellschafter die Kapitalgesellschaft sowieso mit einem größeren Kapital ausstatten wollen, als es bisher bei der Personengesellschaft der Fall war. Wenn die Gesellschafter jedoch keine Verbindlichkeiten gegenüber der umgewandelten Gesellschaft eingehen wollen, fragt es sich, ob sie verpflichtet sind, die Wirtschaftsgüter zusätzlich zu dem von § 17 Abs. 2 Satz 3 UmwStG geforderten Betrag noch um den Betrag des auszuweisenden Nennkapitals aufzustocken, oder ob es ihnen erlaubt ist, zum Ausgleich der Bilanz in Höhe des Nennkapitals auf der Aktivseite einen erfolgsneutralen Ausgleichsposten auszuweisen. Diese Frage dürfte von großer praktischer Bedeutung sein, da die Gesellschafter in der Regel bestrebt sein werden, so wenig stille Reserven wie möglich aufzulösen und damit den zu versteuernden Veräußerungsgewinn so niedrig wie möglich zu halten.

Für den Ansatz eines solchen Ausgleichspostens, der gleichsam der bilanztechnische Ausweis der insoweit nicht aufgedeckten stillen Reserven wäre,[139] würde die Fassung des § 17 Abs. 2 Satz 3 UmwStG sprechen. Diese Vorschrift sagt lediglich, dass sich Aktivposten und Passivposten unter Nichtberücksichtigung des Eigenkapitals ausgleichen müssen, nicht jedoch, dass die Aktivposten die Passivposten mindestens um das in der Eröffnungsbilanz ausgewiesene Grund- bzw. Stammkapital übersteigen müssen.

Ausgleichsposten sind in Steuerbilanzen von Kapitalgesellschaften vor allem bei Abweichungen von der Handelsbilanz infolge unterschiedlicher Bewertung zur buchtechnischen Überbrückung der Bewertungsunterschiede erforderlich, falls die Abweichungen nicht ihren Ausgleich im Bilanzergebnis finden.[140] Denn während Einzelgewerbetreibende und Personengesellschaften die Abweichungen auf den Kapitalkonten abfangen können, ist dies bei Kapitalgesellschaften wegen ihres feststehenden Grund- bzw. Stammkapitals nicht möglich. Voraussetzung eines solchen rein steuerlichen Ausgleichspostens ist jedoch stets, dass die abweichende Bewertung in der Steuerbilanz trotz des Grundsatzes der Maßgeblichkeit der Handelsbilanz für die Steuerbilanz möglich ist.

Der Ansatz eines Ausgleichspostens in der steuerlichen Eröffnungsbilanz in Höhe des Nennkapitals könnte aber bereits dann zweifelsfrei bejaht werden, wenn auch in der handelsrechtlichen Eröffnungsbilanz der Bilanzausgleich durch den Ansatz eines Ausgleichspostens möglich wäre und die Gesellschafter von dieser Möglichkeit auch tatsächlich Gebrauch machen würden. Eine Erörterung der Maßgeblichkeit der Handelsbilanz würde sich dann erübrigen. Daher empfiehlt es sich, zunächst die handelsrechtliche Seite zu behandeln. Erst wenn sich herausstellen sollte, dass in der handelsrechtlichen Eröffnungsbilanz der Ansatz eines Ausgleichspostens nicht möglich ist, stellt sich die weitere Frage, inwieweit die Grundsätze des Handelsrechts auch für die steuerliche Eröffnungsbilanz verbindlich sind oder dort abgewandelt werden können.

---

[139] *Uelner*, S. 55.
[140] *Brönner*, Bilanz, S. 96.

2.   Keine Möglichkeit des Ansatzes eines aktiven Ausgleichspostens in der handelsrechtlichen Eröffnungsbilanz

a)   Beispiel

Zur Übersichtlichkeit sei folgender vereinfachter Fall als Beispiel gewählt:
Die Abschlussbilanz (Handelsbilanz = Steuerbilanz) der OHG X, die in die AG X umgewandelt werden soll, weist folgendes Bild auf:

OHG X

Aktiva	800.000,–	Schulden	1.000.000,–
Kapitalkonto A	40.000,–		
Kapitalkonto B	40.000,–		
Kapitalkonto C	40.000,–		
Kapitalkonto D	40.000,–		
Kapitalkonto E	40.000,–		
	1.000.000,–		1.000.000,–

Die stillen Reserven in den aktiven Wirtschaftsgütern betragen 500.000,– DM, von denen bei einer Gewinnverteilung nach Köpfen gemäß § 121 Abs. 3 HGB auf jeden Gesellschafter 100.000,– DM entfallen. Somit hat jeder Mitunternehmeranteil trotz negativen Kapitalkontos einen wirklichen Wert von 60.000,– DM. Das Grundkapital der AG soll lediglich die nach § 6 AktG geforderte Mindesthöhe von 100.000,– DM haben. Jeder Gesellschafter soll Aktien im Nennwert von 20.000,– DM erhalten.

Für die handelsrechtliche Eröffnungsbilanz der AG bieten sich folgende Möglichkeiten an:

Ansatz des Gesellschaftsvermögens zum Zeitwert und Einstellung des über den Nennbetrag der Aktien hinausgehenden Betrages in die gesetzliche Rücklage gemäß § 150 Abs. 2 Nr. 2 AktG.[141]

---

[141] Bei einer GmbH in die offene Rücklage, *Hachenburg/Schilling*, Anm. 50 zu § 5.

AG X

Aktiva	1.300.000,–	Schulden	1.000.000,–
		gesetzliche Rücklage	200.000,–
		Grundkapital	100.000,–
	__________		__________
	__1.300.000,–__		__1.300.000,–__

oder:

Ansatz des Gesellschaftsvermögens (Aktiva abzüglich Schulden) zum Nennbetrag der zu gewährenden Aktien. Dadurch Aufstockung der aktiven Wirtschaftsgüter, die mit 800.000,– DM zu Buche stehen, um die negativen Kapitalkonten der Gesellschafter und um das ausgewiesene Grundkapital.

AG X

Aktiva	1.100.000,–	Schulden	1.000.000,–
		Grundkapital	100.000,–
	__________		__________
	__1.100.000,–__		__1.100.000,–__

Da beide Möglichkeiten zu einer vollständigen bzw. sehr weit reichenden Auflösung der stillen Reserven führen, die Gesellschafter jedoch das Gesellschaftsvermögen möglichst zu den Buchwerten auf die AG übertragen wollen, ist folgende dritte Möglichkeit auf ihre handelsrechtliche Zulässigkeit zu prüfen:

Ansatz des Gesellschaftsvermögens zu den Buchwerten der Abschlussbilanz der OHG und Einstellung eines aktiven Postens zum Ausgleich der Eröffnungsbilanz.

AG X

Aktiva	800.000,–	Schulden	1.000.000,–
Ausgleichsposten	300.000,–	Grundkapital	100.000,–
	__________		__________
	__1.100.000,–__		__1.100.000,–__

b)   Empfang des Gesellschaftsvermögens keine Anschaffung von Vermögensgegenständen i.S. der §§ 153, 155 AktG durch die Kapitalgesellschaft

Diese dritte Möglichkeit wäre handelsrechtlich unzulässig, wenn die Bewertungsvorschriften der §§ 153 - 155 AktG auch für die Eröffnungsbilanz gelten und der Nennbetrag der gewährten Aktien oder ihr höherer Ausgabebetrag die Anschaffungskosten des übertragenen Gesellschaftsvermögens darstellen würden. Dann beständen für die handelsrechtliche Eröffnungsbilanz lediglich die ersten beiden Möglichkeiten (Ansatz des Gesellschaftsvermögens zum Zeitwert oder zum Nennbetrag der Aktien); erstere aber auch nur dann, wenn ein höherer Ausgabebetrag der Aktien besonders festgelegt worden wäre, also eine nach § 9 Abs. 2 AktG zulässige Überpari-Emission vorläge.[142]

Ob die §§ 153 ff. AktG auch für die Eröffnungsbilanz gelten, ist zweifelhaft, da das Aktiengesetz selbst keine Aufstellung einer Eröffnungsbilanz fordert. Diese ist lediglich aufgrund der allgemeinen Vorschrift des § 39 Abs. 1 HGB zu erstellen.[143] Auch § 151 AktG spricht ausdrücklich nur von Jahresbilanzen. Es wäre aber sinnlos, wenn in der Eröffnungsbilanz der Aktiengesellschaft nach anderen Grundsätzen bewertet würde als in der Jahresbilanz, so dass der Periodengewinn des ersten Jahres und alle späteren Wertveränderungen, die auf die Eröffnungsbilanz zurückzuführen wären, nicht einwandfrei dargestellt werden könnten. Deshalb wird man die Anwendbarkeit der §§ 153 ff. AktG auf die Eröffnungsbilanz wohl grundsätzlich bejahen müssen.[144]

Fraglich ist jedoch, ob der Empfang des Gesellschaftsvermögens der Personengesellschaft im Wege der Umwandlung für die Aktiengesellschaft als Anschaffung von Vermögensgegenständen i.S. der §§ 153 Abs. 1, 155 Abs. 1 AktG anzusehen ist. Dabei kann es keine Rolle spielen, ob sich der Vermögensübergang im Wege der Sacheinlage nach § 27 AktG oder im Wege der Gesamtrechtsnachfolge nach

---

[142] So *Thiel*, DB 1960, 300, 302 und OFD Düsseldorf in Vfg. vom 9. 5. 1960 - S 2529/2540 A - St 13 H -, DB 1960, 564; entsprechend für die GmbH (Nominalbetrag des Geschäftsanteils sei Anschaffungs- und damit Höchstwert i.S. des § 42 Nr. 1 GmbHG) auch *Hachenburg/Schilling*, Anm. 8 zu § 41.

[143] *Mellerowicz* in Großk.AktG, Anm. 5 zu § 151.

[144] Gl.A. *Thiel*, DB 1960, 300, 302 und *Ballerstedt*, S. 70 zu § 133 AktG 1939; a.A. die h.M., vgl. *Adler/Düring/Schmaltz*, Anm. 6 vor §§ 151 ff. und *Mellerowicz* in Großk.AktG, Anm. 5 zu § 151, die lediglich das Gliederungsschema des § 151 und die Grundsätze ordnungsmäßiger Bilanzierung angewendet wissen wollen; a.A. auch *Caspers*, WM Sonderbeilage 3, S. 9/10 für die Umwandlung nach den §§ 40 ff. UmwG.

§ 44 Abs. 1 UmwG vollzieht, weil die sachenrechtliche Gestaltung des Vermögensübergangs nichts über die schuldrechtliche Qualifikation des Rechtsgeschäfts auszusagen vermag.[145] Entscheidend ist, ob die Aktiengesellschaft für das übernommene Gesellschaftsvermögen einen Gegenwert nach Art eines Kaufpreises zu erbringen hatte.[146]

Nach heute ganz h.M. ist die Umwandlung einer Personengesellschaft in eine Kapitalgesellschaft bürgerlich-rechtlich weder ein Tausch[147] noch ein Kaufvertrag, sondern ein Veräußerungsvertrag eigener, und zwar gesellschaftsrechtlicher Art.[148] Die Übertragung des Vermögens ist ein Teil der Gründung selbst. Sie bringt die Gesellschaft und damit die Aktien erst zur Entstehung.[149] Vermögensübertragung und dafür zu gewährende Aktien erweisen sich deshalb nicht als Leistung und Gegenleistung i.S. eines schuldrechtlichen gegenseitigen Vertrages.[150] Die Aktien entstehen vielmehr in der Hand der Gesellschafter unmittelbar und gleichzeitig mit der Aktiengesellschaft selbst durch die Eintragung in das Handelsregister (§ 41 Abs. 1 Satz 1, Abs. 4 AktG). Sie stellen rechtlich nichts anderes als eine Verbriefung der Gesellschaftereigenschaft bzw. des Anteils an der Aktiengesellschaft dar.[151] Deshalb kann weder bei der Umwandlung im Wege der Sacheinlage noch bei der Umwandlung im Wege der Gesamtrechtsnachfolge von einer Anschaffung von Vermögensgegenständen durch die Kapitalgesellschaft i.S. der §§ 153 Abs. 1, 155 Abs. 1 AktG und damit von Anschaffungskosten gesprochen werden.[152]

---

[145] So auch *Böttcher/Beinert/Hennerkes*, S. 37 und *Böttcher/Beinert* in DB 1968, 1961, 1962.

[146] Vgl. das Urteil des BFH vom 4. 10. 1966 - I 1/64 -, BStBl. 1966 III, 690, 691/692 bezüglich einer GmbH.

[147] So noch *Adler/Düring/Schmaltz*, Anm. 92 zu § 153 für den Fall der Umwandlung im Wege der Sacheinlage.

[148] Urteil des BGH vom 2. 5. 1966 - II ZR 219/63 -, JZ 1966, 450; v. *Godin/Wilhelmi*, Anm. 3 zu § 27; *Barz* in Großk.AktG, Anm. 3 zu § 27; *Würdinger*, Aktienrecht, S.62; *Kraft* in Kölner Komm.z.AktG, Anm. 5 zu § 27; *Fasold*, StbJb 1970/71, 183, 214; *Döllerer*, Wpg 1969, 333, 334; auch schon *Düringer/Hachenburg/Bing*, Anm. 39 zu § 186 HGB.

[149] V. *Godin/Wilhelmi*, a.a.O.

[150] *Döllerer*, a.a.O.

[151] *Merkert*, BB 1968, 826, 829.

[152] H.M., vgl. *Barz* in Großk.AktG, Anm. 24 b zu §27; v. *Godin/Wilhelmi*, Anm. 14 zu § 27; *Fasold*, StbJb 1970/71, 183, 220; *Döllerer*, a.a.O. und *Müller*, Wpg 1969, 590, 593 Fußnote 13; vgl. auch das Urteil des BGH vom 4. 10. 1966, a.a.O.

Es ist aber nicht möglich, trotz dieser Erkenntnis die Funktion der Anschaffungskosten einfach durch den Ausgabebetrag der Aktien ersetzen zu wollen.[153] Die einzige hierfür mögliche Begründung, dass die Gegenstände, die die Aktiengesellschaft übernimmt, im Zweifel den Wert haben, der sich aus dem Ausgabebetrag der Aktien ergibt, weil ein Kaufmann grundsätzlich nichts verschenkt, scheitert im Falle der errichtenden Umwandlung bereits an der Identität der Gesellschafter bzw. Anteilseigner. Auch würde eine solche Argumentation, wie *Ballerstedt*[154] mit Recht bemerkt, die wirtschaftlichen Zusammenhänge auf den Kopf stellen. Es ist nicht der Ausgabebetrag der Aktien, der den Wert des übernommenen Gesellschaftsvermögens bestimmt. Vielmehr bestimmt eher umgekehrt der Wert des Gesellschaftsvermögens die Höhe des Ausgabebetrages der dafür zu gewährenden Aktien. Deshalb ist der Ansatz der Vermögensgegenstände in der handelsrechtlichen Eröffnungsbilanz nicht vom Nennbetrag oder höheren, aus dem Zeichnungsschein ersichtlichen Ausgabebetrag der Aktien abhängig.

c)   Grundsätzliche Bewertungsfreiheit der Kapitalgesellschaft beim Ansatz der übernommenen Vermögensgegenstände

Hieraus kann jedoch nicht gefolgert werden, dass die Vermögensgegenstände, wie *Ballerstedt*[155] und ihm folgend *Döllerer*[156] für den Fall der Sacheinlage fordern, allein mit dem Zeitwert in der Eröffnungsbilanz anzusetzen sind. Wenn *Ballerstedt* zur Begründung anführt, dass im Falle einer Unterbewertung der Sacheinlage ein Teil ihres Wertes der Bindung im Grundkapital oder in der gesetzlichen Rücklage entzogen werde,[157] so überschätzt er die aktienrechtlich vorgesehene Kapitalsicherung. Diese bezieht sich immer nur auf das ausgewiesene, niemals aber auf das wirkliche Kapital.[158] Das ausgewiesene Kapital bleibt aber auch dann gesichert, wenn bei der Bewertung der Sacheinlage durch Unterbewertung stille Reserven gebildet werden. Außerdem würde ein Ansatz des Gesellschaftsvermögens allein mit dem Zeitwert das der Aktiengesellschaft in § 17 Abs. 2 UmwStG eingeräumte Wahlrecht ad absurdum führen.

---

[153] So ohne jede Begründung *Barz* in Großk.AktG, Anm. 24 b und d zu § 27.

[154] Auf S. 71.

[155] Auf S. 78.

[156] In Wpg 1969, 333, 335.

[157] Auf S. 73.

[158] *Barz* in Großk.AktG, Anm. 24 b zu § 27.

56

Als Ergebnis bleibt festzustellen, dass der Kapitalgesellschaft beim Ansatz der übernommenen Vermögensgegenstände in der handelsrechtlichen Eröffnungsbilanz grundsätzlich Bewertungsfreiheit eingeräumt werden muss.[159] Dies gilt sowohl für die Umwandlung im Wege der Sacheinlage als auch im Wege der Gesamtrechtsnachfolge. Weder sehen die §§ 40 ff. UmwG eine zwingende Buchwertverknüpfung nach Art des § 548 AktG vor, noch ist der Ansatz in der handelsrechtlichen Eröffnungsbilanz an den Ansatz in der handelsrechtlichen Umwandlungsbilanz, die nach § 43 Abs. 3 Satz 2 UmwG bei der Eintragung ins Handelsregister vorzulegen und nach h.M. eine Vermögensbilanz ist,[160] gebunden.[161] Deshalb können die Gesellschafter das Gesellschaftsvermögen mit einem höheren Wert als dem Nennbetrag der Aktien ansetzen, ohne einen höheren Ausgabebetrag besonders festzusetzen.[162]

Sie können aber grundsätzlich auch die letzte Jahresbilanz der OHG der handelsrechtlichen Eröffnungsbilanz der Aktiengesellschaft zugrunde legen und durch Ansatz der Vermögensgegenstände mit den Buchwerten die darin enthaltenen stillen Reserven übernehmen.[163] Hierin kann keine unzulässige Unterbewertung gesehen werden, die möglicherweise Anlass für eine Sonderprüfung nach den §§ 258 ff. AktG gibt oder sogar die Nichtigkeit des folgenden Jahresabschlusses nach § 256 Abs. 5 Satz 1 Nr. 2 AktG riskiert. Denn unterbewertet in diesem Sinne sind nach § 256 Abs. 5 Satz 3 AktG Aktivposten nur dann, wenn sie mit einem niedrigeren Betrag angesetzt sind, als nach den §§ 153 - 156 AktG zulässig ist. Bei der Übertragung des Gesellschaftsvermögens im Wege der Umwandlung kann aber nicht von einer Anschaffung von Vermögensgegenständen durch die Kapitalgesellschaft und damit von Anschaffungskosten i.S. der §§ 153 ff. AktG gesprochen werden, so dass der Ansatz der Vermögensgegenstände mit ihren Buchwerten auch nicht als unzulässig i.S. der §§ 153 - 156 AktG angesehen werden kann.

---

[159] So auch *v. Godin/Wilhelmi*, Anm. 14 zu § 27; *Adler/Düring/Schmaltz*, Anm. 55 zu § 153; *Widmann/Mayer*, Anm. 4334; *Lehmann*, S. 39; hinsichtlich der GmbH, die allerdings bisher bei der Bewertung nur Höchstwertgrenzen kennt, auch der BGH in seinem Urteil vom 16. 2. 1959 - II ZR 170/57 -, BGHZ 29, 300, 306.

[160] S. S. 15 mit Literaturhinweisen.

[161] *Müller*, Wpg 1969, 590, 593 und *Widmann/Mayer*, Anm. 4337.

[162] Der überschüssige Betrag ist gemäß § 150 Abs. 2 Nr. 2 AktG in die gesetzliche Rücklage einzustellen, vgl. *Adler/Düring/Schmaltz*, Anm. 55 zu § 153; *v. Godin/Wilhelmi*, Anm. 14 zu § 27.

[163] So ausdrücklich *Caspers*, Sonderbeilage 3 zu WM 1969, S. 3, 9; *Adler/Düring/Schmaltz*, Anm. 56 zu § 153 und *Müller*, Wpg 1969, 590, 593; im Ergebnis auch *Frey*, BB 1969, 1489, 1492 trotz völlig unterschiedlicher Ausgangspositionen.

d) Keine Einschränkung des Ansatzes unter dem Nennwert der Aktien durch das Verbot der Unterpari-Emission (§ 9 Abs. 1 AktG)

Die Bewertungsfreiheit der Gesellschafter findet ihre Grenze nicht nur im Verbot der Überbewertung, d.h. dass das übernommene Gesellschaftsvermögen nicht über seinem Zeitwert ausgewiesen werden darf, sondern auch im Verbot der Unterpari-Emission der gewährten Aktien (§ 9 Abs. 1 AktG).[164] Nach § 9 Abs. 1 AktG, der über § 41 Abs. 2 Satz 1 UmwG auch für die Umwandlung im Wege der Gesamtrechtsnachfolge gilt, dürfen Aktien nicht für einen geringeren Betrag als den Nennbetrag ausgegeben werden. Dieses Verbot gilt auch für Sacheinlagen und bedeutet dann, dass der Wert der einzulegenden Vermögensgegenstände mindestens dem Nennwert der Aktien entsprechen muss.[165]

Hieraus wird im Schrifttum nun teilweise gefolgert, dass die übernommenen Vermögensgegenstände in der handelsrechtlichen Eröffnungsbilanz der Aktiengesellschaft insgesamt mindestens mit dem Nennwert der dafür ausgegebenen Aktien zu bewerten sind, weil sonst eine handelsrechtlich unzulässige Unterpari-Emission vorliege.[166] Eine solche Auffassung verkennt jedoch Sinn und Zweck des Verbots der Unterpari-Emission. Es ist Ausfluss des das Aktienrecht beherrschenden Grundsatzes der Volldeckung des Grundkapitals und soll die Aufbringung des Grundkapitals nach Möglichkeit sichern.[167] Diese Sicherung wäre aber nur dann nicht gegeben, wenn der objektive Wert des übernommenen Gesellschaftsvermögens nicht den Nennbetrag der dafür hingegebenen Aktien decken würde. Daher muss der wirkliche Wert des übernommenen Gesellschaftsvermögens mindestens dem Nennbetrag der Aktien entsprechen.[168] Eine verbotene Unterpari-Emission liegt somit noch nicht vor, wenn nur der Buchwertansatz des übernommenen Gesellschaftsvermögens in der handelsrechtlichen Eröffnungsbilanz unter dem Nennwert der zu gewährenden Aktien liegt, sondern erst dann, wenn auch der Zeitwert desselben diese Grenze nicht erreichen sollte.[169]

---

[164] Für die GmbH wird das Verbot der Unterpari-Emission weitgehend aus § 5 Abs. 3 Satz 3 GmbHG hergeleitet, vgl. die Bemerkungen zu § 7 des Referentenentwurfes eines neuen GmbH-Gesetzes, S. 144, und das Urteil des BGH vom 16. 2. 1959 - II ZR 170/57 -, BGHZ 29, 300, 307.

[165] *Baumbach/Hueck*, AktG, Anm. 2 zu § 9; *Schlegelberger/Quassowski*, AktG, Anm. 3 zu § 20.

[166] So *Thiel*, DB 1960, 300, 301 l. Sp. und *v. Wallis*, StuW 1970, Sp. 465, 474.

[167] *Schlegelberger/Quassowski*, AktG, Anm. 3 zu § 9.

[168] *Schlegelberger/Quassowski*, AktG, Anm. 3 zu § 20; *Kraft* in Kölner Komm .z. AktG, Anm. 8 zu § 9; *v. Godin/Wilhelmi*, Anm. 3 zu § 9; *Widmann/Mayer*, Anm. 4333.

[169] So auch *Fasold* in StbJb 1970/71, 183, 221; in BB 1971, 300, 303/304 und in BB 1972, 309, 310/311.

Dieses Ergebnis wird durch die Auslegung, die die §§ 34 Abs. 1 Nr. 2 und 348 Abs. 2 AktG im Schrifttum gefunden haben, bestätigt. Nach § 34 Abs. 1 Nr. 2 AktG hat der Gründungsprüfer zu prüfen, ob der wirkliche[170] Wert der Sacheinlage den Nennbetrag der zu gewährenden Aktien erreicht. Und bei § 348 Abs. 2 AktG liegt bei der Verschmelzung von Aktiengesellschaften trotz zwingender Buchwertfortführung noch kein Verstoß gegen § 9 Abs. 1 AktG vor, wenn der Gesamtnennbetrag der gewährten Aktien zwar nicht in der Schlussbilanz, aber doch in Wirklichkeit mit reellen Werten belegt ist.[171] Daher können in unserem Ausgangsfall auch nicht aus dem Verbot der Unterpari-Emission Bedenken gegen die handelsrechtliche Zulässigkeit der Bewertung der übertragenen Vermögensgegenstände in der Eröffnungsbilanz der Aktiengesellschaft zum Buchwert und damit unter dem Nennwert der hierfür gewährten Aktien hergeleitet werden.

e) Kein Ausgleich der Unterbewertung durch Ausweis eines Bilanzverlustes

Bedenken gegen eine solche Unterbewertung in der handelsrechtlichen Eröffnungsbilanz bestehen jedoch dann, wenn das Handelsrecht - und hier insbesondere das Aktienrecht - den erforderlichen Bilanzausgleich nicht durch einen echten Aktivposten gestattet. Es wäre mit der formellen Funktion des Grundkapitals, als reine Rechengröße auf der Passivseite der Bilanz den Mindestbetrag des Anfangsvermögens zu bezeichnen,[172] unvereinbar, wenn es bereits bei Aufstellung der Eröffnungsbilanz durch einen ebenfalls rein rechnerischen Posten auf der Aktivseite wieder ausgeglichen würde.

Deshalb ist es nicht möglich, die Differenz zwischen übernommenen Buchwerten der erhaltenen Vermögensgegenstände und höherem Grundkapital durch den Ansatz eines Bilanzverlustes auszugleichen, wie *Fasold*[173] und ihm folgend jetzt auch *Widmann/Mayer*[174] hierzu vorschlagen.[175] Bei dem Bilanzverlust handelt es sich

---

[170] *Barz* in Großk.AktG, Anm. 2 zu § 34.

[171] *V. Godin/Wilhelmi*, Anm. 6 zu § 348 und *Schilling* in Großk.AktG, 2. Auflage, Anm. 6 zu § 242.

[172] *Meyer-Landrut* in Großk.AktG, Anm. 5 zu § 1.

[173] In StbJb 1970/71, 183, 221/222.

[174] Anm. 4334 im Gegensatz zur Vorauflage.

[175] *Adler/Düring/Schmaltz*, Anm. 136 zu § 153, deuten diese Möglichkeit lediglich für den Fall der Einbringung einer Personengesellschaft in eine bereits bestehende Aktiengesellschaft, die keine Eröffnungsbilanz aufzustellen braucht, an.

nicht um einen echten Aktivposten, sondern um einen rechnerischen Posten,[176] der sich zwangsläufig aus dem Überschuss der Passivposten über die Aktivposten ergibt (§ 151 Abs. 4 Satz 3 AktG). Hinzu kommt, dass der Ausweis eines Bilanzverlustes bereits bei Gründung der Aktiengesellschaft in der Eröffnungsbilanz mit der wesentlichen Bedeutung des Grundkapitals, die in seiner Funktion als Sicherungsmittel für die Gläubiger als Äquivalent für die beschränkte Haftung der Aktionäre liegt,[177] unvereinbar ist. Wenn das Grundkapital auch den späteren Eintritt von Verlusten und die dadurch bedingte Verringerung des Gesellschaftsvermögens unter die Ziffer des Grundkapitals nicht vermeiden kann, darf es doch nicht bereits in der Eröffnungsbilanz der Aktiengesellschaft - wenn auch betrags- und nicht wertmäßig - durch einen Bilanzverlust ausgeglichen werden, durch einen Posten also, aus dem normalerweise gerade ersichtlich wird, wie weit das Grundkapital verlorengegangen ist.[178]

Dieses Ergebnis wird durch die Regelung bei der GmbH bestätigt. § S Abs. 3 Satz 3 GmbHG sagt ausdrücklich, dass der Gesamtbetrag der Stammeinlagen mit dem Stammkapital übereinstimmen muss. Unter Stammeinlage ist dabei derjenige in DM anzugebende Betrag zu verstehen, den jeder Gesellschafter in bar oder in Sachwerten einzulegen sich verpflichtet hat.[179] Damit steht fest, dass sich in der Eröffnungsbilanz der GmbH betragsmäßig Stammkapital und echte Aktivwerte mindestens ausgleichen müssen. Die Funktion des Stammkapitals als Gläubigerschutzfunktion deckt sich aber mit der des Grundkapitals bei der Aktiengesellschaft.

Deshalb ist die Bewertung der übernommenen Vermögensgegenstände unter dem Neunbetrag der zu gewährenden Aktien nur bei Ansatz eines echten aktiven Ausgleichspostens möglich. Ansonsten ist die Aufstockung der übertragenen Vermögensgegenstände bis zur Höhe des Grundkapitals erforderlich, um die Eröffnungsbilanz auszugleichen.

---

[176] *V. Godin/Wilhelmi*, Anm. 32 zu § 151.

[177] *Kraft* in Kölner Komm. z. AktG, Anm. 53 zu § 1; *Meyer-Landrut* in Großk.AktG, Anm. 5 zu § 1; v. *Godin/Wilhelmi*, Anm. 14 zu § 1.

[178] Vgl. insoweit *Claussen* in Kölner Komm. z. AktG, Anm. 42 zu § 151.

[179] *Scholz*, GmbHG, Anm. 8 zu § 3; *Hachenburg/Schilling*, Anm. 14 zu § 3.

f) Keine Möglichkeit des Bilanzausgleichs durch einen Aktivposten analog § 348 Abs. 2 AktG

Einen aktiven Ausgleichsposten, der den Unterschied zwischen dem niedrigeren Ansatz des zum Buchwert übernommenen Gesellschaftsvermögens und dem höheren Nennbetrag der gewährten Aktien ausgleicht, lässt das Handelsrecht ausdrücklich nur im Falle der Verschmelzung von Aktiengesellschaften zu (§ 348 Abs. 2 AktG). Weder im Falle der Umwandlung einer Personengesellschaft in eine Kapitalgesellschaft im Wege der Sacheinlage noch im Wege der Gesamtrechtsnachfolge nach den §§ 40 ff. UmwG ist der Ansatz eines aktiven Ausgleichspostens vorgesehen.

§ 348 Abs. 2 AktG gestattet den Ansatz eines Ausgleichspostens, des sogenannten Verschmelzungsmehrwerts, weil § 348 Abs. 1 AktG eine Buchwertverknüpfung vorsieht, die bei entsprechend hohen stillen Reserven den Ausweis eines Verlustes in Höhe des Unterschiedsbetrages zwischen den Buchwerten und dem höheren Nennbetrag der gewährten Aktien zur Folge hätte, und dieser Verlustausweis weder wirtschaftlich noch rechtlich gerechtfertigt wäre.[180] Auch bei der Umwandlung einer Personengesellschaft in eine Kapitalgesellschaft hätte eine erlaubte Buchwertfortführung bei höherem Grundkapital zur Folge, dass ohne aktiven Ausgleichsbetrag buchtechnisch ein Verlust ausgewiesen werden müsste, dem rechtliche Bedenken entgegenstehen und der effektiv nicht entstanden ist.[181] Bei insoweit gleichartigen Auswirkungen erhebt sich die Frage, ob die Regelung in § 348 Abs. 2 AktG auf den Fall der Umwandlung einer Personengesellschaft in eine Kapitalgesellschaft erstreckt und der Ansatz eines Ausgleichspostens analog § 348 Abs. 2 AktG gestattet werden müsste, weil das Handelsrecht insoweit eine Lücke enthält.

Von einer Gesetzeslücke spricht man, wenn das Gesetz innerhalb der Grenzen seines möglichen Wortsinns eine Regelung nicht enthält, obwohl die Rechtsordnung eine solche fordert.[182] Anders ausgedrückt: Die Lücke ist eine planwidrige Unvollständigkeit innerhalb des Gesetzes.[183] Ihre Ausfüllung durch Ausdehnung

---

[180] *Schlegelberger/Quassowski*, AktG, Anm. 3 zu § 242.

[181] Die Regierungsbegründung zum Entwurf eines Aktiengesetzes vom 3. 2. 1962 zu § 336 hält auf S. 251 der Bundestags-Drucksache IV/171 den infolge der Verschmelzung ansonsten anfallenden Verlust für tatsächlich entstanden; a.A. zu Recht *Adler/Düring/Schmaltz*, Anm. 144 zu § 153.

[182] *Canaris*, S. 39.

[183] *Engisch*, S. 138; *Larenz*, Methodenlehre, S. 286.

des Anwendungsbereichs einer Norm, die einen rechtlich gleichgelagerten Fall regelt, nennt man Gesetzesanalogie.[184] Sie bedeutet, dass ein hinter einem Rechtssatz stehender Grundgedanke, den das Gesetz nur in seiner Anwendung auf eine bestimmte Fallgestaltung ausgesprochen hat, darüber hinaus auf eine andere Fallgestaltung in seinem vollen Umfang zur Geltung gebracht wird.[185] Eine analoge Anwendung des § 348 Abs. 2 AktG auf den Fall der Umwandlung einer Personengesellschaft in eine Aktiengesellschaft bei höherem Grundkapital als den Buchwerten der übernommenen Vermögensgegenstände setzt damit voraus, dass dieser Tatbestand in den für seine rechtliche Bewertung maßgebenden Merkmalen mit dem Tatbestand übereinstimmt, für den § 548 Abs. 2 AktG unmittelbar gilt.[186]

§ 348 Abs. 2 AktG ist nur aus § 348 Abs. 1 AktG heraus verständlich, der zwingend[187] die Buchwertverknüpfung verlangt, um zum Schutze der Gläubiger[188] Bilanzfrisuren entgegenzutreten, zu denen gelegentlich innerhalb von Konzernen die Verschmelzung benutzt wurde.[189] Allein deswegen, weil das Gesetz keine Ausnahmen von der Buchwertverknüpfung zulässt, musste es in § 348 Abs. 2 AktG den Ansatz eines Ausgleichspostens, der seinem Wesen nach zu den immateriellen Anlagewerten gezählt werden muss,[190] zulassen, um eine Klarstellung des Vermögensstandes zu ermöglichen.[191] Insofern unterscheidet sich die bilanzmäßige Behandlung der Verschmelzung von Aktiengesellschaften ganz wesentlich von der Umwandlung einer Personengesellschaft in eine Aktiengesellschaft. Hier besteht kein Zwang zur Buchwertfortführung, sondern ein Bewertungswahlrecht der Aktiengesellschaft. Ohne die Möglichkeit eines Ausgleichspostens würde sich nicht zwangsläufig ein Verlust ergeben, da durch den gestatteten Ansatz der Vermögensgegenstände in Höhe des Grundkapitals die Bilanz bereits ausgeglichen wäre. § 348 Abs. 2 AktG kann auch unbedenklich den Ansatz eines aktiven Ausgleichspostens in voller Höhe des Unterschiedsbetrages gestatten, weil die übernommenen Werte in der Schlussbilanz der übertragenden Aktiengesellschaft be-

---

[184] Vgl. im einzelnen *Canaris*, S. 87.

[185] *Lehmann/Hübner*, S. 63/64.

[186] Die sachlichen Voraussetzungen der Lückenfeststellung einerseits und der Analogie als hauptsächlichen Mittels der Lückenfeststellung andererseits sind insoweit identisch, vgl. *Larenz*, Methodenlehre, S. 291.

[187] *Baumbach/Hueck*, AktG, Anm. 3 zu § 348.

[188] *V. Godin/Wilhelmi*, Anm. 11 zu § 348.

[189] *Böttcher/Meilicke*, Anm. 1 zu § 242 AktG.

[190] *Adler/Düring/Schmaltz*, Anm. 113 zu § 151.

[191] *Schilling* in Großk.AktG, 2. Auflage, Anm. 6 zu § 242.

reits nach den strengen Vorschriften der §§ 153 ff. AktG bewertet worden sind. Damit halten sich die Unterbewertungen durchaus im Rahmen, was bei den übernommenen Werten der Personengesellschaft bei einer Bewertung nach § 40 Abs. 2 HGB nicht der Fall zu sein braucht.[192] Schließlich kommt noch hinzu, dass § 348 Abs. Z AktG nach der Neufassung des Aktiengesetzes den Ansatz eines Ausgleichspostens nur noch zulässt, wenn die Gesellschaft für die Verschmelzung eine Kapitalerhöhung durchführt, nicht jedoch in dem Fall, dass die übernehmende Gesellschaft zur Durchführung der Verschmelzung bereits vorhandene Aktien verwendet hat. Hieraus wird der Ausnahmecharakter dieses Ausgleichspostens besonders deutlich. Er bildet in der Bilanz einen Fremdkörper[193] und steht, wie *Böttcher/Meilicke*[194] mit Recht bemerken, mit der Klarheit und Übersichtlichkeit der Buchführung in Widerspruch.[195]

Es kann daher nach Prüfung der Interessenlage und des Gesetzeszwecks nicht gesagt werden, dass der dem § 348 Abs. 2 AktG zugrundeliegende Tatbestand in den für seine rechtliche Bewertung maßgebenden Merkmalen mit der Übertragung des Gesellschaftsvermögens zu Buchwerten bei der Umwandlung einer Personengesellschaft in eine Aktiengesellschaft übereinstimmt. Vielmehr muss aus dem erkennbaren Ausnahmecharakter des Ausgleichspostens in § 348 Abs. 2 AktG geschlossen werden, dass der Gesetzgeber in Kenntnis und Würdigung der Interessenlage bei der Umwandlung von Personengesellschaften in Kapitalgesellschaften den Ansatz eines aktiven Postens zum Ausgleich des Grund- bzw. Stammkapitals ausdrücklich nicht gestattet hat,[196] sondern es der Kapitalgesellschaft zugemutet hat, die Vermögensgegenstände bis zur Höhe des Nennkapitals in der Eröffnungsbilanz aufzustocken. Dieser Umkehrschluss wird durch die Tatsache erhärtet, dass der Gesetzgeber erst kürzlich die Umwandlung von Personenhandelsgesellschaften in Kapitalgesellschaften im Wege der Gesamtrechtsnachfolge in den §§ 4o ff. UmwG geregelt hat und trotz Kenntnis des § 348 Abs. 2 AktG davon Abstand genommen hat, eine dementsprechende Vorschrift in das Umwandlungsgesetz einzufügen.

---

[192] Vgl. insoweit *Brüggemann* in Großk.HGB, Anm. 4 zu § 40.

[193] *Schlegelberger/Quassowski*, AktG, Anm. 4 zu § 242.

[194] Anm. 7 zu § 242 AktG.

[195] Ähnlich v. *Godin/Wilhelmi*, Anm. 6 zu § 348.

[196] Im Ergebnis ebenso - allerdings ohne Begründung – *Widmann/Mayer*, Anm. 3939 und *Fasold* in StbJb 1970/71, 183, 222 unter Aufgabe seiner früheren Ansicht in Wpg 1970, 219, 222; a.A. *Frey* in BB 1969, 1489, 1493 1. Sp., der hierbei allerdings die Bedeutung des Steuerrechts für das Handelsrecht überbewertet.

Es ist der Aktiengesellschaft im obigen Beispiel daher handelsrechtlich nicht gestattet, die übertragenen Vermögensgegenstände mit den Buchwerten anzusetzen, weil sie damit gegen die Regeln ordnungsmäßiger Bilanzierung verstoßen würde. Sie ist vielmehr verpflichtet, in der handelsrechtlichen Eröffnungsbilanz die Vermögensgegenstände mindestens bis zur Höhe des ausgewiesenen Grundkapitals aufzustocken und insoweit stille Reserven aufzulösen.[197]

3. Keine Möglichkeit des Ansatzes eines aktiven Ausgleichspostens in der steuerlichen Eröffnungsbilanz

Damit ergibt sich die Frage, ob die Gesellschafter in der steuerlichen Eröffnungsbilanz an die Bewertung der Wirtschaftsgüter in der Handelsbilanz gebunden sind oder ob sie in Abweichung von der Handelsbilanz lediglich gemäß § 17 Abs. 2 Satz 3 UmwStG verpflichtet sind, die Wirtschaftsgüter in Höhe der negativen Kapitalkonten aufzustocken, in Höhe des Grundkapitals jedoch einen wertneutralen steuerlichen Ausgleichsposten zur Bilanzdeckung ansetzen dürfen.

a) Die Bedeutung des Maßgeblichkeitsgrundsatzes und seine Anwendung auf § 17 Abs. 2 UmwStG

Ausgangspunkt und maßgeblich für die Steuerbilanz ist grundsätzlich die Handelsbilanz. Das geltende Recht kennt den Begriff der Steuerbilanz nicht. Die Kapitalgesellschaft ist deshalb auch nicht verpflichtet, eine gesonderte Steuerbilanz aufzustellen. Es genügt, wenn für die Zwecke der Besteuerung eine Handelsbilanz erstellt wird, die unter Beachtung der steuerrechtlichen Vorschriften korrigiert wird. Die Steuerbilanz ist deshalb lediglich eine nach steuerrechtlichen Vorschriften korrigierte Handelsbilanz.[198]

---

[197] Zum gleichen Ergebnis kämen auch *Herrmann/Heuer*, Anm. 49 zu § 17 UmwStG und *Glade/Steinfeld*, UmwStG, Anm. 467 a.E.; a.A. *Widmann/Mayer*, Anm. 4334, *Fasold* und Frey, a.a.O.; offen gelassen von *Uelner*, S. 55/56.

[198] *Wöhe*, DStR 1971, 391; *Blümich/Falk*, Anm. 8 zu § 5; *Bühler/Scherpf*, S.143 und 171. Allerdings haben die Bestrebungen, eine eigenständige Steuerbilanz für die steuerliche Gewinnermittlung vorzuschreiben (so Gutachten der Steuerreformkommission 1971, Band II, Abschn. 5, S. 4 ff.) bereits ihren vorläufigen Niederschlag in § 10 des Referentenentwurfes eines EStG 1974 vom 10. 12. 1971 gefunden. Hinsichtlich der berechtigten Bedenken gegen eine eigenständige Steuerbilanz vgl. *Döllerer*, BB 1971, 1333.

Dies ergibt sich aus § 5 EStG, der das Verhältnis Handelsbilanz - Steuerbilanz regelt. § 5 Abs. 1 EStG bestimmt, dass bei Gewerbetreibenden, die aufgrund gesetzlicher Vorschriften verpflichtet sind, Bücher zu führen und regelmäßig Abschlüsse zu machen, oder die freiwillig entsprechend verfahren, für den Schluss des Wirtschaftsjahres das Betriebsvermögen anzusetzen ist, das nach den "handelsrechtlichen Grundsätzen ordnungsmäßiger Buchführung" auszuweisen ist. Dieser Grundsatz wird als Grundsatz der Maßgeblichkeit der Handelsbilanz für die Steuerbilanz bezeichnet und bedeutet, dass die Ansätze in der Steuerbilanz sich grundsätzlich mit den Handelsbilanzansätzen decken müssen.[199]

Da im Bilanzsteuerrecht das Prinzip der Einzelbewertung gilt, genügt es nicht, dass nur das Ergebnis der Steuerbilanz in Übereinstimmung mit dem Ergebnis der Handelsbilanz gebracht wird. Vielmehr dürfen die einzelnen Bilanzposten der Steuerbilanz grundsätzlich keine Abweichungen von den entsprechenden rechtsgültigen Ansätzen in der Handelsbilanz aufweisen.[200]

Aufgrund der unterschiedlichen Zwecksetzung von Handelsbilanz und Steuerbilanz - hier vorherrschendes Prinzip des Gläubigerschutzes,[201] dort Ermittlung des richtigen steuerlichen Gewinns[202] - hat der Gesetzgeber in § 5 Abs. 4 EStG den Vorbehalt einiger einkommensteuerrechtlicher Vorschriften, die als Gewinnermittlungsvorschriften über § 6 Abs. 1 Satz 1 KStG auch für Kapitalgesellschaften gelten, ausdrücklich vorgesehen. Insbesondere entfällt nach § 5 Abs. 4 EStG die Maßgeblichkeit der Handelsbilanz, soweit die Ansätze in der Handelsbilanz gegen steuerrechtliche Bewertungsvorschriften, zu denen auch § 17 Abs. 2 UmwStG zählt, verstoßen. Doch wird durch die Vorschrift des § 5 Abs. 4 EStG nicht etwa im Widerspruch zur Handelsbilanz in der Steuerbilanz ein selbständiges Bewertungswahlrecht eingeräumt.[203] Eine Kapitalgesellschaft kann also nicht, wenn nach dem Steuerrecht verschiedene Bilanzansätze zulässig sind, unabhängig von der Handelsbilanz zwischen ihnen wählen.

---

[199] *Herrmann/Heuer*, Anm. 109 zu § 5 EStG.

[200] *Brönner*, Bilanz, S. 101.

[201] Zwar hat das Aktiengesetz vom 6. 9. 1965 für die Aktiengesellschaft eine verstärkte Berücksichtigung des Aktionärsschutzprinzips und damit eine Angleichung der Wertansätze mit sich gebracht, doch hat sich hierdurch nichts an der unterschiedlichen Zwecksetzung geändert (vgl. hierzu *Bühler/Scherpf*, S.163).

[202] Vgl. *Deubner*, S. 109.

[203] *Herrmann/Heuer*, Anm. 104 zu § 5 EStG.

Sie ist vielmehr an den Ansatz in der Handelsbilanz gebunden.[204] Die Bindung der Steuerbilanz an die Handelsbilanz entfällt nur insoweit, als der Ansatz in der Handelsbilanz steuerlich unzulässig ist.[205] Diesen Grundsatz hat auch der Bundesfinanzhof in einer Vielzahl von Entscheidungen bestätigt. So hat er in seiner Entscheidung - III 50/56 U - vom 13. 9. 1957[206] ausdrücklich festgestellt, dass der Steuerpflichtige für Steuerzwecke an die Handelsbilanz gebunden ist, wenn sie den Grundsätzen ordnungsmäßiger Buchführung entspricht und das Steuerrecht keine abweichende Bilanzierung vorschreibt. Noch klarer kommt dies in dem Urteil des Bundesfinanzhofs - I 173/57 U - vom 4. 2. 1958[207] zum Ausdruck. Dort wird ausgeführt, dass für die steuerliche Gewinnermittlung die Grundsätze ordnungsmäßiger Buchführung entscheidend sind und dass die Handelsbilanz zugrunde zu legen ist, soweit sich nicht zwingend aus den Grundsätzen des Steuerrechts Abweichungen ergeben.

Die Aktiengesellschaft wäre also in dem obigen Beispiel in ihrer steuerlichen Eröffnungsbilanz nur dann nicht an die in der Handelsbilanz vorgenommene Aufstockung der Wirtschaftsgüter bis zur Höhe des Grundkapitals gebunden, wenn § 17 Abs. 2 UmwStG eine abweichende Bilanzierung zwingend vorschreiben würde. Hiervon kann jedoch keine Rede sein. Vielmehr gestattet § 17 Abs. 2 Satz 1 UmwStG der aufnehmenden Kapitalgesellschaft ausdrücklich die Wahl zwischen dem Buchwert, dem Teilwert und jedem zwischen diesen beiden Werten liegenden Wert beim Ansatz des übertragenen Betriebsvermögens. Dies verkennen *Böttcher/Beinert/Hennerkes*[208], wenn sie aus der gestatteten Buchwertfortführung folgern, dass § 17 UmwStG als lex specialis dem Maßgeblichkeitsgrundsatz vorgehe.

Auch § 17 Abs. 2 Satz 3 UmwStG schränkt dieses Wahlrecht lediglich dahin ein, dass es einen steuerlich verbindlichen Mindestansatz vorschreibt. Dies führt jedoch nur dazu, dass ein handelsrechtlich zulässiger niedrigerer Ansatz steuerrechtlich unzulässig wäre. Insoweit würde der Maßgeblichkeitsgrundsatz durch § 5 Abs. 4 EStG durchbrochen.[209] Im umgekehrten Fall aber, wenn der handelsrechtliche Buchwert bereits höher ist als der steuerlich vorgeschriebene Mindest-

---

[204] *Bühler/Scherpf*, S. 168/169; *Brönner*, Bilanz, S. 97.

[205] Urteil des RFH vom 23. 5. 1935 - I A 110/33 -, RStBl. 1935, 1467.

[206] BStBl. 1957 III, 376, 377.

[207] BStBl. 1958 III, 109.

[208] Auf S. 183.

[209] Vgl. das Beispiel auf S. 47 ff.

ansatz und somit steuerlich zulässig ist, ist die in der Handelsbilanz vorgenommene Ausgangsbewertung im Hinblick auf das in § 17 Abs. 2 UmwStG eingeräumte Bewertungswahlrecht maßgebend.[210] Insoweit gilt das steuerliche Bewertungswahlrecht durch den Ansatz in der Handelsbilanz als ausgeübt. Das Ergebnis wäre, dass es der Aktiengesellschaft nicht gestattet ist, in Höhe des auszuweisenden Grundkapitals einen steuerlichen Ausgleichsposten in die Eröffnungsbilanz einzusetzen, sondern dass sie gezwungen ist, die handelsrechtlichen Buchansätze auch in die steuerliche Eröffnungsbilanz zu übernehmen.

b) Keine Einschränkung des Maßgeblichkeitsgrundsatzes bei Eröffnungsbilanzen

Hiergegen werden im Schrifttum erhebliche Bedenken vorgebracht. So vertreten Widmann/Mayer[211] unter Berufung auf das Urteil des hofs - I 290/38 - vom 18. 10. 1938[212] die Auffassung, dass sich die Bindung der Steuerbilanz an die Handelsbilanz bei Eröffnungsbilanzen nur dahin auswirkt, dass in der steuerlichen Eröffnungsbilanz keine höheren Werte ausgewiesen werden dürfen als in der handelsrechtlichen Eröffnungsbilanz, ein niedrigerer Ansatz aber zulässig ist. Eine solche Einschränkung des Maßgeblichkeitsgrundsatzes bei Eröffnungsbilanzen wäre jedoch durch nichts gerechtfertigt und kann auch nicht aus dem Urteil des Reichsfinanzhofs vom 18. 10. 1938 entnommen werden. In dem Urteil ging es lediglich um die Frage, ob bei einer normalen Gesellschaftsgründung einer GmbH in der steuerlichen Eröffnungsbilanz höhere Werte angesetzt werden dürfen, als in der handelsrechtlichen Eröffnungsbilanz gewählt worden sind. Hierzu stellte der Reichsfinanzhof fest, dass sich bei der Errichtung einer Kapitalgesellschaft der Grundsatz der Abhängigkeit der Steuerbilanz von der Handelsbilanz dahin auswirkt, dass die eingebrachten Wirtschaftsgüter in der steuerlichen Eröffnungsbilanz mit keinen höheren Werten angesetzt werden dürfen als in der handelsrechtlichen Eröffnungsbilanz. Davon, dass sich der Maßgeblichkeitsgrundsatz nur dahin auswirkt, ist keine Rede und wäre auch lediglich ein obiter dictum gewesen.

---

[210] So auch *Glade/Steinfeld*, UmwStG, Anm. 467 a.E.; vgl. auch *Fasold*, BB 1972, 309, 310.

[211] Anm. 4329 a.E.

[212] RStBl. 1938, 1107.

Hiergegen spricht auch der ausdrückliche Hinweis des Reichsfinanzhofs auf sein Urteil - I A 235/30 - vom 24. 3. 1931[213] zur Bekräftigung seiner Auffassung. In diesem Urteil ist von einer Einschränkung des Maßgeblichkeitsgrundsatzes bei Eröffnungsbilanzen keine Rede. Es heißt dort vielmehr wörtlich:

"Auch für die Gewinnermittlung des ersten Steuerabschnitts einer Aktiengesellschaft ist grundsätzlich als Anfangsbilanz die ordnungsmäßige Handelsbilanz maßgebend."

Die Formulierung des Reichsfinanzhofs in seinem Urteil vom 18. 10. 1938 erklärt sich daraus, dass es sich um eine normale Gesellschaftsgründung handelte und nicht um den speziellen Fall der Umwandlung einer Personengesellschaft oder eines Einzelunternehmens in eine Kapitalgesellschaft. Da somit eine Buchwertverknüpfung gar nicht möglich war, vielmehr die Wirtschaftsgüter nach § 6 Abs. 1 Nr. 6 EStG mit ihren Teilwerten in der steuerlichen Eröffnungsbilanz angesetzt werden mussten, konnte sich die Frage einer niedrigeren Bewertung der Wirtschaftsgüter in der Steuerbilanz gegenüber der Handelsbilanz gar nicht erst stellen.[214]

Gegen eine Einschränkung des Maßgeblichkeitsgrundsatzes bei dem hier zu erörternden Fall spricht weiterhin, dass dies dazu führen würde, dass in der steuerlichen Eröffnungsbilanz der Aktiengesellschaft die Wirtschaftsgüter mit Werten angesetzt würden, die in der handelsrechtlichen Eröffnungsbilanz unzulässig sind, weil sie den Regeln ordnungsmäßiger Buchführung widersprechen. Einer der wichtigsten Grundsätze der höchstrichterlichen Rechtsprechung zum Maßgeblichkeitsprinzip[215] ist jedoch, dass eine Bewertung, die nach dem Steuerrecht möglich ist, aber nicht den Regeln ordnungsmäßiger Buchführung entspricht, auch für die Steuerbilanz unzulässig ist, falls eine andere, nach dem Steuerrecht mögliche Bewertung mit den Grundsätzen ordnungsmäßiger Buchführung übereinstimmt.[216] Eine Bewertung des übernommenen Betriebsvermögens in Höhe des Grundkapitals der Aktiengesellschaft ist gemäß § 17 Abs. 2 Satz 1 UmwStG aber ohne weiteres möglich.

---

[213] RStBl. 1931, 304.

[214] Für die unbeschränkte Geltung des Maßgeblichkeitsgrundsatzes für die Eröffnungsbilanz auch *Herrmann/Heuer*, Anm. 99/100 zu § 5 EStG.

[215] Vgl. die Urteile des RFH vom 30 .3. 1927 - VI A 108/27 -, RStBl. 1927, 161; vom 17.4. 1929 - VI A 594/27 -, RStBl. 1929, 449 und vom 5. 11. 1931 - I A 180/50-, RStBl. 1932, 63 65.

[216] So auch die ganz h.M. im Schrifttum, vgl. *Herrmann/Heuer*, Anm. 5 zu § 6 EStG und Anm. 50 zu § 17 UmwStG; *Bühler/Scherpf*, S. 169; *Döllerer*, BB 1965, 1405, 1414 1 .Sp.

c) Keine Einschränkung des Maßgeblichkeitsgrundsatzes aus der Fassung des § 17 Abs. 2 Satz 3 UmwStG

Weiterhin wird die Auffassung vertreten, aus der Fassung des § 17 Abs. 2 Satz 5 UmwStG lasse sich herleiten, dass der Handelsbilanzansatz der Kapitalgesellschaft sie nicht hindere, steuerrechtlich einen niedrigeren Ansatz zu wählen, da insoweit der Grundsatz der Maßgeblichkeit der Handelsbilanz für die Steuerbilanz nicht gelte.[217] *Rau*[218] stützt diese These auf die Behauptung, § 17 Abs. 2 Satz 3 UmwStG gestatte seinem Wortlaut nach im Extremfall steuerrechtlich einen Ansatz, der handelsrechtlich gar nicht darstellbar sei, weil er kein buchmäßiges Eigenkapital für die Ausgabe auch nur eines einzigen Gesellschaftsanteils übrig ließe. Durch die Erwähnung dieses Falles habe das Gesetz zu erkennen gegeben, dass es der Kapitalgesellschaft gestatten wolle, steuerliche Ansätze unter den handelsbilanzmäßigen Ansätzen zu wählen.

An dieser These ist aber bereits der Ausgangspunkt unrichtig. Der in § 17 Abs. 2 Satz 3 UmwStG gestattete Mindestansatz ist handelsrechtlich durchaus darstellbar, wie das Beispiel auf S. 53 zeigt. *Rau* und *Glade/Steinfeld* machen den Fehler, die Anwendbarkeit des § 17 Abs. 2 Satz 3 UmwStG lediglich an der Einbringung eines Einzelunternehmens in eine Kapitalgesellschaft zu messen.

Bei der Umwandlung einer Personengesellschaft in eine Kapitalgesellschaft ist es aber handelsrechtlich ohne weiteres möglich und auch üblich, die Ausgabe von Gesellschaftsanteilen, die Gesellschaftern mit negativen Kapitalkonten gewährt werden, von der Übernahme von Einzahlungsverpflichtungen abhängig zu machen. Diese wirken sich bei der Kapitalgesellschaft als Einzahlungsforderungen und damit als Ausgleich für die gewährten Gesellschaftsanteile auf der Aktivseite der Bilanz aus, so dass das Problem des steuerlichen Ausgleichspostens erst gar nicht auftritt. Der aus § 17 Abs. 2 Satz 3 UmwStG abzuleitende Extremfall kann somit auch zum Tragen kommen, wenn man von der Bindung der Steuerbilanz an die Handelsbilanz ausgeht.

Außerdem könnte in Anbetracht der fundamentalen Bedeutung, die der Maßgeblichkeitsgrundsatz für das Bilanzsteuerrecht besitzt, sowieso nicht allein aus der Fassung des § 17 Abs. 2 Satz 3 UmwStG bei ausdrücklich eingeräumten steuerli-

---

[217] So *Glade/Steinfeld*, UmwStG, Anm. 481 und 486 und Rau, DB 1969, 1421, 1432 r. Sp.

[218] In einem Vortrag vor den Fachanwälten für Steuerrecht in Düsseldorf am 26. 11. 1969, zusammengefasst bei *Loos*, UmwStG, Anm. 946 a.

chen Bewertungswahlrecht auf eine Aufhebung der Bindung der Steuerbilanz an die Handelsbilanz geschlossen werden. Hierfür hätte es einer ausdrücklichen Gesetzesbestimmung des Inhalts bedurft, dass der Ansatz in der Steuerbilanz insoweit unabhängig von dem in der Handelsbilanz ist.[219] Die Bedeutung des Maßgeblichkeitsgrundsatzes wird auch nicht dadurch geschmälert, dass sich in der Praxis gegenwärtig das Verhältnis zwischen Steuerbilanz und Handelsbilanz umgekehrt dahin auswirkt, dass die Handelsbilanz sich meistens nach der Steuerbilanz richtet,[220] was man mit *Böttcher/Meilicke*[221] bedauern mag. Geschieht dies doch gerade wegen der rechtlichen Abhängigkeit der Steuerbilanz von der Handelsbilanz, da nur so steuerliche Vorteile überhaupt ausgenutzt werden können.[222]

Es ist daher nicht möglich, aus der Fassung des § 17 Abs. 2 Satz 3 UmwStG oder aus anderen Umständen zu schließen, das Umwandlungssteuergesetz gestatte unter Durchbrechung des Maßgeblichkeitsgrundsatzes in der steuerlichen Eröffnungsbilanz einen niedrigeren Ansatz der übernommenen Wirtschaftsgüter als in der handelsrechtlichen Eröffnungsbilanz.[223]

---

[219] So auch *Dornfeld/Rose*, DB 1969, 1997, 2000 r. Sp.

[220] Diese Rückwirkung wird auch als "Umkehrung des Maßgeblichkeitsprinzips" bezeichnet, hierzu im einzelnen *Bühler/Scherpf*, S. 145 ff.

[221] Anm. 35 zu § 4 UmwG.

[222] Vgl. insoweit auch die §§ 154 Abs. 2 Nr. 2 und 155 Abs. 3 Nr. 2 AktG.

[223] So im Ergebnis auch *Loos* in UmwStG, Anm. 946 a a.E. und in DB 1970, 9, 16 l. Sp. mit nicht überzeugender Begründung.

4. Lösung des Beispiels

Somit ist die Aktiengesellschaft in der steuerlichen Eröffnungsbilanz an ihre Bewertung in der handelsrechtlichen Eröffnungsbilanz gebunden. Ein niedrigerer Buchansatz unter Einstellung eines aktiven steuerlichen Ausgleichspostens in Höhe des Grundkapitals ist ihr wegen des Maßgeblichkeitsgrundsatzes nicht möglich.[224] Die steuerliche Eröffnungsbilanz der Aktiengesellschaft weist deshalb ebenso wie die handelsrechtliche folgendes Bild auf:

AG X

Aktiva	1.100.000,–	Schulden	1.000.000,–
		Grundkapital	100.000,–
	1.100.000,–		1.100.000,–

Ertragsteuerlich hat die Aufstockung der aktiven Wirtschaftsgüter um 300.000,– DM für die Gesellschafter A, B, C, D und E zur Folge, dass jeder von ihnen infolge der teilweisen Auflösung der anteilmäßig auf ihn entfallenden stillen Reserven einen steuerbegünstigten Veräußerungsgewinn in Höhe von 60.000,– DM zu versteuern hat.

Das Ergebnis fiele nicht anders aus, wenn die OHG statt in eine Aktiengesellschaft in eine GmbH umgewandelt worden wäre. Insofern würden die vorstehenden Ausführungen entsprechend gelten.

---

[224] Zum gleichen Ergebnis kämen auch *Herrmann/Heuer*, Anm. 49 - 50 zu § 17 UmwStG; *Loos*, UmwStG, Anm. 946 a und wohl auch der BMWF in seinem Schreiben vom 14. 12. 1971 unter I Abschnitt 4 Abs. 1 und 2, StLex 6, UmwStG 55 17 - 21, 1, 2; gl.A. - allerdings ohne Begründung - auch *Brönner*, UmwStG, Anm. 23 zu §§ 17 ff.; *Kobs*, S. 118 und *v. Wallis*, StuW 1970, Sp. 465, 474; a.A. *Rau* und *Glade/Steinfeld*, a.a.O.; *Fasold*, StbJb 1970/71, 183, 222 und Wpg 1970, 219, 222 r. Sp.; *Böttcher/Beinert/Hennerkes*, S. 183; *Kamprad*, DB 1970, 1291, 1292; *Felix*, Anm. 150 und *Widmann/Mayer*, Anm. 4331 a und 3930 ff., die den Fehlbetrag durch ein "Steuerliches Minuskapital" ausgleichen wollen; a.A. wohl auch *Würdinger*, Steuererleichterungen, Anm. 81; offen gelassen von *Uelner*, S. 55.

VII. Einschränkungen des Ansatzes zum Buchwert bei Gewährung von Wirtschaftsgütern neben den Gesellschaftsanteilen

1. Die Bedeutung der Vorschrift des § 17 Abs. 2 Satz 4 UmwStG und ihre Berechtigung

Nach § 17 Abs. 2 Satz 4 UmwStG wird das Bewertungswahlrecht der Gesellschafter eingeschränkt, wenn sie neben ihren Gesellschaftsanteilen noch andere Wirtschaftsgüter erhalten und deren gemeiner Wert den Buchwert des auf sie entfallenden Teils am übertragenen Betriebsvermögen übersteigt. Dann muss der auf sie entfallende Teil des Betriebsvermögens mindestens mit dem gemeinen Wert der zusätzlich erhaltenen Wirtschaftsgüter angesetzt werden.

Aus dieser Vorschrift ergibt sich, dass es für die Anwendung der 55 17 ff. UmwStG auf den einzelnen Gesellschafter der Personengesellschaft und die damit verbundene Möglichkeit der Buchwertfortführung des auf ihn entfallenden Teils des Betriebsvermögens zwar erforderlich ist, dass der Gesellschafter für die Übertragung seines Mitunternehmeranteils überhaupt Anteile an der neugegründeten Kapitalgesellschaft erhält, doch dass nicht ausschließlich Gesellschaftsanteile gewährt zu werden brauchen. Vielmehr darf er daneben auch andere Wirtschaftsgüter für die Übertragung seines Mitunternehmeranteils erhalten, ohne dass hiermit im Regelfall eine Gewinnrealisierung verbunden sein muss.

Andere Wirtschaftsgüter i.S. des § 17 Abs. 2 Satz 4 UmwStG sind alle wirtschaftlichen Vorteile, die dem Gesellschafter neben den Gesellschaftsanteilen gewährt werden. Dazu gehört neben der Einräumung einer Darlehensforderung vor allem die Befreiung von privaten Verbindlichkeiten durch die Kapitalgesellschaft.[225] Das Gesetz hat sich dafür entschieden, in diesen Fällen weder eine Realisierung der stillen Reserven in voller Höhe noch eine anteilige Realisierung im Verhältnis des Wertes der Anteile zu den anderen Wirtschaftsgütern zu verlangen, obwohl zivilrechtlich nur teilweise eine Sacheinlage, im Übrigen aber ein Tausch vorliegt. Die vollständige spätere Erfassung der stillen Reserven stellt das Gesetz dadurch sicher, dass die nicht aufgelösten stillen Reserven in voller Höhe allein auf die Gesellschaftsanteile übertragen werden. Formell geschieht dies durch die Anordnung in § 17 Abs. 4 Satz 2 UmwStG, bei der Bemessung der Anschaffungskosten der Anteile den gemeinen Wert der gewährten anderen Wirtschaftsgüter von dem

---

[225] Vgl. *Herrmann/Heuer*, Anm. 56 zu § 17 UmwStG; *Loos*, UmwStG, Anm. 924.

Wert, mit dem das übertragene Betriebsvermögen angesetzt wird, abzuziehen.[226] Auf die erhaltenen anderen Wirtschaftsgüter wird nichts übertragen. Sie gehen zum Teilwert in das Vermögen des Gesellschafters ein.[227]

Der Verzicht auf die vollständige oder zumindest anteilige Auflösung der stillen Reserven bei der Umwandlung wird vom Gesetzgeber unter Berufung auf das Urteil des Bundesfinanzhofs - I 167/59 U - vom 13. 7. 1965[228] damit begründet, dass die Forderung, das gesamte übertragene Betriebsvermögen ausschließlich durch Gesellschaftsanteile zu belegen, zu einer wirtschaftlich nicht gerechtfertigten Einengung der Bewegungsfreiheit der Gesellschafter bei der Umwandlung und ihrer Finanzierung führe, für die keine zwingenden steuerlichen Gründe ersichtlich seien.[229] Die Entscheidung des Gesetzes ist auch deshalb vernünftig, weil sie sich als logische Konsequenz aus der Behandlung der übergehenden Betriebsschulden der Personengesellschaft ergibt.[230] Übertragen werden bei der Umwandlung in eine Kapitalgesellschaft stets die Nettowerte der Mitunternehmeranteile der Gesellschafter, also die Aktiva unter Abzug der Passiva. Bei Übernahme der anteiligen Betriebsschulden durch die Kapitalgesellschaft wird vom Gesetz solange von einer Auflösung der stillen Reserven abgesehen, wie ihre Buchwerte die der aktiven Wirtschaftsgüter nicht übersteigen (§ 17 Abs. 2 Satz 5 UmwStG). Bei den vielen Möglichkeiten, die fließende Grenze zwischen Betriebsschulden und sonstigen Schulden durch Sachverhaltsumgestaltung zu verschieben,[231] wäre es aber kaum zu vertreten gewesen, die Übernahme von sonstigen privaten Verbindlichkeiten im Ergebnis anders zu behandeln als die Übernahme von Betriebsschulden. Da aber die Übernahme von Schulden in der praktischen Auswirkung der Gewährung eines Darlehns oder sonstiger Wirtschaftsgüter gleichkommt, war es nur logisch, die Gewährung jeglichen Wirtschaftsguts neben den Gesellschaftsanteilen ohne Gewinnrealisierung zuzulassen, solange nicht sein gemeiner Wert (Verkehrswert) den Buchwert des anteilig auf den Gesellschafter entfallenden Betriebsvermögens übersteigt. Diese Einschränkung in § 17 Abs. 2 Satz 4 UmwStG ist als Parallele zu § 17 Abs. 2 Satz 3 UmwStG lediglich die Konsequenz aus der

---

[226] Vgl. im Einzelnen zur Systematik des Gesetzes S. 17 ff.

[227] *Meyer-Arndt*, Anm. 331 ff.

[228] BStBl. 1965 III, 640, 642.

[229] Begründung zu § 15 Abs. 2 des Regierungsentwurfes (jetzt § 17 Abs. 2 UmwStG), Bundestags-Drucksache V/3186, S. 15.

[230] So auch *Loos*, UmwStG, Anm. 982.

[231] Vgl. *Loos* , UmwStG, Anm. 986.

faktischen Gleichstellung der Gewährung anderer Wirtschaftsgüter mit der Übernahme von Betriebsschulden durch die Kapitalgesellschaft.

§ 17 Abs. 2 Satz 4 UmwStG kann aber nur zur Anwendung kommen, wenn die vorhandenen stillen Reserven ausreichen, das anteilig vom Gesellschafter übertragene Betriebsvermögen mit dem Verkehrswert des gewährten anderen Wirtschaftsguts anzusetzen. Ein Ansatz über dem Teilwert ist nach § 17 Abs. 2 Satz 5 UmwStG verboten. Falls die stillen Reserven hierzu nicht ausreichen, liegt in Höhe des übersteigenden Gegenwertes eine verdeckte Gewinnausschüttung vor,[232] da dem Gesellschafter insoweit mehr gewährt wird, als ihm aufgrund des Wertes seines übertragenen Mitunternehmeranteils zusteht.[233] Dass die Kapitalgesellschaft noch nicht ihre Geschäfte aufgenommen hat, kann an der steuerrechtlichen Beurteilung nichts ändern, da verdeckte Gewinnausschüttungen auch bereits bei Gründungen von Kapitalgesellschaften möglich sind.[234] In einem solchen Fall ist nur der Ansatz möglich, den die stillen Reserven zulassen. In Höhe des übersteigenden Betrages erzielt der Gesellschafter bereits Einkünfte aus der Beteiligung an der Kapitalgesellschaft.

2. Keine Möglichkeit des Ansatzes eines steuerlichen Ausgleichspostens aufgrund des Maßgeblichkeitsgrundsatzes

Im Falle der Gewährung anderer Wirtschaftsgüter (z. B. eines Darlehns) neben den Gesellschaftsanteilen scheidet praktisch der Fall aus, dass der Gesellschafter gegenüber der Kapitalgesellschaft neben der Übertragung seines Mitunternehmeranteils noch eine Einzahlungsverpflichtung übernimmt.

Es wäre widersinnig, sich einerseits eine Darlehensforderung gutschreiben zu lassen und andererseits in gleicher Höhe eine Einzahlungsverpflichtung einzugehen. Die Aufstockung der Buchwerte gemäß § 17 Abs. 2 Satz 4 UmwStG gleicht lediglich die um das gewährte Darlehn erhöhten Verbindlichkeiten der Kapitalgesellschaft aus. Um das vereinbarte Grund- bzw. Stammkapital bilanzmäßig zu decken, muss der Gesellschafter den auf ihn entfallenden Teil des übertragenen Betriebsvermögens nicht nur bis zur Höhe des gemeinen Werts des ihm zusätzlich

---

[232] Zu Begriff und Problematik der verdeckten Gewinnausschüttung vgl. die umfangreiche Kommentierung zu § 6 KStG.

[233] So auch *Widmann/Mayer*, Anm. 4170.

[234] Vgl. das Urteil des RFH vom 24. 3. 1931 - I A 235/30 -, RStBl. 1931, 304, 306.

gewährten Wirtschaftsguts aufstocken, sondern weiterhin um den Ausgabebetrag des erhaltenen Gesellschaftsanteils.

Trotz der Fassung des § 17 Abs. 2 Satz 4 UmwStG, die keinen Ausgleich des Nennkapitals in der steuerlichen Eröffnungsbilanz der Kapitalgesellschaft erwähnt, ist ein steuerlicher Ausgleichsposten wegen des Grundsatzes der Maßgeblichkeit der Handelsbilanz für die Steuerbilanz hier ebenso wenig möglich wie im Falle der buchmäßigen Überschuldung des steuerlichen Mitunternehmeranteils bei § 17 Abs. 2 Satz 3 UmwStG. Ebenso wie in jenem Falle trifft auch hier das Argument von Rau und von *Glade/Steinfeld* nicht zu, § 17 Abs. 2 Satz 4 UmwStG lasse steuerrechtlich einen Ansatz zu, der handelsrechtlich nicht darstellbar sei, so dass insoweit der Grundsatz der Maßgeblichkeit der Handelsbilanz für die Steuerbilanz nicht gelte.[235] Abgesehen davon, dass zumindest theoretisch ein Bilanzausgleich durch Einstellung einer Einzahlungsforderung möglich ist, haben sowohl *Loos*[236] als auch *Widmann/Meyer*[237] für den Fall der Einbringung einer Personengesellschaft in eine bereits bestehende Kapitalgesellschaft aus völlig unterschiedlicher Ausgangsposition anhand von praktischen Beispielen nachgewiesen, dass der in § 17 Abs. 2 Satz 4 UmwStG zugelassene Extremfall bei entsprechender Konstellation auch ohne Einbuchung einer Einzahlungsforderung handelsrechtlich durchaus darstellbar ist.[238] Deshalb muss aufgrund des in § 17 Abs. 2 Satz 1 UmwStG eingeräumten steuerlichen Bewertungswahlrechts der Maßgeblichkeitsgrundsatz auch im Fall der Gewährung anderer Wirtschaftsgüter neben den Gesellschaftsanteilen voll zum Tragen kommen.

3. Beispiel

Als Beispiel für eine erzwungene Aufstockung nach § 17 Abs. 2 Satz 4 UmwStG sei folgender Fall erörtert: Die KG X soll in die GmbH X umgewandelt werden. Ihre Abschlussbilanz (Handelsbilanz = Steuerbilanz) weist folgendes Bild auf:

---

[235] S. S. 69 mit Literaturhinweisen.

[236] In DB 1970, 9, 14 r. Sp. - 16 l. Sp.

[237] Anm. 4182 ff.

[238] Da die sogenannte verschmelzende übertragende Umwandlung nicht Gegenstand dieser Arbeit ist, möge dieser Hinweis genügen.

KG X

Aktiva	150.000,–	Schulden	90.000,–
		Kapitalkonto Komplementär A	50.000,–
		Kapitalkonto Komplementär B	10.000,–
	__150.000,–__		__150.000,–__

Die stillen Reserven in den aktiven Wirtschaftsgütern betragen 100.000,– DM. Bei einer vereinbarten Gewinnverteilung von 4 : 1 im Verhältnis Komplementär zu Kommanditist ohne vorherige Kapitalverzinsung entfallen von den stillen Reserven 80.000,– DM auf A und 20.000,– auf B.

Es ist vorgesehen, das Betriebsvermögen der KG möglichst zu den Buchwerten auf die GmbH zu übertragen. Das Stammkapital der GmbH soll lediglich den nach § 5 Abs. 1 GmbHG zulässigen Mindestbetrag von 20.000,– DM aufweisen, da Grund der Umwandlung ist, dass A nicht mehr persönlich haften will. Davon sollen auf A und B je 10.000,– DM entfallen.

Weil A nicht mehr als alleiniger Geschäftsführer tätig sein soll, soll die Gewinnverteilung in der GmbH nur noch im Verhältnis 2 : 1 erfolgen. Als Ausgleich für den infolge dieser Änderung des Gewinnverteilungsschlüssels eingetretenen Verlust an bisher auf ihn entfallenden stillen Reserven und als Ausgleich für die Verminderung seines Kapitalkontos um 40.000,– DM wird A eine Darlehensforderung gegen die GmbH in Höhe von 70.000,– DM eingeräumt.

Da diese Darlehensgutschrift um 20.000,– DM höher ist als der Buchwert des auf A entfallenden Betriebsvermögens (50.000,– DM laut Abschlussbilanz der KG), müssen die aktiven Wirtschaftsgüter in der steuerlichen Eröffnungsbilanz der Kapitalgesellschaft gemäß § 17 Abs. 2 Satz 4 UmwStG um 20.000,– DM auf 170.000,– DM aufgestockt werden. Diese Aufstockung um 20.000,– DM reicht jedoch nicht aus, um sowohl die als Betriebsschuld auszuweisende Darlehensverpflichtung gegenüber A als auch das Stammkapital von 20.000,– DM auf der Aktivseite der Bilanz auszugleichen. Daher müssen in der handelsrechtlichen Eröffnungsbilanz der GmbH die Aktiva mit 180.000,– DM angesetzt werden. Die handelsrechtliche Eröffnungsbilanz weist somit folgendes Bild auf:

GmbH X

Aktiva	180.000,–	Darlehen A	70.000,–
		sonstige Schulden	90.000,–
		Stammkapital A	10.000,–
		Stammkapital B	10.000,–
	__180.000,–__		__180.000,–__

Wegen des Grundsatzes der Maßgeblichkeit der Handelsbilanz für die Steuerbilanz ist dieser Ansatz der aktiven Wirtschaftsgüter auch für die steuerliche Eröffnungsbilanz maßgebend. Daher müssen in der steuerlichen Eröffnungsbilanz die aktiven Wirtschaftsgüter außer den 20.000,– DM gemäß § 17 Abs. 2 Satz 4 UmwStG um weitere 10.000,– DM - das Stammkapital des A - auf ebenfalls 180.000,– DM aufgestockt werden, so dass steuerliche und handelsrechtliche Eröffnungsbilanz identisch sind.

Ertragsteuerlich hat die Umwandlung zur Folge, dass infolge der teilweisen Auflösung der stillen Reserven ein steuerbegünstigter Veräußerungsgewinn von 30.000,– DM zu erfassen ist, der allein dem Gesellschafter A zuzurechnen ist. Für den Kommanditisten B verläuft die Umwandlung erfolgsneutral, da der Buchwert des auf ihn entfallenden Betriebsvermögens nach wie vor 10.000,– DM beträgt.

4. Auswirkungen bei Übernahme einer Vermögensabgabeschuld

In diesem Zusammenhang erscheint es mir geboten, die Auswirkungen darzustellen, die sich bei der Übernahme einer Vermögensabgabeschuld und bei der Übernahme von Pensionsverpflichtungen durch die neugegründete Kapitalgesellschaft auf den Ansatz des Betriebsvermögens in der steuerlichen Eröffnungsbilanz ergeben.

Der Übergang einer Vermögensabgabeschuld auf die neugegründete Kapitalgesellschaft ist keineswegs die Ausnahme, sondern wird sich in sehr vielen Umwandlungsfällen ergeben.[239] Das Umwandlungssteuergesetz enthält keine ausdrückliche Regelung, wie eine von der Kapitalgesellschaft übernommene Vermö-

---

[239] *Rau*, DB 1969, 455.

gensabgabeschuld bei der Ausgangsbewertung der Kapitalgesellschaft zu berücksichtigen ist. Doch ist eine diese Frage regelnde Bestimmung auch nicht erforderlich, weil sich die Auswirkungen der Übernahme aus dem Charakter der Vermögensabgabe und den in § 17 Abs. 2 UmwStG niedergelegten Grundsätzen ergeben.

a) Begriff und Wesen einer Vermögensabgabeschuld

Die Vermögensabgabe ist ihrer Entstehung nach eine einmalige Abgabe vom Vermögen. Sie wird aufgrund der §§ 16 – 90 LAG erhoben und ist für die Entrichtung verrentet worden. Sie gilt als am 21. 6. 1948 entstanden. Trotz ihrer Verrentung ist die Vermögensabgabe aber keine bloße Ertragsbelastung, sondern in Höhe ihres Zeitwerts eine Substanzbelastung.[240] Sie belastet und mindert das Vermögen, von dem sie erhoben wird. Das wird ersichtlich, wenn die Vermögensabgabeschuld durch Barzahlung abgelöst wird und das um die Vermögensabgabeschuld geminderte Vermögen übrig bleibt. Deshalb ist sie bei Kapitalgesellschaften als Betriebsschuld anzusehen,[241] braucht jedoch grundsätzlich nach § 218 Abs. 1 Satz 1 LAG in der Handelsbilanz nicht passiviert zu werden.

Ihrem Charakter nach ist die Vermögensabgabe eine Personensteuer (§ 16 Abs. 1 LAG). Sie wird nicht von der umzuwandelnden Personengesellschaft, die ja im Gegensatz zur Kapitalgesellschaft keine eigene Rechtspersönlichkeit besitzt, sondern von den einzelnen Gesellschaftern erhoben. In der Steuerbilanz der Personengesellschaft darf die Vermögensabgabeschuld eines Gesellschafters nicht passiviert werden, da sie als Personensteuer notwendiges Privatvermögen des Gesellschafters ist und daher keine Betriebsschuld der Personengesellschaft sein kann.[242] Eine Ausnahme besteht nur in dem Fall, dass die Personengesellschaft vorher die Vermögensabgabeschuld - z. B. bei Einbringung eines Einzelunternehmens - im Wege einer gemäß 5 6o Abs. 1 LAG vom Finanzamt genehmigten Schuldübernahme nach 55 414 ff. BGB übernommen hat.[243] Dann ist sie bei der Personengesellschaft eine echte Betriebsschuld und in der Steuerbilanz zu passivieren.[244] In

---

[240] *Kobs*, S. 133.

[241] *Rau*, DB 1969, 455 l. Sp.

[242] Vgl. Abschnitt 3 Abs. 1 Satz 2 der Richtlinien zur Behandlung der Lastenausgleichsabgaben bei der Einkommensteuer und Körperschaftsteuer, abgedruckt als Anlage 4 in den EStR 1971, S. 345, 346; vgl. auch *Brönner*, UmwStG, Anm. 38 zu §§ 17 ff. und *Fasold*, AG 1971, 46, 51.

[243] Vgl. im einzelnen *Widmann/Mayer*, Anm. 4132 – 4134.

[244] So auch Abschnitt 5 Abs. 2 Satz 2 der Richtlinien, a.a.O.

diesem seltenen Fall ergeben sich keine Besonderheiten bei der Umwandlung der Personengesellschaft. Die Vermögensabgabeschuld ist als Betriebsschuld Teil des übertragenen Betriebsvermögens, dessen Buchwert sie - wie jede andere Betriebsschuld auch - mindert.

In allen übrigen Fällen ist die Vermögensabgabeschuld des einzelnen Gesellschafters aber keine Betriebsschuld der Personengesellschaft und kann deshalb auch nicht zu dem übertragenen Betriebsvermögen gehören. Wenn die Kapitalgesellschaft trotzdem die Vermögensabgabeschuld nach der gemäß § 60 Abs. 1 LAG erforderlichen Genehmigung übernimmt, so ist dies als eine zusätzliche Leistung zu den gewährten Gesellschaftsanteilen anzusehen, weil der betreffende Gesellschafter insoweit von einer privaten Schuld befreit wird.[245] Nach der Terminologie des Umwandlungssteuergesetzes handelt es sich bei dieser Schuldübernahme um ein neben den Gesellschaftsanteilen gewährtes anderes Wirtschaftsgut an den Gesellschafter i.S. des § 17 Abs. 2 Satz 4 UmwStG. Für die Kapitalgesellschaft hat die übernommene Vermögensabgabeschuld den Charakter einer Betriebsschuld und muss von ihr in der steuerlichen Eröffnungsbilanz mit dem Zeitwert (5 77 Abs. 1 Nr. 2 LAG) passiviert werden.[246] Allerdings gilt hinsichtlich der übernommenen Vermögensabgabeschuld weiterhin § 211 Abs. 2 Satz 1 LAG, wonach Wertveränderungen der Vermögensabgabeschuld bei der steuerlichen Gewinnermittlung nicht zu berücksichtigen sind.[247]

b) Die Bedeutung der handelsrechtlichen Bilanzierung der Vermögensabgabe für ihre steuerliche Behandlung

Obwohl die übernommene Vermögensabgabeschuld in der Steuerbilanz der Kapitalgesellschaft wie jede andere Betriebsschuld passiviert werden muss und die Schuldübernahme für den Gesellschafter als Gewährung eines anderen Wirtschaftsguts i.S. des § 17 Abs. 2 Satz 4 UmwStG anzusehen ist, bestehen Zweifel, ob dieser Fall in allen seinen steuerrechtlichen Auswirkungen identisch ist mit dem Fall der Einräumung einer Darlehensforderung oder eines anderen Wirtschaftsguts von gleichem Wert.

---

[245] *Rau*, DB 1969, 455, 457 l. Sp.

[246] Schreiben des BdF vom 20. 7. 1970, Abschnitt 4 Abs. 3 zu § 17, BStBl. 1970 I, 922, 927; *v. Wallis*, StuW 1970, Sp. 465, 477; *Brönner*, UmwStG, Anm. 40 zu §§ 17 ff.; Loos, UmwStG, Anm. 920 und *Widmann/Mayer*, Anm. 4138.

[247] *Rau*, DB 1969, 455, 457 r. Sp.

Diese Zweifel gründen sich darauf, dass in der Literatur die Auffassung vertreten wird, dass in der handelsrechtlichen Eröffnungsbilanz der Kapitalgesellschaft die übernommene Vermögensabgabeschuld nicht passiviert zu werden braucht, weil insoweit das Bilanzierungswahlrecht des § 218 Abs. 1 Satz 1 LAG gelte.[248] Diese Auffassung hätte zur Folge, dass selbst dann, wenn der Zeitwert der übernommenen Vermögensabgabeschuld und die eingeräumten Gesellschaftsanteile den Buchwert des übertragenen Betriebsvermögens übersteigen, in der handelsrechtlichen Eröffnungsbilanz keine Aufstockung der aktiven Wirtschaftsgüter erforderlich wäre. Vielmehr könnte auf der Passivseite der Bilanz ein Ausgleich durch Einstellung des Mehrbetrages in eine offene Rücklage erfolgen.

Wenn in dem Beispiel auf S. 76 dem Gesellschafter A statt einer Darlehensgutschrift von 70.000,– DM die Befreiung von seiner Vermögensabgabeschuld im Zeitwert von 70.000,– DM zugestanden worden wäre, wäre nach dieser Ansicht folgende handelsrechtliche Eröffnungsbilanz möglich:

GmbH X

Aktiva	150.000,–	Schulden	90.000,–
		offene Rücklage	40.000,–
		Stammkapital A	10.000,–
		Stammkapital B	10.000,–
	__150.000,–__		__150.000,–__

Die übernommene Vermögensabgabeschuld dürfte handelsrechtlich außer Ansatz bleiben.

Dies würde dazu führen, dass in der steuerlichen Eröffnungsbilanz die aktiven Wirtschaftsgüter zwar gemäß § 17 Abs. 2 Satz 4 UmwStG um 20.000,– DM aufgestockt werden müssten, weil der gemeine Wert der Vermögensabgabeschuld den Buchwert des anteiligen Betriebsvermögens des A um 20.000,– DM übersteigt. In Höhe von 10.000,– DM hingegen wäre ein steuerlicher Ausgleichsposten[249] möglich, da der handelsrechtliche Ansatz der aktiven Wirtschaftsgüter nied-

---

[248] So *Dornfeld/Rose*, DB 1969, 1997, 2000 1. Sp.; wohl auch *Rau*, DB 1969, 455, 458; offen gelassen von *Herrmann/Heuer*, Anm. 56 - 57 zu § 17 UmwStG.

[249] Zu seiner grundsätzlichen Zulässigkeit vgl. S. 50 ff.

riger als der erzwungene steuerliche Ansatz wäre. Die steuerliche Eröffnungsbilanz, in der die Vermögensabgabeschuld ausgewiesen werden muss, hätte dann folgendes Aussehen:

GmbH X

Aktiva	170.000,–	Vermögensabgabeschuld	70.000,–
Ausgleichsposten	10.000,–	sonstige Schulden	90.000,–
		Stammkapital A	10.000,–
		Stammkapital B	10.000,–
	__180.000,–__		__180.000,–__

Der Gesellschafter A müsste nach dieser Auffassung lediglich in Höhe der gemäß § 17 Abs. 2 Satz 4 UmwStG aufgelösten stillen Reserven einen Veräußerungsgewinn von 20.000,– DM versteuern. Bei einer handelsrechtlichen Passivierungspflicht der Vermögensabgabeschuld müsste er hingegen wegen der zum Bilanzausgleich erforderlichen Aufstockung der aktiven Wirtschaftsgüter um 30.000,– DM auf insgesamt 180.000,– DM, die wegen des Maßgeblichkeitsgrundsatzes auch für die steuerliche Eröffnungsbilanz verbindlich wäre, 30.000,– DM versteuern.[250]

c)   Die handelsrechtliche Passivierungspflicht hinsichtlich der Vermögensabgabeschuld und ihre steuerlichen Auswirkungen

§ 218 LAG, worin die Sonderregelung über die bilanzmäßige Behandlung der Vermögensabgabeschuld getroffen ist, enthält für die Behandlung dieser Schuld in der Handelsbilanz der Kapitalgesellschaft im Falle ihrer Übernahme keine besondere Bestimmung. Es wird jedoch allgemein anerkannt, dass das Passivierungswahlrecht nach § 218 Abs. 1 Satz 1 LAG nicht nur auf den Fall der originären Vermögensabgabeschuld beschränkt ist, sondern auch auf Gesamtrechtsnachfolgen mit zwingender Buchwertfortführung wie bei der Verschmelzung von Aktiengesellschaften (§ 348 AktG) Anwendung findet.[251] Andererseits besteht völlige Übereinstimmung darin, dass bei einer Übernahme der Vermögensabgabeschuld

---

[250] Vgl. auch S. 75 ff.

[251] *Kühne/Wolff*, Anm. 9 zu § 218 LAG; *Fasold*, StbJb 1970/71, 183, 223.

im Zuge eines vertraglichen Leistungsaustauschs (z.B. aufgrund eines Kaufvertrages) trotz des Steuercharakters der Vermögensabgabe eine Passivierungsverpflichtung besteht.[252]

Dornfeld/Rose[253] vertreten nun die Auffassung, dass die Umwandlung einer Personengesellschaft in eine Kapitalgesellschaft nicht als Veräußerungsgeschäft mit Leistung und Gegenleistung, sondern als gesellschaftsrechtlicher Organisationsakt ohne Leistungsaustausch angesehen werden muss und die Übernahme der Vermögensabgabeschuld, weil sie im Rahmen des gesellschaftsrechtlichen Organisationsaktes erfolge, nicht gesondert betrachtet werden darf. Der Umstand, dass es sich bei der Vermögensabgabe um eine persönliche Stichtagsschuld handele, stelle ihre Einbeziehung in den gesellschaftsrechtlichen Organisationsakt nicht in Frage. Weil deshalb die Vermögensabgabeschuld nicht im Rahmen eines Leistungsaustausches übernommen werde, bestände für die übernehmende Kapitalgesellschaft keine Passivierungsverpflichtung, sondern wie im Fall des § 348 AktG das Passivierungswahlrecht des § 218 Abs. 1 Satz 1 LAG.

An dieser Argumentation ist zwar richtig, dass die Vermögensübertragung bei der Umwandlung einer Personengesellschaft in eine Kapitalgesellschaft - auch wenn sie im Wege der Sacheinlage erfolgt - sich nicht als Leistung und Gegenleistung i.S. eines schuldrechtlichen Vertrages darstellt,[254] doch erfolgt die Übernahme der persönlichen Vermögensabgabeschuld des Gesellschafters außerhalb des engeren Umwandlungsvorgangs im Wege eines entgeltlichen Leistungsaustauschs.[255] Für den übertragenen Mitunternehmeranteil erhält der Gesellschafter nur teilweise Gesellschaftsanteile. Im Übrigen wird er von einer persönlichen Schuld befreit. Rechtlich kann man mit *Loos*[256] von einem gemischten Geschäft, teils Sacheinlage, teils Tausch sprechen.

Gegen ein Passivierungswahlrecht der Kapitalgesellschaft hinsichtlich der übernommenen Vermögensabgabeschuld spricht weiterhin, dass seine Einführung im § 218 Abs. 1 Satz 1 LAG darauf beruhte, dass die gesetzliche Auferlegung der Vermögensabgabe am 21. 6. 1948 in Höhe von 50 % des Vermögens ohne jeden Ausgleich bei einer Ausweispflicht in vielen Fällen zum unzulässigen Ausweis

---

[252] So auch *Dornfeld/Rose*, DB 1969, 1997, 1998 r. Sp.

[253] A.a.O., S. 1999 ff.

[254] S. S. 55 mit Literaturhinweisen.

[255] So auch *Fasold*, StbJb 1970/71, 185, 224.

[256] DB 1970, 9, 15.

einer Überschuldung der Kapitalgesellschaft geführt hätte.[257] Wenn aber die Übernahme der Vermögensabgabeschuld durch die Kapitalgesellschaft vom Gesellschafter mit der Übertragung von Aktivwerten ausgeglichen wird, würde eine Nichtbilanzierung dazu führen, eine Vermögensumschichtung als Vermögenszuwachs auszuweisen, ohne dass die Ausnahmesituation des 21. 6. 1948 gegeben wäre. Deshalb ist die Sonderregelung in § 218 Abs. 1 Satz 1 LAG nicht anwendbar.

Eine Nichtbilanzierung der Vermögensabgabeschuld in der handelsrechtlichen Eröffnungsbilanz würde gegen die Grundsätze ordnungsmäßiger Bilanzierung, die auch für die Eröffnungsbilanz gelten,[258] vor allem gegen den Grundsatz der Bilanzwahrheit und gegen das Niederstwertprinzip verstoßen. Danach wird der Ausweis jeder Betriebsschuld verlangt, soweit nicht ausdrücklich etwas anderes in einer Sondervorschrift bestimmt ist. Dass durch den gemäß § 218 Abs. 1 Satz 2 LAG vorgeschriebenen Vermerk in der Vorspalte der Bilanz dem Bilanzleser die Kenntnis der Vermögensabgabeschuld nicht vorenthalten bleibt, kann nicht als die gesetzmäßige Form des Ausweises einer Betriebsschuld angesehen werden.[259] Eine neugegründete Kapitalgesellschaft muss somit eine im Zuge der Umwandlung übernommene Vermögensabgabeschuld eines Gesellschafters in der handelsrechtlichen Eröffnungsbilanz ausweisen.[260] Dies bedeutet, dass die Übernahme der Vermögensabgabeschuld eines Gesellschafters durch die neugegründete Kapitalgesellschaft neben der Gewährung von Gesellschaftsanteilen die gleichen Auswirkungen auf den Ansatz in der steuerlichen Eröffnungsbilanz der Kapitalgesellschaft und den zu versteuernden Veräußerungsgewinn dieses Gesellschafters hat wie die Gewährung jedes anderen Wirtschaftsguts im gleichen Werte.

Im Beispielsfall hat der Gesellschafter A einen Veräußerungsgewinn in Höhe von 30.000,– DM zu versteuern, egal ob die GmbH X ihm eine Darlehensforderung von 70.000,– DM einräumt oder seine Vermögensabgabeschuld im Zeitwert von 70.000,– DM übernimmt, weil wegen des Maßgeblichkeitsgrundsatzes jeweils die aktiven Wirtschaftsgüter in der steuerlichen Eröffnungsbilanz der GmbH um 30.000,– DM stille Reserven aufgestockt werden müssen.

---

[257] *Kühne/Wolff*, Anm. 9 zu § 218 LAG.

[258] *Adler/Düring/Schmaltz*, Anm. 6 vor §§ 151 ff. und *Mellerowicz* in Großk.AktG, Anm. 5 zu § 151.

[259] So auch *Veith/Börnstein*, Anm. 131 zu § 4 UmwStG und *Fasold*, StbJb 1970/71, 183.

[260] So auch *Fasold*, a.a.O.; *Brönner*, UmwStG, Anm. 45 zu §§ 17 ff.; *Glade/Steinfeld*, UmwStG, Anm. 317, Fußnote 1 a, 1 b; wohl auch *Loos*, UmwStG, Anm. 920.

5.   Auswirkungen bei Übernahme von Pensionsverpflichtungen

a)   Übernahme von Pensionsverpflichtungen gegenüber Arbeitnehmern

Es wird häufig vorkommen, dass sich die umzuwandelnde Personengesellschaft gegenüber Arbeitnehmern vertraglich verpflichtet hatte, nach ihrem Ausscheiden ihnen oder ihren Hinterbliebenen unter bestimmten Voraussetzungen eine Rente oder einen Kapitalbetrag zu zahlen. Dann war die Gesellschaft sowohl handelsrechtlich (§ 152 Abs. 7 Satz 4 AktG) als auch steuerrechtlich im Rahmen des § 6 a EStG berechtigt, hierfür Rückstellungen in ihrer Bilanz zu bilden. Diese bilanzierten Pensionsverbindlichkeiten werden bei der Umwandlung in der Regel auf die neugegründete Kapitalgesellschaft übertragen. Im Falle der Umwandlung von Personenhandelsgesellschaften gemäß §§ 40 ff. UmwG gehen sie nach §§ 44 Abs. 1 Satz 2 bzw. 49 Abs. 2 Satz 2 UmwG bereits automatisch im Wege der Gesamtrechtsnachfolge über, falls sie nicht vorher gewinnerhöhend aufgelöst werden.

Falls die Gesellschafter das übertragene Betriebsvermögen nun zum Buchwert in der steuerlichen Eröffnungsbilanz ansetzen wollen, müssen sie auch den Ansatz der Pensionsrückstellungen in der Abschlussbilanz der Personengesellschaft übernehmen. Dies gilt selbst dann, wenn sie in der Vergangenheit versehentlich zu geringe Beträge in die Rückstellungen eingebucht hatten und der Teilwert der Rückstellungen somit niedriger ist als ihr Buchansatz. Dieses sogenannte Nachholverbot ergibt sich aus § 6 a Abs. 2 EStG, der zwingend anordnet, dass der infolge unterbliebener Rückstellungsbildung entstandene Fehlbetrag in den folgenden Jahren nicht nachgeholt werden darf.

Dass das Nachholverbot des § 6 a Abs. 2 EStG bei Buchwertverknüpfung auch für die übernehmende Kapitalgesellschaft verbindlich ist, gewährleistet § 20 Abs. 1 UmwStG i.V. mit § 7 Abs. 1 UmwStG. Nach diesen Vorschriften tritt die Kapitalgesellschaft bei einem Ansatz der Wirtschaftsgüter unter ihrem Teilwert hinsichtlich der Bilanzierung in vollem Umfang in die Rechtsstellung der umgewandelten Personengesellschaft ein. Zwar erwähnt § 7 Abs. 1 UmwStG Pensionsrückstellungen nicht namentlich, doch enthalten die in § 7 Abs. 1 UmwStG aufgeführten Tatbestände und Vorgänge keine abschließende Regelung, sondern sind nur Beispiele für den sich aus dieser Vorschrift ergebenden Grundsatz der Bindung an die Bilanzierung der Rechtsvorgängerin.[261] Deshalb ist die Kapitalgesellschaft trotz

---

[261] Schreiben des BdF vom 20. 7. 1970, Abschnitt II Nr. 5 Abs. 1, BStBl. 1970 I, 922, 927; *Herrmann/Heuer*, Anm. 45 a zu § 7 UmwStG; *Meyer-Arndt*, Anm. 112; a.A. nur *Loos*, UmwStG, Anm. 363.

des § 17 Abs. 2 Satz 5 UmwStG, der ein Überschreiten des Teilwerts des einzelnen Wirtschaftsguts grundsätzlich nicht zulässt, bei Ansatz des Betriebsvermögens zum Buchwert hinsichtlich der übernommenen Pensionsverpflichtungen an das Nachholverbot des § 6 a Abs. 2 EStG und damit an den Bilanzansatz in der Abschlussbilanz der Personengesellschaft gebunden.[262]

Da die übernommenen Pensionsverpflichtungen gegenüber den Arbeitnehmern als echte Betriebsschulden Teil des übertragenen Betriebsvermögens sind, dessen Buchwert sie mindern, ergeben sich im Übrigen keine Besonderheiten gegenüber der Behandlung anderer Betriebsschulden bei der Umwandlung.

b) Übernahme von Pensionsverpflichtungen gegenüber Gesellschaftern

aa) Unterschiedliche Behandlung der Gesellschafter-Pensionszusagen in Handelsbilanz und Steuerbilanz

Besondere Probleme ergeben sich, wenn die umzuwandelnde Personengesellschaft einem oder mehreren ihrer Gesellschafter aufgrund ihrer Geschäftsführertätigkeit neben oder statt einer speziellen Vergütung eine vertragliche Pensionszusage gemacht hatte. Für solche Pensionsverpflichtungen konnte die Personengesellschaft in ihrer Handelsbilanz in Höhe des ihnen zukommenden versicherungsmathematischen Wertes Rückstellungen bilden. wenn sie hierzu auch wegen der Ungewissheit des Eintritts des Versorgungsfalles nicht verpflichtet war,[263] so wird sie doch wie die überwiegende Mehrzahl der Kaufleute[264] schon deshalb die Passivierung der Pensionsverpflichtungen vorgenommen haben, um auch deren steuerliche Anerkennung zu ermöglichen. Denn wie andere Passivposten auch können Pensionsrückstellungen wegen des Grundsatzes der Maßgeblichkeit der Handelsbilanz für die Steuerbilanz nur dann steuerlich anerkannt werden, wenn sie auch in der Handelsbilanz berücksichtigt worden sind.[265]

---

[262] Schreiben des BdF vom 20. 7. 1970, a.a.O., Abs. 2; *Fasold*, AG 1971, 46, 51 und BB 1972, 309, 311; *Widmann/Mayer*, Anm. 4121 und *Herrmann/Heuer*, Anm. 40 - 44 zu § 17 UmwStG; a.A. folgerichtig *Loos*, UmwStG, Anm. 950 – 954.

[263] Vgl. das Urteil des BGH vom 27. 2. 1961 - II ZR 292/59 -, BGHZ 34, 324, 328 ff. mit Literaturhinweisen.

[264] Vgl. das Urteil des BGH vom 27. 2. 1961, a.a.O., S. 328.

[265] Abschnitt 41 Abs. 14 EStR 1971; vgl. auch das Urteil des BFH vom 6. 12. 1955 - I 193/55 -, BStBl. 1956 III, 17, 18 und *Bühler/Scherpf*, S. 139.

In seinem Urteil – IV R/62 - 66 – vom 16. 2. 1967[266] hat der Bundesfinanzhof unter Aufgabe der bisherigen höchstrichterlichen Rechtsprechung[267] die Bildung von Pensionsrückstellungen für Mitunternehmer von Personengesellschaften steuerrechtlich nicht mehr anerkannt. Nach dem Urteil des Bundesfinanzhofs, der seine Auffassung auf die einkommensteuerrechtliche Behandlung der Personengesellschaft, insbesondere auf § 15 Nr. 2 EStG stützt, sind Pensionszusagen an Gesellschafter-Geschäftsführer einer Personengesellschaft als Gewinnverteilungsabreden zwischen den Gesellschaftern anzusehen, die den steuerlichen Gewinn der Gesellschaft nicht beeinflussen dürfen und dementsprechend auch nicht zur Rückstellungsbildung für die künftigen Pensionsleistungen berechtigen. Wörtlich führt der Bundesfinanzhof aus:[268]

> "Es geht hierbei nicht um die Feststellung des richtigen Gewinns durch Rückstellungen und Abgrenzungen, sondern um die Korrektur der Gewinnverteilung in dem einen Zeitraum zugunsten der Gewinnermittlung in einem späteren Zeitraum. Für eine solche Korrektur ist das Institut der Rücklage nicht gedacht."

Nach dieser Auffassung, die im Schrifttum fast ausschließlich Zustimmung gefunden hat,[269] sind die in der Handelsbilanz als Betriebsausgaben den Pensionsrückstellungen zugeführten Beträge in der Steuerbilanz als Gewinn zu erfassen. Die Verteilung dieses zusätzlichen steuerlichen Gewinns auf die Gesellschafter erfolgt zu dem normalen Gewinnverteilungsschlüssel, weil die Pensionszusage erst für die Zeit ihrer Zusage zu einer Zusatzgewinnverteilung neben dem allgemeinen Gewinnverteilungsschlüssel führt.[270] Da sich bei Personengesellschaften die Gewinne unmittelbar auf die Kapitalkonten der Gesellschafter auswirken, sind die in der Handelsbilanz passivierten Pensionsverbindlichkeiten in der Steuerbilanz Eigenkapital der Gesellschafter.

---

[266] BStBl. 1967 III, 222.

[267] Vgl. das Urteil des RFH vom 15. 3. 1940 - VI 750/39 -, RStBl. 1940, 474, das für alle späteren Entscheidungen maßgebend war.

[268] A.a.O., S. 224.

[269] Vgl. *Rau*, BB 1968, 412, 413; *Littmann*, DStR 1967, 404, 408 und *Blümich/Falk*, Anm. 15 zu § 6 a mit weiteren Literaturhinweisen.

[270] Bezüglich der Bedenken gegen diese Verlagerung der Gewinnverteilung *Meyer-Arndt*, Anm. 318.

Diese unterschiedliche Behandlung der Pensionszusagen in Handelsbilanz und Steuerbilanz wirft Probleme bei der Frage auf, mit welchem Wert die neugegründete Kapitalgesellschaft die im Zuge der Umwandlung übernommenen Pensionsverpflichtungen gegenüber Gesellschafter-Geschäftsführern in ihrer steuerlichen Eröffnungsbilanz anzusetzen hat, wenn sie die Buchwerte der Personengesellschaft fortführen will. Hierbei kann wiederum von Bedeutung sein, ob die Pensionsverpflichtungen als Teile des übertragenen Betriebsvermögens oder als neben den Gesellschaftsanteilen gewährte andere Wirtschaftsgüter i.S. des § 17 Abs. 2 Satz 4 UmwStG mit der möglichen Folge der Aufstockung aktiver Wirtschaftsgüter anzusehen sind.

bb)   Beispiel

Diese Fragen sollen anhand des folgenden Beispiels gelöst werden:

Die handelsrechtliche Abschlussbilanz der OHG Z, die in die GmbH Z umgewandelt werden soll, weist folgendes Bild auf:

OHG Z

Aktiva	150.000,–	Pensionsrückstellung	
		gegenüber A	40.000,–
		sonstige Schulden	90.000,–
		Stammkapital A	10.000,–
		Stammkapital B	10.000,–
	__150.000,–__		__150.000,–__

Hierbei soll der Ansatz der Pensionsrückstellung gegenüber A dem Wert entsprechen, der im Falle einer steuerlichen Anerkennung bei Ausschöpfung der in § 6 a EStG eingeräumten Möglichkeiten auch in der Steuerbilanz hätte ausgewiesen werden können.

Wegen der steuerrechtlichen Nichtberücksichtigung der Pensionsrückstellung gegenüber dem Gesellschafter A weicht die steuerliche Abschlussbilanz der OHG von der handelsrechtlichen entscheidend ab:

OHG Z

Aktiva	150.000,–	Schulden	90.000,–
		Stammkapital A	30.000,–
		Stammkapital B	30.000,–
	150.000,–		135.000,–

Die stillen Reserven in den aktiven Wirtschaftsgütern betragen 100.000,-- DM. Es ist vorgesehen, das gesamte Vermögen der OHG zu den Buchwerten auf die GmbH zu übertragen. Das Stammkapital soll 20.000,– DM betragen. Davon sollen entsprechend der handelsrechtlichen Abschlussbilanz je 10.000,– DM auf A und B entfallen. Die Gewinnverteilung soll auch in der GmbH wie bisher in der OHG 50 : 50 erfolgen.

Das Wahlrecht, das noch die OHG hinsichtlich der Passivierung der Pensionsverpflichtungen gegenüber A hatte, besteht für die GmbH nicht mehr. Aufgrund der Übernahme der Pensionszusage ist sie verpflichtet, diese in versicherungsmathematischer Höhe als Rückstellung in ihrer Eröffnungsbilanz auszuweisen.[271] Da aber bereits die OHG die Pensionsverpflichtung in ihrer Handelsbilanz ausgewiesen hatte, ergaben sich in den Wertansätzen der übertragenen Vermögensgegenstände keine Unterschiede. Die handelsrechtliche Eröffnungsbilanz der GmbH Z entspricht daher der handelsrechtlichen Abschlussbilanz der OHG:

GmbH Z

Aktiva	150.000,–	Pensionsrückstellung gegenüber A	40.000,–
		sonstige Schulden	90.000,–
		Stammkapital A	10.000,–
		Stammkapital B	10.000,–
	150.000,–		150.000,–

---

[271] So die ganz h.M.: *v. Wallis*, StuW 1970, Sp. 465, 477; *Widmann/Mayer*, Anm. 4117; *Herrmann/Heuer*, Anm. 4 a zu § 6 a EStG; *Schulze*, StuW 1960, Sp. 615, 625, dessen Vergleich mit der Rechtslage bei der Übernahme einer Vermögensabgabeschuld allerdings nicht überzeugt.

cc) Keine steuerrechtlichen Bedenken gegen die Passivierung der Pensionsverpflichtung wegen der Rspr. des BFH oder des Nachholverbotes des § 6 a Abs. 2 EStG

Nach dem Grundsatz der Maßgeblichkeit der Handelsbilanz für die Steuerbilanz ist die GmbH verpflichtet, die Buchansätze in der handelsrechtlichen Eröffnungsbilanz und damit den Ansatz der Pensionsrückstellung in Höhe von 40.000,– DM auch in der steuerlichen Eröffnungsbilanz auszuweisen, soweit sich nicht zwingend aus den Grundsätzen des Steuerrechts Abweichungen ergeben (§ 5 Abs. 4 EStG).

Durch die Umwandlung der Personengesellschaft in die GmbH hat die A gegebene Pensionszusage ihren steuerlichen Charakter als Gewinnverteilungsabrede verloren und ist auch steuerlich zu einer echten Pensionszusage geworden; denn im Gegensatz zur Personengesellschaft erkennt das Steuerrecht bei der Kapitalgesellschaft als eigener Rechtspersönlichkeit schuldrechtliche Beziehungen zwischen Gesellschaft und Gesellschaftern ertragsteuerlich grundsätzlich an. Daher können Zuführungen zu Pensionsrückstellungen an Gesellschafter-Geschäftsführer von Kapitalgesellschaften soweit ertragsteuerlich berücksichtigt werden, als die Gesamtzuwendungen an diese Gesellschafter (Gehälter, Tantiemen, Pensionszusagen etc.) als angemessene Gegenleistung für die Tätigkeit bei der Kapitalgesellschaft angesehen werden können.[272]

Bedenken gegen die Zulässigkeit der Pensionsrückstellung in der steuerlichen Eröffnungsbilanz der GmbH können auch nicht daraus hergeleitet werden, dass der Bundesfinanzhof in ständiger Rechtsprechung[273] Pensionszusagen an beherrschende Gesellschafter von Kapitalgesellschaften nur dann anerkannt hat, wenn an der Ernsthaftigkeit der Zusage keine Zweifel bestehen. Gesellschafter, die wie A und B zu je 50 % an einer Kapitalgesellschaft beteiligt sind, haben nämlich keine beherrschende Stellung.[274] Daher braucht nicht erst auf die Ernsthaftigkeit der

---

[272] Erlass der Finanzbehörde Hamburg vom 12. 11. 1970 – 53 - S 1978 - 9/70 –, Inf 1971, 78; *Herrmann/Heuer*, Anm. 73 (Angemessenheit der Bezüge) zu § 6 KStG.

[273] Vgl. die Urteile vom 5. 5. 1959 - I 11/58 S -, BStBl. 1959 III, 369, 372; vom 4. 8. 1959 - I 4/59 S -, BStBl. 1959 III, 374 und vom 26. 6. 1962 - I 188/61 S -, BStBl. 1962 III, 399, 401.

[274] Vgl. die Urteile des BFH vom 5. 7. 1966 - I 30/64 -, BStBl. 1966 III, 604, 605 und vom 30. 11. 1966 - I R 110/66 -, BStBl. 1967 III, 153 und den koordinierten Erlass des Finanzministers von Nordrhein-Westfalen - S 2745 - 1 - V B 4 - vom 24. 11. 1967, BStBl. 1967 II, 255.

Pensionszusage an A eingegangen zu werden,[275] um die steuerrechtliche Zulässigkeit der Pensionsverpflichtung der GmbH gegenüber A zu bejahen.

Gegen den Ansatz der Pensionsrückstellung in Höhe des versicherungsmathematischen Wertes von 40.000,- DM in der steuerlichen Eröffnungsbilanz der GmbH könnte jedoch ebenso wie bei den übernommenen Pensionsverpflichtungen gegenüber Arbeitnehmern das Nachholverbot des § 6 a Abs. 2 EStG sprechen. Wenn § 6 a Abs. 2 EStG anwendbar wäre, würde er als zwingende Bilanzierungsvorschrift den Maßgeblichkeitsgrundsatz durchbrechen und den Ansatz der Pensionsrückstellung in der steuerlichen Eröffnungsbilanz der GmbH verhindern.[276]

Der Zweck des § 6 a Abs. 2 EStG richtet sich darauf, eine willkürliche Nachholung unterlassener Pensionsrückstellungen zu verhindern.[277] Allerdings ist es grundsätzlich nicht möglich, je nach Grund der Unterlassung eine Nachholung zuzulassen und auszuschließen, da dies eine unzumutbare Nachprüfungspflicht der Finanzverwaltung zur Folge hätte.[278] Wenn deshalb nach h.M. auch eine versehentlich unterbliebene Rückstellung nicht nachgeholt werden kann, so kann doch dann ein Fehlbetrag nachgeholt werden, falls das Finanzamt eine Rückstellung unrichtigerweise nicht zugelassen hat.[279] Dies macht deutlich, dass das Nachholverbot des § 6 a Abs. 2 EStG nur dort eingreift, wo es allein in der Hand des Steuerpflichtigen liegt, ob und in welcher Höhe Pensionsrückstellungen in der Steuerbilanz gebildet werden.

Die OHG hat in ihrer Handelsbilanz in zulässiger Höhe eine Pensionsrückstellung gebildet. Lediglich in der Steuerbilanz war eine Berücksichtigung dieser Pensionsrückstellung aufgrund der besonderen Behandlung der Personengesellschaft im Ertragsteuerrecht nicht möglich. Diese Nichtberücksichtigung ist jedoch infolge der Umwandlung in eine GmbH schlagartig entfallen. Wenn nun die Pensionsrückstellung mit dem Wert, der sich nach S 6 a EStG ergeben hätte, wenn die

---

[275] Vgl. im Einzelnen hierzu *Blümich/Falk*, Anm. 13 zu § 6 a und *Herrmann/Heuer*, Anm. 73 (Pensionszusage) zu § 6 KStG.

[276] So im Ergebnis der Erlass der Finanzbehörde Hamburg vom 12. 11. 1970, a.a.O. und *Herrmann/Heuer*, Anm. 40 - 44 zu § 17 UmwStG.

[277] *Herrmann/Heuer*, Anm. 5 zu § 6 a EStG.

[278] Der BFH hat eine Untersuchung, die ein Eindringen in die inneren Vorgänge des Steuerpflichtigen verlangt, stets als für die Finanzverwaltung unzumutbar abgelehnt, vgl. das Urteil vom 4. 9. 1956 - I 63/56 U -, BStBl. 1956 III, 304, 305.

[279] *Theis*, FR 1956, 444 unter Hinweis auf das Urteil des RFH vom 2. 8. 1959 - VI 387/39 -, RStBl. 1939, 1078, 1080; *Herrmann/Heuer*, Anm. 5 zu § 6 a EStG.

handelsrechtlich vorgenommene Passivierung auch steuerrechtlich anerkannt worden wäre, in die steuerliche Eröffnungsbilanz der GmbH eingestellt wird, kann gar nicht erst von einer Nachholung der Pensionsrückstellung gesprochen werden. Zumindest beruht diese "Nachholung" nicht auf einer Unterlassung seitens der Personengesellschaft. Deshalb steht das Nachholverbot des § 6 a Abs. 2 EStG dem Ansatz der Pensionsrückstellung in der steuerlichen Eröffnungsbilanz nicht entgegen.[280]

dd) Die in Finanzverwaltung und Schrifttum ausschließlich vertretenen Lösungen

Wenn man mit Schrifttum und Finanzverwaltung davon ausgeht, dass die übernommene Pensionsverpflichtung gegenüber dem Gesellschafter A Teil des übertragenen Betriebsvermögens der OHG ist, würde ihr Ansatz als Rückstellung in Höhe von 40.000,– DM in der steuerlichen Eröffnungsbilanz der GmbH dazu führen, dass das übertragene Betriebsvermögen unter seinem Buchwert angesetzt würde. § 17 Abs. 2 Satz 1 UmwStG schreibt aber den Ansatz zum Buchwert als Mindestansatz vor und durchbricht insoweit den Maßgeblichkeitsgrundsatz.[281] *Widmann/Mayer*[282] wollen die Buchwertminderung des Betriebsvermögens dadurch ausgleichen, dass sie die aktiven Wirtschaftsgüter in dementsprechender Höhe aufstocken und so 40.000,– DM stille Reserven auflösen. Dabei setzen sie sich jedoch über den das Bilanzsteuerrecht beherrschenden Grundsatz der Einzelbewertung der Wirtschaftsgüter, nach dem jedes in der Bilanz aufgeführte Wirtschaftsgut für sich zu bewerten ist, sträflicherweise hinweg. Eine Fortführung der Buchwerte i.S. des § 17 Abs. 2 Satz 1 UmwStG liegt nur vor, wenn die übernehmende Kapitalgesellschaft die einzelnen Bilanzposten mit ihren Buchwerten ansetzt. Dies würde bei zwingendem Buchwertansatz bedeuten, dass die GmbH die Pensionsrückstellung mit null DM - also gar nicht - in ihrer steuerlichen Eröffnungsbilanz ansetzen müsste, weil sie auch in der steuerlichen Abschlussbilanz der OHG nicht angesetzt war.[283]

---

[280] So im Ergebnis auch *Widmann/Mayer*, Anm. 4117 und *Loos*, JbFfSt 1971/72, 191, 219.

[281] Ebenso *Loos*, UmwStG, Anm. 947.

[282] Anm. 4117 c a.E.

[283] So der Erlass der Finanzbehörde Hamburg vom 12. 11. 1970, Inf 1971, 78 und Herrmann/Heuer, Anm. 4o - 44, Abs. 2 zu § 17 UmwStG unter Hinweis auf Anm. 72 d zu § 16 EStG.

Eine solche Betrachtungsweise würde jedoch den in § 17 Abs. 2 Satz 5 UmwStG niedergelegten Grundsatz, dass die Teilwerte der einzelnen Wirtschaftsgüter nicht überschritten werden dürfen, verletzen. Liegen einzelne einer neugegründeten Kapitalgesellschaft übertragene Wirtschaftsgüter mit ihrem Teilwert unter dem Buchwert in der Steuerbilanz der Personengesellschaft, so darf die Kapitalgesellschaft trotz Fortführung der stillen Reserven in den übrigen Positionen diese Wirtschaftsgüter nur zum Teilwert übernehmen.[284] Dies muss auch für Pensionsrückstellungen gelten.[285] Falls der Teilwert der Pensionsrückstellung dem Ansatz in der Handelsbilanz entspricht, liegt er mit minus 40.000,– DM weit unter dem Buchwert von null DM. Wenn der in Schrifttum und Finanzverwaltung vertretene Ausgangspunkt, die übernommene Pensionsverpflichtung sei Teil des übertragenen Betriebsvermögens, richtig ist, kann die richtige Lösung nur die Passivierung der Pensionsrückstellung in Höhe von 40.000,– DM in der steuerlichen Eröffnungsbilanz der GmbH bei Ansatz der übrigen Wirtschaftsgüter mit ihren Buchwerten sein.

Dies würde aber zwangsläufig über § 17 Abs. 4 Satz 1 UmwStG (Wert des angesetzten Betriebsvermögens gleich Veräußerungspreis) zu einem Verlust in Höhe von 40.000,– DM führen, der noch der OHG zuzurechnen wäre.[286] *V. Wallis*[287] rechtfertigt dieses Ergebnis damit, dass die OHG aufhört zu bestehen und ihre Verpflichtungen auch mit steuerlicher Wirkung erfülle müsse. Hiergegen ist jedoch zu bemerken, dass die OHG nur dann einen Verlust ausweisen kann, wenn die gewöhnlichen Vorschriften des Einkommensteuergesetzes über die Aufstellung laufender Bilanzen ihr das ermöglichen.[288] Das ist hier aber nicht der Fall. Deshalb kann dieses Ergebnis nicht befriedigen.

---

[284] *Loos*, GmbHR 1969, 178, 182; v. Wallis, BB 1968, 1477, 1482 1. Sp. und *Widmann/Mayer*, Anm. 4048.

[285] *Loos*, a.a.O.

[286] So auch ausdrücklich *v. Wallis*, BB 1968, 1477, 1481 1. Sp. und *Loos*, GmbHR 1969, 178, 182.

[287] A.a.O.

[288] So auch *Meyer-Arndt*, Anm. 318 a.E.; dies räumt auch *Loos*, JbFfSt 1971/72, 191, 220 ein, ohne seinen Standpunkt aufzugeben.

ee)   Die Übernahme der Gesellschafter-Pensionsverpflichtung als anderes Wirtschaftsgut i.S. des § 17 Abs. 2 Satz 4 UmwStG

Dieses Ergebnis ließe sich vermeiden, wenn man in der übernommenen Pensionsverpflichtung gegenüber A keinen Teil des übertragenen Betriebsvermögens, sondern ein anderes Wirtschaftsgut i.S. des § 17 Abs. 2 Satz 4 UmwStG sehen würde, das neben den Gesellschaftsanteilen gewährt wird. Zwar müsste auch dann die Pensionsrückstellung in Höhe von 40.000,– DM aufgrund des Maßgeblichkeitsgrundsatzes als Betriebsschuld der GmbH in der steuerlichen Eröffnungsbilanz passiviert werden, doch würde sie als anderes Wirtschaftsgut nicht den Buchwert des übertragenen Betriebsvermögens mindern und damit auch nicht über § 17 Abs. 4 Satz 1 UmwStG zu einem Veräußerungsverlust der OHG in Höhe von 40.000,– DM führen.

Die Auffassung, dass die übernommene Pensionsverpflichtung Teil des übertragenen Betriebsvermögens sei, gründet sich darauf, dass es sich bei ihr um eine echte Verpflichtung der umzuwandelnden OHG gegenüber einem ihrer Gesellschafter und somit um eine unmittelbare Belastung des übertragenen Gesellschaftsvermögens handelt.[289] Insoweit ist die Übernahme einer Pensionsverpflichtung gegenüber einem Gesellschafter mit der Übernahme der persönlichen Vermögensabgabeschuld eines Gesellschafters nicht vergleichbar.

Dass die Pensionsverpflichtung Teil des übertragenen Gesellschaftsvermögens ist, bedeutet aber noch nicht, dass sie unbedingt auch Teil des übertragenen Betriebsvermögens der OHG sein muss. Der Begriff des Betriebsvermögens ist ein rein steuerrechtlicher Begriff, worunter die Summe der Wirtschaftsgüter, die dem Betrieb dienen oder ihrer Art nach zu dienen bestimmt sind, zu verstehen ist.[290] Rückstellungen sind dabei grundsätzlich als passive (negative) Wirtschaftsgüter anzusehen, da sie eine bewertungsfähige Last darstellen.[291] Während es sich bei einer Pensionsrückstellung zugunsten eines Arbeitnehmers um ein passives Wirtschaftsgut und damit um einen Teil des Betriebsvermögens der Personengesellschaft handelt, muss einer Pensionsrückstellung zugunsten eines Mitgesellschafters die Qualifikation als Wirtschaftsgut und damit als Teil des Betriebsvermögens der Personengesellschaft abgesprochen werden. Steuerlich handelt es sich bei der

---

[289] Vgl. *v. Wallis*, BB 1968, 1477, 1481 und *Widmann/Mayer*, Anm. 4117 c, Abs. 2.

[290] Vgl. das Urteil des BFH vom 22. 12. 1955 - IV 537/54 U -, BStBl. 1956 III, 65.

[291] Urteil des BFH vom 19. 7. 1955 - I 149/54 S -, BStBl. 1955 III, 266, 267; *Littmann*, EStR, Anm. 330 zu §§ 4, 5.

einem Mitgesellschafter gegebenen Pensionszusage um eine reine Gewinnverteilungsabrede. Daher stellt die handelsrechtlich zugunsten dieses Mitgesellschafters
gebildete Pensionsrückstellung steuerrechtlich keine bewertungsfähige Last der
Personengesellschaft mit dem Buchwert null DM, sondern echtes Eigenkapital der
Gesellschafter dar.

Da § 17 Abs. 2 Satz 1 UmwStG lediglich auf das übertragene steuerliche Betriebsvermögen abstellt, hat die GmbH trotz der echten Belastung des übernommenen Gesellschaftsvermögens mit der Pensionsverpflichtung gegenüber A diese
Pensionsverpflichtung außerhalb des übertragenen Betriebsvermögens der OHG
übernommen. Nach der Systematik des Dritten Teils des Umwandlungssteuergesetzes handelt es sich um die Gewährung eines anderen Wirtschaftsguts neben den
Gesellschaftsanteilen.

ff) Lösung des Beispiels

Der Buchwert des auf den Gesellschafter A entfallenden Teils des übertragenen
Betriebsvermögens beträgt 30.000,– DM.[292] Die von der Kapitalgesellschaft übernommene Pensionsverpflichtung zu seinen Gunsten hat einen Wert von 40.000,–
DM[293] und übersteigt damit den Buchwert des anteiligen Betriebsvermögens.
Gemäß § 17 Abs. 2 Satz 4 UmwStG könnte deshalb eine Aufstockung der aktiven
Wirtschaftsgüter um 10.000,– DM auf 160.000,– DM erforderlich sein. Der Ausgleich auf der Passivseite der Bilanz müsste in Form einer offenen Rücklage erfolgen. Dies hätte einen Veräußerungsgewinn des A in Höhe von 10.000,– DM
zur Folge.

Eine solche Betrachtungsweise wäre aber nur am Platze, wenn es sich um eine erst
von der GmbH ausgesprochene Pensionszusage an A handeln würde, also allein A
einen zusätzlichen Vorteil in Höhe von 40.000,– DM erlangt hätte. Hier geht es
jedoch um die Übernahme der Pensionsverpflichtung durch die GmbH von der
OHG, die insoweit von ihrer zivilrechtlichen Verpflichtung gegenüber ihrem
Gesellschafter A in Höhe von bisher 40.000,– DM befreit werden ist. Da B ebenso
wie A zu 50 % an der OHG beteiligt gewesen und die Schuldbefreiung der OHG

---

[292] Vgl. die steuerliche Abschlussbilanz der OHG auf S. 88.

[293] Der versicherungsmathematische Gegenwartswert der Pensionsverpflichtung soll aus Vereinfachungsgründen dem handelsrechtlichen Bilanzansatz entsprechen, da genaue Zahlen für die grund-
sätzliche Problematik keine Rolle spielen.

deshalb A und B gleichermaßen zugute gekommen ist, sind i.S. des § 17 Abs. 2 Satz 4 UmwStG A und B in gleicher Höhe von je 20.000,– DM zusätzliche Vorteile neben den Gesellschaftsanteilen von der GmbH gewährt worden.

Hiergegen kann auch nicht vorgebracht werden, dass es sich bei der Pensionszusage an A um einen Anspruch aus der Geschäftsführung des A und damit um eine Sozialverpflichtung der OHG gehandelt hat,[294] für die während des Bestehens der OHG nur das Gesellschaftsvermögen gehaftet hätte.[295] Spätestens bei Übernahme der Pensionsverpflichtung durch die GmbH ist die OHG aufgelöst worden.[296] Hinzu kommt, dass die Umwandlung der OHG in eine GmbH nur eine besondere Art der Auseinandersetzung unter Ausschluss der Liquidation ist.[297] Im Falle der gesetzlich vorgesehenen Auseinandersetzung im Wege der Liquidation hätte A vor Verteilung des Gesellschaftsvermögens gemäß §§ 149 Satz 1, 155 Abs. 1 HGB Befriedigung hinsichtlich des ihm eingeräumten Pensionsanspruchs verlangen können, da genügend Mittel im Gesellschaftsvermögen vorhanden und er insoweit dann einem außen stehenden Gläubiger gleichgestellt gewesen wäre.[298] Diese vorhergehende Befriedigung des A hätte den Auseinandersetzungsanspruch des B um eben diese 20.000,– DM gemindert.

Damit steht fest, dass die Gesellschafter A und B von der GmbH neben ihren Gesellschaftsanteilen andere Wirtschaftsgüter im Werte von je 20.000,– DM erhalten haben. Da die Buchwerte ihrer Anteile am übertragenen Betriebsvermögen mit je 30.000,– DM höher sind als der gemeine Wert der ihnen zugewendeten Vorteile, brauchen die aktiven Wirtschaftsgüter nicht gemäß § 17 Abs. 2 Satz 4 UmwStG aufgestockt zu werden.[299] Dass dieses Ergebnis gerecht ist, zeigt auch ein Vergleich der steuerlichen Abschlussbilanz der OHG mit der steuerlichen Eröffnungsbilanz der GmbH, die der handelsrechtlichen Eröffnungsbilanz entspricht und folgendes Bild aufweist:

---

[294] Vgl. *Schlegelberger/Geßler*, HGB, Anm. 7 zu § 109 und *v. Staudinger/Keßler*, Anm. 66 zu § 705.

[295] Folgerung aus § 707 BGB; vgl. im Einzelnen hierzu *Hueck*, Recht der OHG, S. 267 mit Rechtsprechungs- und Literaturhinweisen.

[296] Vgl. z. B. § 49 Abs. 2 Satz 3 UmwG im Falle der Umwandlung im Wege der Gesamtrechtsnachfolge.

[297] *Hueck*, Recht der OHG, S. 476 und 478.

[298] Vgl. *Schlegelberger/Geßler*, HGB, Anm. 14 zu § 149; ausführlicher noch *v. Staudinger/Keßler*, Anm. 6 b zu § 733 zur Gesellschaft bürgerlichen Rechts.

[299] Eine Aufstockung der aktiven Wirtschaftsgüter wäre also insoweit erforderlich, als der versicherungsmathematische Gegenwartswert der Pensionsverpflichtung 60.000,– DM übersteigen würde.

GmbH Z

Aktiva	150.000,–	Pensionsrückstellung	
		gegenüber A	40.000,–
		sonstige Schulden	90.000,–
		Stammkapital A	10.000,–
		Stammkapital B	10.000,–
	150.000,–		150.000,–

Die Stammkapitalkonten beider Gesellschafter haben sich gegenüber ihren Kapitalkonten in der steuerlichen Abschlussbilanz der OHG um je 20.000,– DM vermindert. Es fällt weder ein Veräußerungsgewinn noch ein Veräußerungsverlust an.

§ 6   Der Ansatz der Wirtschaftsgüter zum Teilwert

In bestimmten Fällen ist die Kapitalgesellschaft gezwungen, das übertragene Betriebsvermögen oder den Anteil des auf einen der Gesellschafter entfallenden Betriebsvermögens mit dem Teilwert anzusetzen. Dies ist einmal der Fall, wenn die Voraussetzungen des § 17 Abs. 3 Satz 1 UmwStG vorliegen, also ein Gesellschafter beschränkt steuerpflichtig ist oder der Gewinn aus der Veräußerung der erhaltenen Gesellschaftsanteile durch ein Doppelbesteuerungsabkommen der deutschen Besteuerung entzogen ist.[300] Der Ansatz zum Teilwert ist jedoch auch dann gesetzlich vorgeschrieben, wenn der gemäß § 17 Abs. 2 Satz 3 UmwStG[301] oder gemäß § 17 Abs. 2 Satz 4 UmwStG[302] anzusetzende Mindestwert den Teilwert des (anteiligen) Betriebsvermögens erreicht. Ebenfalls hierzu muss auch der Fall gezählt werden, dass trotz positiven Buchwertansatzes des übertragenen Betriebsvermögens der Personengesellschaft das auszuweisende Grund- bzw. Stammkapital der Kapitalgesellschaft aufgrund der Maßgeblichkeit der Handelsbilanz für die Steuerbilanz auf der Aktivseite der steuerlichen Eröffnungsbilanz nur dadurch ausgeglichen werden kann, dass das übernommene Betriebsvermögen mit seinem Teilwert ausgewiesen wird.[303]

I.   Begriff und Feststellung des Teilwerts

Bei dem Teilwert handelt es sich im Gegensatz zum Begriff des Buchwerts um einen spezifisch steuerlichen Wertmaßstab, der insbesondere dem Handelsrecht unbekannt ist.[304] Nach der Definition in § 6 Abs. 1 Ziff. 1 EStG wird damit der Wert bezeichnet, den das einzelne Wirtschaftsgut unter Berücksichtigung seiner Bedeutung für das Unternehmen und unter Annahme einer Fortführung des Unternehmens besitzt. Der Zweck der Anwendung des Teilwertbegriffs besteht darin, den Mehrwert, den ein Wirtschaftsgut gerade wegen seiner Zugehörigkeit zum Betriebsvermögen gegenüber dem Einzelveräußerungspreis (Verkehrswert oder gemeiner Wert) aufweist, zu erfassen.[305] Dabei ist jedoch eine eventuell vorhandene hohe Rentabilität des Unternehmens nicht zu berücksichtigen. Sie berührt

---

[300] S. hierzu S. 44 ff.

[301] S. hierzu S. 45 ff.

[302] S. hierzu S. 72 ff.

[303] S. hierzu S. 50 ff.

[304] *Littmann*, EStR, Anm. 99 zu § 6.

[305] *Hermann/Heuer*, Anm. 62 b zu § 6.

nicht den Teilwert der einzelnen Wirtschaftsgüter, sondern wirkt sich nur auf die Höhe des vorhandenen Geschäftswerts[306] aus. Die vom Reichsfinanzhof in seinem Urteil - VI A 589/35 - vom 16. 12. 1936[307] vertretene entgegen gesetzte Auffassung wurde schon damals vom weitaus über wiegenden Teil der Lehre abgelehnt und ist durch die Urteile des Bundesfinanzhofs - IV 469/51 U - vom 15. 5. 1952[308] und - I 117/54 U - vom 11. 10. 1955[309] ausdrücklich aufgegeben worden. In Zeiten normaler Wirtschaftsverhältnisse ist davon auszugehen, dass die Wiederbeschaffungskosten eines Wirtschaftsguts die Höchstgrenze des Teilwerts bilden.[310]

Bei der Feststellung des Teilwerts des übernommenen Betriebsvermögens ist nach dem Grundsatz der Einzelbewertung jeder Ansatz eines Wirtschaftsguts getrennt darauf zu untersuchen, ob kein den Teilwert übersteigender bzw. unterschreitender Ansatz vorliegt. Schon wegen des Verbots in § 17 Abs. 2 Satz 5 UmwStG, ein Wirtschaftsgut über seinem Teilwert anzusetzen, ist es nicht möglich, ein einzelnes Wirtschaftsgut über dem Teilwert anzusetzen und zum Ausgleich dafür andere Wirtschaftsgüter mit dem niedrigeren Buchwert auszuweisen. Auf dieser Grundlage ist beim Ansatz des anteiligen Betriebsvermögens zum Teilwert der anteilige Teilwert sämtlicher Wirtschaftsgüter einschließlich der Verbindlichkeiten entsprechend der Beteiligungsquote der voll aufstockenden Gesellschafter festzustellen. Der Saldo des so festgestellten Wertes ergibt den Teilwert des übernommenen Betriebsvermögensanteils, der auf diesen Gesellschafter entfällt.

II. Keine Einschränkung des Wahlrechts durch § 6 Abs. 1 Nr. 5 a) und 6 EStG

Die Gesellschafter können auch freiwillig den auf sie entfallenden Teil des übertragenen Betriebsvermögens mit dem Teilwert ansetzen. Dabei ist jeder Gesellschafter hinsichtlich seines Mitunternehmeranteils völlig unabhängig von der getroffenen Wahl seines Mitgesellschafters. Es ist daher durchaus möglich, dass ein Gesellschafter den auf ihn entfallenden Teil des Betriebsvermögens mit dem Teilwert, die anderen Gesellschafter aber den übrigen Teil des Betriebsvermögens

---

[306] Zum Begriff des Geschäftswerts s. S. 105 ff.

[307] RStBl. 1937, 503.

[308] BStBl. 1952 III, 169.

[309] BStBl. 1956 III, 11, 12.

[310] Vgl. die Urteile des RFH vom 6. 3. 1935 - VI A 890 -, StuW 1935 II, Nr. 288 und vom 19. 1. 1938 - VI 533/36 -, RStBl. 1938, 179, 180; ebenso *Vangerow*, StuW 1956, Sp. 843, 845.

mit dem Buchwert ansetzen.

Falls ein Gesellschafter den auf ihn entfallenden Teil des Betriebsvermögens in der Eröffnungsbilanz der Kapitalgesellschaft mit dem Teilwert ansetzen will, ist er hieran nicht durch § 6 Abs. 1 Nr. 5 a) und 6 EStG beschränkt. Nach dieser Vorschrift sind bei Eröffnung eines Betriebes Einlagen mit dem Teilwert, höchstens jedoch mit den Anschaffungs- oder Herstellungskosten anzusetzen, wenn das zugeführte Wirtschaftsgut innerhalb der letzten drei Jahre vor dem Zeitpunkt der Zuführung angeschafft oder hergestellt worden ist.

Es ist bereits zweifelhaft, ob diese Vorschrift über § 6 Abs. 1 Satz 1 KStG überhaupt auf die Gründung einer Kapitalgesellschaft anwendbar ist. Hiergegen sprechen die strengeren gesellschaftsrechtlichen Vorschriften über die Einlage von Vermögensgegenständen, die Manipulationen, zu deren Verhinderung § 6 Abs. 1 Nr. 5 a) und 6 EStG geschaffen worden ist, weitgehend ausschließen.[311] Auf jeden Fall aber geht die Vorschrift des § 17 UmwStG insoweit als lex specialis den allgemeinen Vorschriften des Einkommensteuergesetzes vor. § 17 Abs. 2 Satz 1 UmwStG gestattet der Kapitalgesellschaft, das übernommene Betriebsvermögen mit seinem Buchwert oder mit einem höheren Wert anzusetzen. Als einzige obere Grenze nennt § 17 Abs. 2 Satz 5 UmwStG aber den Teilwert der einzelnen Wirtschaftsgüter. Wenn der Gesetzgeber die Vorschrift des § 6 Abs. 1 Nr. 5 a) und 6 EStG auch bei der Umwandlung einer Personengesellschaft in eine Kapitalgesellschaft hätte angewendet wissen wollen, so hätte er in § 17 UmwStG nur darauf hinzuweisen brauchen. Hierfür bestand aber für ihn schon deshalb kein Anlass, weil die Differenz zwischen den ursprünglichen Anschaffungs- oder Herstellungskosten und dem Teilwert der Wirtschaftsgüter als Veräußerungsgewinn bei den Gesellschaftern besteuert wird, eine Folge, von der § 6 Abs. 1 Nr. 5 a) und 6 EStG nicht ausgeht.

Daher dürfen die Gesellschafter auch solche Wirtschaftsgüter, die die Personengesellschaft vor weniger als drei Jahren vor der Umwandlung angeschafft oder hergestellt hat, mit dem Teilwert ansetzen. Sie müssen es sogar, damit ein Ansatz des Betriebsvermögens zum Teilwert vorliegt und die hiermit verbundenen Vorteile in Anspruch genommen werden können.[312]

---

[311] *Loos*, UmwStG, Anm. 954 d.

[312] So auch *Loos* , UmwStG, Anm. 954 c - 955; *Widmann/Mayer*, Anm. 4046 und *Littmann*, DStR 1970, 203, 204/205; a.A. *v. Wallis*, BB 1968, 1477, 1480 und wohl auch *Quack*, DStR 1972, 131, 133 l. Sp. / 134 r. Sp.

III. Folgen des Ansatzes zum Teilwert

Dass es für den einzelnen Gesellschafter und oft sogar für alle Gesellschafter trotz Auflösung aller stillen Reserven und des dadurch bedingten hohen Veräußerungsgewinns durchaus ratsam sein kann, das übertragene Betriebsvermögen mit dem Teilwert anzusetzen, ergibt sich aus den vorteilhaften Folgen, die ein Ansatz zum Teilwert mit sich bringt. Diese können unter Umständen den Nachteil des hohen Veräußerungsgewinns nicht nur ausgleichen, sondern sogar übertreffen. Hinzu kommt, dass auch der Ansatz zum Buchwert gewisse Nachteile mit sich bringt, wie die Ausführungen am Anfang der Arbeit gezeigt haben. Man denke nur an die Verlagerung der stillen Reserven sowohl in die Kapitalgesellschaft als auch in die Gesellschaftsanteile.

Ob der Ansatz zum Teilwert freiwillig herbeigeführt oder gesetzlich erzwungen wird, spielt für die Folgen keine Rolle. Die Vorteile können in gleicher Weise in Anspruch genommen werden.

Als Folge des Ansatzes zum Teilwert ist in erster Linie das um die stillen Reserven erhöhte Abschreibungsvolumen der Kapitalgesellschaft zu nennen. Es kommt hinzu, dass die erhaltenen Gesellschaftsanteile gemäß § 18 Abs. 4 UmwStG nicht "verstrickt" sind,[313] wie dies beim Ansatz zum Buchwert oder einem Zwischenwert der Fall wäre. Dies bedeutet, dass die Veräußerung der erhaltenen Anteile nur dann zu einem steuerpflichtigen Veräußerungsgewinn führt, wenn sich dies aus den Vorschriften außerhalb des Umwandlungssteuergesetzes ergibt. Falls die Anteile - wie üblich - im Privatvermögen der Gesellschafter geführt werden, tritt eine Versteuerung nur ein, falls die Anteile innerhalb von sechs Monaten mit Gewinn veräußert werden, da es sich dann gemäß § 23 Abs. 1 Nr. 1 b) EStG um ein steuerpflichtiges Spekulationsgeschäft handelt. Nach dieser Frist ist ein Veräußerungsgewinn nur noch nach § 17 EStG zu versteuern, falls der Gesellschafter wesentlich, d.h. zu mehr als 25 % an der Kapitalgesellschaft beteiligt ist.

Mehr Vor- als Nachteile bringt es grundsätzlich auch mit sich, dass die Kapitalgesellschaft nicht an die Bilanzierung der Personengesellschaft gebunden ist. Gemäß § 20 Abs. 3 UmwStG gelten die Grundsätze des § 7 Abs. 1 UmwStG, die bei einem Ansatz zum Buch- oder Zwischenwert maßgeblich sind, nicht. Der Gesetzgeber hat den Ansatz zum Teilwert als Erwerbsvorgang mit den gleichen Rechtsfolgen wie bei einer normalen Veräußerung von Mitunternehmeranteilen an eine

---

[313] Wie *Meyer-Arndt*, Anm. 329 diese Rechtsfolge treffend bezeichnet.

Kapitalgesellschaft gewertet. Dies hat den Nachteil, dass bei Gebäuden die Möglichkeit der degressiven Abschreibung gemäß § 7 Abs. 5 EStG sowie frühere Sonderabschreibungen gemäß § 7 b EStG fortfallen. Andererseits kann die Kapitalgesellschaft u.a. jedoch Wirtschaftsgüter, deren angesetzter Teilwert weniger als 800,– DM beträgt, als geringwertige Wirtschaftsgüter gemäß § 6 Abs. 2 EStG im Jahr der Umwandlung in vollem Umfang abschreiben. Sie ist frei in der Wahl, ob sie die übernommenen Wirtschaftsgüter degressiv oder linear abschreiben will. Dabei bemisst sich die Absetzung für Abnutzung für abnutzbare Anlagegüter nach der neu zu schätzenden Restnutzungsdauer, weil neue Abschreibungsfristen zu laufen beginnen. Auf die Besitzzeit der Personengesellschaft kommt es nicht an. Die Kapitalgesellschaft kann sogar Sonderabschreibungen, die nach dem Teilwert zu bemessen sind, selbst dann in vollem Umfang in Anspruch nehmen, wenn für die betreffenden Wirtschaftsgüter bereits von der Personengesellschaft Sonderabschreibungen geltend gemacht worden sind.

Da jeder Mitunternehmeranteil eines Gesellschafters bei der Umwandlung für sich zu betrachten ist, gelten diese Grundsätze auch dann, wenn nur ein Gesellschafter seinen Anteil am Betriebsvermögen zum Teilwert auf die Kapitalgesellschaft überträgt, die anderen Gesellschafter aber den restlichen Teil des Betriebsvermögens zum Buchwert übertragen. In diesem Fall muss zwar für die einzelnen Wirtschaftsgüter ein einheitlicher Wert angesetzt werden, der aber bei den Abschreibungen etc. unterschiedlich zu behandeln ist. Da dies in der Praxis zu Schwierigkeiten führt, verlangen *Widmann/Mayer*[314] zur Anwendung des § 20 Abs. 3 UmwStG, dass hier ausnahmsweise die Mitunternehmeranteile sämtlicher Gesellschafter zum Teilwert angesetzt werden müssen. Dafür hätte es jedoch eines besonderen Hinweises im Gesetz bedurft. Allein wegen der etwas komplizierteren Rechtsfolgen ist eine Durchbrechung des Grundsatzes, jeden Gesellschafter hinsichtlich seines übertragenen Mitunternehmeranteils gesondert als Einbringenden i.S. des Umwandlungssteuergesetzes anzusehen, nicht gerechtfertigt.[315]

Der größte Vorteil eines Ansatzes zum Teilwert ist jedoch, dass der entstandene Veräußerungsgewinn nicht nur - wie bei jedem Ansatz über dem Buchwert - gemäß § 17 Abs. 5 Satz 1 UmwStG lediglich dem ermäßigten Steuersatz des § 34 Abs. 1 EStG unterliegt, sondern dass zusätzlich die Freibetragsregelung des § 16 Abs. 4 EStG anzuwenden ist (§ 17 Abs. 5 Satz 2 UmwStG), soweit die Gesellschafter natürliche Personen sind. Dies gilt nicht nur bei der Umwandlung einer

---

[314] Anm. 4518.

[315] Ebenso *Loos*, UmwStG, Anm. 975 und *v. Wallis*, StuW 1970, Sp. 465, 477.

Handelspersonengesellschaft, sondern nach § 18 Abs. 3 EStG auch bei der Umwandlung einer Gesellschaft bürgerlichen Rechts, wenn der Veräußerungsgewinn der Gesellschafter zu den Einkünften aus selbständiger Arbeit zählt.

Der Freibetrag beträgt bei dem Ansatz des gesamten Betriebsvermögens der Personengesellschaft zum Teilwert 30.000,– DM. Er ermäßigt sich aber um den Betrag, um den der Veräußerungsgewinn aller Gesellschafter 100.000,– DM übersteigt (§ 16 Abs. 4 Satz 2 EStG). Daher bietet die Freibetragsregelung des § 16 Abs. 4 EStG nur dann einen Anreiz zum Ansatz des Betriebsvermögens zum Teilwert, wenn der Veräußerungsgewinn der Gesellschafter 130.000,– DM nicht überschreitet.[316]

Falls nur einzelne Gesellschafter ihre Mitunternehmeranteile zum Teilwert übertragen, steht ihnen der Freibetrag nach § 16 Abs. 4 Satz 1 EStG mit dem entsprechenden Teil von 30.000,– DM zu. Nach der Rechtsprechung des Bundesfinanzhofs,[317] der sich die h.M. in der Literatur angeschlossen hat,[318] bestimmt sich der anteilige Freibetrag nach dem Verhältnis des Buchwerts des Mitunternehmeranteils des Gesellschafters zum Buchwert des gesamten Betriebsvermögens im Zeitpunkt der Umwandlung. Dies soll selbst dann gelten, wenn die Gewinnanteile der Gesellschafter und ihre Anteile an den stillen Reserven nicht nach diesem Verhältnis, sondern nach einem abweichenden Gewinnverteilungsschlüssel ermittelt werden, da es nicht um die Versteuerung eines laufenden Gewinns, sondern um die Versteuerung einer Abfindung gehe.[319] Ohne näher auf diese Frage eingehen zu wollen, möchte ich doch bemerken, dass mich die Begründung des Bundesfinanzhofs nicht überzeugt und ich es für sehr fraglich halte, ob ein Vergleich der Buchwerte wirklich zutreffend ist.[320]

---

[316] Der erhöhte Freibetrag des § 16 Abs. 4 Satz 3 EStG (die Gesellschafter haben das 55. Lebensjahr vollendet oder sind dauernd berufsunfähig) kommt wegen des Zwecks dieser Vorschrift bei einer Umwandlung in eine Kapitalgesellschaft nicht zur Anwendung; vgl. *Herrmann/Heuer*, Anm. 84 a und b zu § 16 EStG und die Begründung zum Regierungsentwurf eines zweiten Steueränderungsgesetzes 1971 in Bundestags-Drucksache VI/1901, S. 9.

[317] Vgl. die Urteile vom 22. 8. 1957 - IV 154/56 U -, BStBl. 1957 III, 352, 353 und vom 20. 9. 1963 - VI 26/63 U -, BStBl. 1965 III, 503.

[318] Vgl. *Herrmann/Heuer*, Anm. 84 e zu § 16 EStG mit Literaturhinweisen.

[319] Urteil des BFH vom 20. 9. 1963, a.a.O.

[320] Ebenfalls zweifelnd *Littmann*, EStR, Anm. 112 zu § 16.

IV. Die Bedeutung der Aktivierbarkeit der immateriellen Wirtschaftsgüter und des Geschäftswerts für einen Ansatz zum Teilwert

Ein Ansatz des gesamten übertragenen Betriebsvermögens der Personengesellschaft zum Teilwert setzt voraus, dass alle zulässigerweise in der steuerlichen Abschlussbilanz der Personengesellschaft ausgewiesenen Wirtschaftsgüter in der Eröffnungsbilanz der Kapitalgesellschaft bis zu ihren Teilwerten aufgestockt werden.[321] Dies kann bei einzelnen Wirtschaftsgütern, wie z. B. bei Grundstücken, zur Auflösung erheblicher stiller Reserven führen. Bei anderen Wirtschaftsgütern hingegen, deren Teilwerte den Buchansätzen entsprechen, also keine stillen Reserven vorhanden sind, bleibt der Ansatz zum Teilwert ohne Auswirkungen.

Fraglich ist, ob darüber hinaus auch übertragene immaterielle Wirtschaftsgüter, die bisher in der Steuerbilanz der Personengesellschaft nicht bilanziert worden waren, in der steuerlichen Eröffnungsbilanz der Kapitalgesellschaft mit ihren Teilwerten angesetzt werden müssen, damit ein Ansatz des Betriebsvermögens zum Teilwert vorliegt.

1. Begriff und Unterscheidung der immateriellen Wirtschaftsgüter

Die Bezeichnung "immaterielle Wirtschaftsgüter" ist ein Sammelbegriff, der in seinem Umfang alle nicht materiell greifbaren, körperlosen, abstrakten Wirtschaftsgüter umfasst.[322] Immaterielle Wirtschaftsgüter finden sich vor allem im Bereich der unkörperlichen Wirtschaftsgüter, wobei es zu beachten gilt, dass sich beide Begriffe nicht decken. Es lässt sich deshalb der Begriff der immateriellen Wirtschaftsgüter nicht einfach durch Gegenüberstellung mit den materiellen oder körperlichen Wirtschaftsgütern abgrenzen. So gehören Forderungen, Guthaben und Anteile wohl zu den unkörperlichen, nicht aber zu den immateriellen Wirtschaftsgütern.[323] Diese Abgrenzung ist wichtig, da für die Aktivierung immaterieller Wirtschaftsgüter strengere Voraussetzungen gelten als für die Aktivierung der übrigen Wirtschaftsgüter.

---

[321] Zur Problematik, dass einzelne Wirtschaftsgüter ins Privatvermögen der Gesellschafter überführt werden, s. S. 24 ff.

[322] *Freericks*, FR 1969, 518, 520.

[323] H. M.; vgl. u.a. *Littmann*, DStR 1969, 321, 322; *Herrmann/Heuer*, Anm. 96 a zu § 6 EStG und *Bühler/Scherpf*, S. 362; a.A. *Mutze*, Aktivierung, S. 22.

Die immateriellen Wirtschaftsgüter lassen sich ihrerseits wiederum unterscheiden in

1. immaterielle Einzelwirtschaftsgüter, insbesondere Rechte,
2. Geschäftswert und
3. geschäftswertähnliche Wirtschaftsgüter.[324]

2. Verbot der Aktivierung der originären immateriellen Wirtschaftsgüter des Anlagevermögens nach § 5 Abs. 2 EStG

Dass die immateriellen Wirtschaftsgüter nicht in der Abschlussbilanz der Personengesellschaft bilanziert sind, ergibt sich aus § 5 Abs. 2 EStG. Nach dieser Vorschrift ist für immaterielle Wirtschaftsgüter des Anlagevermögens, wozu auch der Geschäftswert und die geschäftswertähnlichen Wirtschaftsgüter zählen,[325] ein Aktivposten in der Bilanz nur anzusetzen, wenn sie entgeltlich erworben wurden. Dass dies für den Geschäftswert nur zutreffen kann, wenn das gesamte Unternehmen übernommen wird, ergibt sich bereits aus dem Begriff des Geschäftswerts[326] und bedurfte keiner besonderen Erwähnung im Gesetz. § 5 Abs. 2 EStG unterscheidet also streng zwischen originären und derivativen immateriellen Wirtschaftsgütern des Anlagevermögens.

Der Vollständigkeit halber sei erwähnt, dass sich das Aktivierungsverbot des § 5 Abs. 2 EStG gemäß seinem Wortlaut nicht auf den seltenen Fall bezieht, dass zum Betriebsvermögen der Personengesellschaft immaterielle Wirtschaftsgüter des Umlaufvermögens gehören,[327] so wenn Entwicklungen, Entwürfe und Planungen zum alleinigen Zweck der späteren Veräußerung durchgeführt worden sind.[328] Diese immateriellen Wirtschaftsgüter sind in der steuerlichen Abschlussbilanz der Personengesellschaft ausgewiesen, so dass ihr Ansatz zum Teilwert in der Eröffnungsbilanz der Kapitalgesellschaft genauso unproblematisch ist wie der Ansatz aller übrigen materiellen Wirtschaftsgüter.

---

[324] *Bühler/Scherpf*, S. 363; *George*, NWB Fach 17 a, S. 331.

[325] Ebenso *Steinfeld*, Inf 1969, 241, 242; *Uelner*, NWB Fach 17 a, S. 311, 319 und *Blümich/Falk*, Anm. 23 (2.) zu § 5; wohl auch *Thiel* in FR 1969, 165, 167 und in StbJb 1969/70, 255, 274; *Herrmann/Heuer*, Anm. 53 zu § 5 EStG und *Loos*, UmwStG, Anm. 962, Fußnote 180 b; a.A. entgegen dem Wortlaut *Quack*, DStR 1972, 131, 135 und *Plückebaum*, StLex 3, §§ 5 - 6, 9, 29 unter Hinweis auf die Entstehungsgeschichte der Vorschrift.

[326] S. hierzu S. 105 ff.

[327] *Döllerer*, BB 1969, 501, 505; *Herrmann/Heuer*, Anm. 53 letzter Absatz zu § 5 EStG.

[328] Vgl. *Adler/Düring/Schmaltz*, Anm. 121 zu § 153.

3. Die Abgrenzung der immateriellen Einzelwirtschaftsgüter vom Geschäftswert und den geschäftswertähnlichen Wirtschaftsgütern und ihre steuerliche Bedeutung

Während die Abgrenzung der immateriellen Wirtschaftsgüter des Anlagevermögens von den übrigen Wirtschaftsgütern von entscheidender Bedeutung für die Aktivierbarkeit des einzelnen Wirtschaftsguts sein kann, ist die Unterscheidung der immateriellen Wirtschaftsgüter untereinander steuerrechtlich nicht weniger relevant; denn sie ist entscheidend für die Frage, ob im Falle der Bilanzierung des einzelnen immateriellen Wirtschaftsguts Absetzungen für Abnutzungen gemäß § 7 EStG vorgenommen werden können.

Immaterielle Einzelwirtschaftsgüter sind solche Wirtschaftsgüter, die regelmäßig begrifflich und wirtschaftlich konkret erfassbar sind.[329] Im Wesentlichen handelt es sich dabei um gewerbliche Schutzrechte (Konzessionen, Patente, Lizenzen, Marken-, Urheber- und Verlagsrechte u. ä.) sowie um sonstige Rechte, wie Zuteilungsquoten, Syndikatsrechte, Nutzungsrechte, Brenn- und Braurechte.[330] Immaterielle Einzelwirtschaftsgüter kennzeichnen sich durch eine selbständige Nutzbarkeit und eine abgetrennte Verwertbarkeit, wie sie sich in der Überlassung von Lizenzen oder in der Abtretung an einen anderen verwirklicht.[331] Sie sind einzeln übertragbar, ohne dass gleichzeitig der ganze Geschäftsbetrieb mitveräußert wird.

Mit Geschäftswert, auch Firmenwert, Faconwert oder good will genannt, wird der Wert bezeichnet, um den der Wert des Gesamtunternehmens die Summe der Teilwerte der ihm dienenden aktiven und passiven Wirtschaftsgüter übersteigt.[332] Ein solcher Mehrbetrag entsteht immer dann, wenn der Ertragswert eines Unternehmens über seinem Substanzwert liegt und infolgedessen der Gesamtwert des Unternehmens seinen Substanzwert übersteigt.[333] Ausgehend von *Schmalenbach*, der den Geschäftswert zutreffend als Kapitalisierungsmehrwert ansieht,[334] bezeichnet

---

[329] *Herrmann/Heuer*, Anm. 98 zu § 6 EStG.

[330] Eine ausführliche Aufzählung bringt *George*, a.a.O., S. 393 – 396.

[331] Vgl. *Curtius/Hartung*, StbJb 1969/70, 325, 329.

[332] Vgl. u.a. die Urteile des BFH vom 15. 4. 1958 - I 61/57 U -, BStBl. 1958 III, 330, 331 und vom 16. 10. 1968 - I 85/86 -, BStBl. 1969 II, 147, 151.

[333] Urteile des BFH vom 11. 10. 1960 - I 229/59 U -, BStBl. 1960 III, 509, 510 und vom 20. 11. 1962 - I 266/61 U -, BStBl. 1963 III, 59, 60.

[334] Vgl. *Schmalenbach/Bauer*, S. 67.

Saage[335] ihn als den kapitalisierten, nachhaltig erzielbaren Mehrertrag, den der Erwerber eines Unternehmens gemessen am "Normalertrag" aus dem erworbenen Unternehmen zu erzielen hofft. Der Geschäftswert ist somit seiner Natur nach nichts anderes als der Ausdruck für die Gewinnchancen eines Unternehmens, soweit sie nicht in einzelnen Wirtschaftsgütern verkörpert sind, sondern durch den Betrieb des Unternehmens im Ganzen gewährleistet erscheinen.[336]

Eine direkte Beschreibung des Geschäftswerts fällt schwer, da der Geschäftswert eines Unternehmens stets auf mehreren Faktoren beruht, keineswegs nur auf dem Ruf des Unternehmens und dem Kundenstamm, wie es der englischen Auffassung des good will entspricht und auch hierzulande zuweilen angenommen wird.[337] Je nach den Besonderheiten des Unternehmens treffen die verschiedensten Geschäftswert bildenden Faktoren zusammen. Eine nur einigermaßen vollständige Aufzählung aller in Frage kommenden Faktoren ist deshalb unmöglich. Die am häufigsten anzutreffenden Faktoren sind:

- Ruf des Unternehmens,
- Geschäftsverbindungen,
- Standort,
- Innen- und Außenorganisation,
- Kundenstamm,
- Geschäftsgeheimnisse,
- Qualität und Ruf der Erzeugnisse,
- Wettbewerbsvorteile,
- Kreditwürdigkeit,
- Entwicklungsmöglichkeiten,
- Qualität der Arbeitnehmer.[338]

Die Tüchtigkeit des Unternehmers bzw. der geschäftsführenden Gesellschafter ist für den Ertrag des Unternehmens regelmäßig von großem, wenn nicht von entscheidendem Gewicht. Sie zählt aber nicht zu den Faktoren des Geschäftswerts.[339]

---

[335] DB 1969, 1709, 1710.

[336] Ähnlich die Urteile des BFH vom 28. 3. 1966 - VI 320/64 -, BStBl. 1966 III, 456 und vom 16. 6. 1970 - II 95-96/64 -, BStBl, 1970 II, 690, 692.

[337] *Deubner*, S. 14.

[338] Ausführlichere Aufzählungen bringen *Deubner*, S. 15; *Herrmann/Heuer*, Anm. 97 a zu § 6 EStG; *George*, a.a.O., S. 381 und *Glade*, StbJb 1969/70, 287, 289.

[339] A.A. *Deubner*, *George* und *Glade*, a.a.O.

Vielmehr werden diese durch die Tüchtigkeit des Unternehmers erst geschaffen.[340] So bezeichnet der Bundesfinanzhof den Geschäftswert auch zutreffend als einen

> "von den persönlichen Eigenschaften des Unternehmers losgelösten, dem Unternehmen als solchen innewohnenden im Geschäftsleben als Wirtschaftsgut anerkannten Wert, der mit dem Unternehmen veräußerlich und übertragbar ist".[341]

Den Faktoren, aus denen sich der Geschäftswert zusammensetzt, ist gemeinsam, dass sie nicht losgelöst vom Unternehmen verwertbar sind. Sie haben ohne das lebende Unternehmen keinen Wert, sind diesem vielmehr immanent.[342] Im Gegensatz zu den immateriellen Einzelwirtschaftsgütern handelt es sich somit bei dem Geschäftswert um ein immaterielles Gesamtwirtschaftsgut, das sich aus einer Vielzahl nichtkörperlicher Bestandteile oder Eigenschaften eines Unternehmens zusammensetzt und nur mit dem Unternehmen zusammen übertragbar ist.

Den Übergang vom Geschäftswert als immateriellem Gesamtwirtschaftsgut zum immateriellen Einzelwirtschaftsgut bilden einige geschäftswertähnliche Wirtschaftsgüter, die in der Steuerrechtsprechung wie der Geschäftswert selbst behandelt werden. Aus der Rechtsprechung des Bundesfinanzhofs seien hier nur als wichtigste Fälle die Verlagswerte[343] und Verkehrskonzessionen[344] genannt. Die Abgrenzung zu den immateriellen Einzelwirtschaftsgütern ist nicht leicht. Ob im Einzelfall ein immaterielles Einzelwirtschaftsgut oder ein geschäftswertähnliches Wirtschaftsgut vorliegt, entscheidet die Rechtsprechung danach, ob sich der Wert des immateriellen Wirtschaftsguts innerhalb einer bestimmten oder annähernd bestimmbaren Zeit erschöpft. Wenn sich sein Wert für das Unternehmen, ähnlich wie bei dem Geschäftswert, nicht innerhalb einer ungefähr bestimmbaren Zeit verzehrt, ist das Wirtschaftsgut einem Geschäftswert so ähnlich, dass es nicht mehr als immaterielles Einzelwirtschaftsgut angesehen werden kann.[345]

---

[340] *Herrmann/Heuer*, a.a.O.

[341] Urteile vom 10. 11. 1960 - IV 62/60 U -, BStBl. 1961 III, 95, 96 und vom 26. 2. 1964 - I 383/61 U -, BStBl. 1964 III, 423.

[342] *Glade*, StbJb 1969/70, 287, 293.

[343] Urteil vom 5. 8. 1970 - I R 180/66 -, BStBl. 1970 II, 804, 806; vgl. auch *Lenski*, BB 1955, 1085 ff.

[344] Urteile vom 13. 3. 1956 - I 209/55 U -, BStBl. 1956 III, 149, 150 betreffend eine Linienbuskonzession und vom 10. 7. 1963 - IV 186/60 U -, BStBl. 1963 III, 501, 502 betreffend eine Fernverkehrskonzession.

[345] Vgl. die Urteile des BFH vom 1. 8. 1968 - I 206/65-, BStBl. 1969 II, 66, 67; vom 5. 8. 1970 - I R 180/66 -, BStBl. 1970 II, 804, 806 und vom 16. 9. 1970 - I R 196/67-, BStBl. 1971 II, 175, 176.

4. **Die unterschiedliche steuerliche Bedeutung der immateriellen Wirtschaftsgüter und die Nachteile ihres Ansatzes in der steuerlichen Eröffnungsbilanz**

Die Notwendigkeit, die immateriellen Einzelwirtschaftsgüter von dem Geschäftswert und den ihm gleichgestellten geschäftswertähnlichen Wirtschaftsgütern abzugrenzen, ergibt sich aus § 6 EStG. § 6 Abs. 1 EStG unterscheidet in seinen Ziffern 1 und 2 zwischen Wirtschaftsgütern des Anlagevermögens, die der Abnutzung unterliegen, und anderen nicht abnutzbaren Wirtschaftsgütern, für die keine Absetzungen für Abnutzung nach § 7 EStG zulässig sind. Im Gegensatz zu den immateriellen Einzelwirtschaftsgütern fällt unter die letztere Kategorie laut ausdrücklicher gesetzlicher Anordnung auch der Geschäftswert.

Nach § 153 Abs. 5 Satz 3 AktG ist ein in der Bilanz aktivierter Geschäftswert mit je einem Fünftel abzuschreiben. Dabei handelt es sich jedoch um eine Bewertungsvorschrift, die nach dem Grundsatz der Maßgeblichkeit der Handelsbilanz für die Steuerbilanz nur soweit gilt, als das Steuerrecht keine andere Bewertung gebietet. Die steuerliche Bewertungsvorschrift des § 6 Abs. 1 Nr. 2 EStG verbietet aber eine laufende Abschreibung des Geschäftswerts.[346] Der Bundesfinanzhof hat zu Recht in ständiger Rechtsprechung daran festgehalten, dass damit laufende Absetzungen für Abnutzung (§ 7 EStG) nicht erlaubt sind.[347] Lediglich, wenn nachgewiesen wird, dass der Teilwert des Geschäftswerts unter seinen Buchwert gesunken ist und es sich um eine dauernde Wertminderung handelt, lässt die Rechtsprechung gemäß § 6 Abs. 1 Nr. 2 Satz 2 EStG eine Abschreibung auf den niedrigeren Teilwert zu, z. B. bei einer Fehlinvestition oder bei sinkender Ertragslage.[348] Dieser Nachweis wird aber nur sehr schwer zu erbringen sein.

Selbst im Falle eines Unternehmerwechsels kann nach der Rechtsprechung des Reichsfinanzhofs und ihm folgend des Bundesfinanzhofs eine Teilwertabschreibung nicht darauf gestützt werden, dass der übernommene Geschäftswert allmählich geschwunden ist und an seine Stelle infolge der Tüchtigkeit des neuen Unternehmers ein neuer, nicht bilanzierungsfähiger originärer Geschäftswert getreten ist. Nach der sogenannten "Einheitstheorie" bilden der erworbene und der selbst-

---

[346] Der Referentenentwurf eines EStG 1974 vom 10. 12. 1971 sieht allerdings entsprechend dem Vorschlag der Steuerreformkommission in § 36 Abs. 4 die lineare Abschreibung des bilanzierten Geschäftswerts innerhalb von 10 Jahren vor.

[347] Vgl. u.a. die Urteile des BFH vom 15. 4. 1958 - I 61/57 U -, BStBl. 1958 III, 330, 331 und vom 18. 1. 1967 - I 77/64 -, BStBl. 1967 III, 334.

[348] Vgl. das Urteil des BFH vom 18. 1. 1967, a.a.O.

geschaffene Geschäftswert ein einheitliches Wirtschaftsgut, das nicht zerlegt werden kann, auch wenn die Umstände, auf denen der Wert beruht, im Laufe der Zeit wechseln.[349]

Im Hinblick auf § 6 Abs. 1 Nr. 2 EStG und die Auslegung dieser Vorschrift durch die Rechtsprechung wird jeder Unternehmer bemüht sein, in seiner Bilanz niemals einen Geschäftswert oder ein geschäftswertähnliches Wirtschaftsgut erscheinen zu lassen. Er weiß, dass es kaum möglich ist, diese immateriellen Wirtschaftsgüter jemals wieder aus der Bilanz zu entfernen.

Die vorangegangenen Erörterungen haben bereits angedeutet, welche gewichtigen Auswirkungen die Frage des Ansatzes bisher nicht bilanzierter immaterieller Wirtschaftsgüter, insbesondere des Geschäftswerts, in der Eröffnungsbilanz der Kapitalgesellschaft für die Gesellschafter einer umzuwandelnden Personengesellschaft hat. Falls ein Ansatz zum Teilwert voraussetzt, dass auch alle bisher nicht bilanzierten immateriellen Wirtschaftsgüter der Personengesellschaft in der Eröffnungsbilanz der Kapitalgesellschaft ausgewiesen werden müssen, würde dies in erster Linie zu einer Erhöhung des Veräußerungsgewinns der Gesellschafter um die Summe der Teilwerte der anzusetzenden immateriellen Wirtschaftsgüter führen; denn der Wert, mit dem die Kapitalgesellschaft das übertragene Betriebsvermögen ansetzt, gilt gemäß § 17 Abs. 4 Satz 1 UmwStG als Veräußerungspreis. Dies wiederum könnte unter Umständen dazu führen, dass der Veräußerungsgewinn die Grenze von 100.000,– DM in § 16 Abs. 4 Satz 2 EStG übersteigt, so dass auch noch der Freibetrag von 30.000,– DM ganz oder teilweise verlorengeht. Noch schwerer wiegt aber, dass die Kapitalgesellschaft lediglich auf die übernommenen immateriellen Einzelwirtschaftsgüter laufende Abschreibungen vornehmen und - wenn auch innerhalb eines längeren Zeitraums - die insoweit bei den Gesellschaftern erfolgte Besteuerung wieder auffangen kann. Auf den Geschäftswert aber darf die Kapitalgesellschaft keine Gewinn mindernden Absetzungen für Abnutzung vornehmen, so dass dessen Ansatz nur Nachteile für die Gesellschafter mit sich bringen würde. Diese Nachteile können bei einer guten Rentabilität des Unternehmens, die gerade bei Umwandlungsfällen oft gegeben sein wird, ganz erheblich sein, da dann der Geschäftswert der Personengesellschaft von nicht unbedeutendem Wert sein wird.

---

[349] Vgl. statt vieler die Urteile des RFH vom 29. 7. 1931 - VI A 1265/29 -, RStBl. 1931, 852 und des BFH vom 15. 4. 1958, a.a.O.; wegen der zunehmenden Kritik im Schrifttum an dieser Rspr. s. *Nebe*, StB 1970, 218 ff.; *George*, NWB Fach 17 a, S. 381, 390 und *Herrmann/Heuer*, Anm. 97 b zu § 6 EStG mit weiteren Literaturnachweisen.

Ein Zwang zum Ansatz des Geschäftswerts und der anderen immateriellen Wirtschaftsgüter in der Eröffnungsbilanz der Kapitalgesellschaft hätte zur Folge, dass die Gesellschafter nur in Ausnahmefällen, so, wenn der Geschäftswert nur gering ist und ihnen der Freibetrag des § 16 Abs. 4 EStG nicht verlorengeht, das übertragene Betriebsvermögen freiwillig in der Eröffnungsbilanz zum Teilwert ansetzen. Für die Gesellschafter, die gemäß § 17 Abs. 2 Satz 3 und Abs. 3 Satz 1 UmwStG verpflichtet wären, ihren Anteil am Betriebsvermögen zum Teilwert in der Eröffnungsbilanz der Kapitalgesellschaft anzusetzen, könnte eine solche Folge des Ansatzes zum Teilwert unter Umständen sogar der Anlass sein, ihre Zustimmung zur Umwandlung der Personengesellschaft zu verweigern und so eine wirtschaftlich sinnvolle Rechtsformänderung zu vereiteln.

5. Keine Regelung hinsichtlich der Aktivierung der übernommenen immateriellen Wirtschaftsgüter durch die §§ 17 ff. UmwStG

Das Umwandlungssteuergesetz als lex specialis gegenüber dem Einkommensteuergesetz äußert sich zu der hier zu entscheidenden Frage, ob beim Ansatz des Betriebsvermögens zum Teilwert auch bisher in der Bilanz der Personengesellschaft nicht aktivierte immaterielle Wirtschaftsgüter mit ihrem Teilwert in der Eröffnungsbilanz der Kapitalgesellschaft angesetzt werden müssen, nicht ausdrücklich. Es heißt lediglich in den §§ 17 Abs. 5 Satz 2 und 20 Abs. 3 UmwStG, dass "das eingebrachte Betriebsvermögen" mit dem Teilwert anzusetzen ist. Hieraus wird von der Finanzverwaltung[350] und von einer starken Mindermeinung im Schrifttum[351] unmittelbar der Schluss gezogen, dass auch alle bisher nicht bilanzierten immateriellen Wirtschaftsgüter und mit ihnen der Geschäftswert der Personengesellschaft in der Eröffnungsbilanz der Kapitalgesellschaft mit ihren Teilwerten anzusetzen sind, weil der Wert des Betriebsvermögens oft zu einem erheblichen Teil aus den immateriellen Wirtschaftsgütern, vor allem dem Geschäftswert besteht. Obwohl unter Betriebsvermögen der Personengesellschaft die Summe aller Wirtschaftsgüter, die dem Betrieb dienen, zu verstehen ist, braucht zur Widerlegung dieser These nicht erst auf den Streit im Schrifttum, ob ein originärer

---

[350] S. Schreiben des BdF vom 20. 7. 1970, Abschnitt II, Nr. 3 Abs. 2 zu § 17, BStBl. 1970 I, 922, 926.

[351] *Würdinger*, Steuererleichterungen, Anm. 87; *v. Wallis*, StuW 1970, Sp. 465, 475 (zweifelnd noch in BB 1968, 1477, 1480 l. Sp.); *Uelner*, S. 59/60; *Plückebaum*, StBp 1971, 101, 102; *Knur*, DNotZ 1971, 10, 30.

Geschäftswert überhaupt ein Wirtschaftsgut i.S. des Steuerrechts ist,[352] eingegangen zu werden. Auch wenn mit der h.M. ein originärer Geschäftswert als Wirtschaftsgut anzusehen ist, kann aus der Formulierung in den §§ 17 Abs. 5 Satz 2 und 20 Abs. 3 UmwStG nicht geschlossen werden, dass auch solche Wirtschaftsgüter, deren Bilanzierung nach den allgemeinen Grundsätzen des Steuerrechts unzulässig ist, in der Eröffnungsbilanz der Kapitalgesellschaft anzusetzen sind. Es ist nicht die Funktion dieser Vorschriften, unzulässige Teilwertansätze zu legalisieren.[353] Dies verkennt auch Loos,[354] wenn er zwischen den §§ 17 Abs. 5 Satz 2 und 20 Abs. 3 UmwStG differenziert und für die Anwendung des Freibetrages des § 16 Abs. 4 EStG den Ansatz des Geschäftswerts verlangt, weil § 17 Abs. 5 Satz 2 UmwStG nach seinem Sinn und Zweck angeblich die Vollrealisierung aller stillen Reserven zur Voraussetzung mache. § 17 UmwStG ist eine Bewertungs- und keine Bilanzierungsvorschrift. Wenn der Gesetzgeber alle immateriellen Wirtschaftsgüter ohne Rücksicht auf ihre generelle Bilanzierungsfähigkeit beim Ansatz zum Teilwert hätte ausgewiesen wissen wollen, hätte er dies ausdrücklich anordnen müssen. Dies hat er jedoch nicht getan.[355] Daher kann erst dann ein Ansatz der immateriellen Wirtschaftsgüter zum Teilwert verlangt werden, wenn feststeht, dass ihre Bilanzierung in der Eröffnungsbilanz der Kapitalgesellschaft überhaupt zulässig ist.

Die Frage, ob ein immaterielles Wirtschaftsgut bilanziert werden darf, ist in § 5 Abs. 2 EStG geregelt. Entscheidend ist daher, ob die Kapitalgesellschaft im Wege der Umwandlung die immateriellen Wirtschaftsgüter der Personengesellschaft "entgeltlich erworben" hat mit der Folge, dass aus den originären, nicht bilanzierungsfähigen immateriellen Wirtschaftsgütern derivative immaterielle Wirtschaftsgüter geworden sind, die in der steuerlichen Eröffnungsbilanz auszuweisen sind.

---

[352] *Friedrich*, DB 1954, 460; *Fasold*, BB 1969, 1428, 1430 l. Sp. und *Deubner*, S. 36/37 sehen in dem originären Geschäftswert mangels Bewertungsfähigkeit kein Wirtschaftsgut; a.A. zu Recht die h.M. im Schrifttum (vgl. u.a. *Herrmann/Heuer*, Anm. 97 a zu § 6 EStG und *Nissen*, DStZ A 1969, 129, 132) und die Rspr. (vgl. u.a. die Urteile des BFH vom 10. 11. 1960 - IV 62/60 U -, BStBl. 1961 III, 95, 96 und vom 26. 2. 1964 - I 383/61 U -, BStBl. 1964 III, 423).

[353] Ähnlich *Fasold* in BB 1969, 1428, 1430 und in StbJb 1970/71, 183, 215.

[354] In DB 1970, 9, 16 und in UmwStG, Anm. 962 a.E.

[355] Eine dementsprechende Anordnung wäre einer Aushöhlung des Maßgeblichkeitsgrundsatzes gleichgekommen.

6. Die Funktion des § 5 Abs. 2 EStG als gesetzliche Hervorhebung der Maßgeblichkeit der handelsrechtlichen Aktivierungsverbote für die Steuerbilanz

a) Die Ähnlichkeit des § 5 Abs. 2 EStG mit den §§ 153 Abs. 3 und 153 Abs. 5 AktG und die daraus resultierenden Auslegungsmöglichkeiten

§ 5 Abs. 2 EStG entspricht fast wörtlich dem § 153 Abs. 3 AktG. Diese Vorschrift unterscheidet sich von § 5 Abs. 2 EStG nur dadurch, dass sie statt von "immateriellen Wirtschaftsgütern des Anlagevermögens" von "immateriellen Anlagewerten" spricht und bei entgeltlichem Erwerb nicht die Aktivierung zwingend anordnet[356] ("ist ... anzusetzen"), sondern lediglich gestattet[357] ("darf ... angesetzt werden"). Allerdings regelt das Aktiengesetz das Aktivierungsverbot für den nicht entgeltlich erworbenen Geschäftswert in einer besonderen Vorschrift (§ 153 Abs. 5 Satz 1 AktG). Dies erklärt sich daraus, dass das Aktiengesetz vom 6. 9. 1965 das Verbot der Aktivierung des originären Geschäftswerts unverändert aus dem früheren Recht übernommen hat, während der § 153 Abs. 3 AktG neu in das Gesetz aufgenommen worden ist, um die Streitfrage, ob außer dem Geschäftswert auch die übrigen immateriellen Anlagewerte nur bei entgeltlichem Erwerb aktiviert werden dürfen, im Sinne bewährter kaufmännischer Übung zu entscheiden.[358] Außerdem enthält § 153 Abs. 5 AktG in seinem Satz 5 im Gegensatz zu § 155 Abs. 3 AktG eine spezielle Bewertungsvorschrift für den Geschäftswert.

Trotz des unterschiedlichen Wortlauts der beiden aktienrechtlichen Vorschriften ist das entscheidende Merkmal für die Aktivierungsfähigkeit sowohl des Geschäftswerts als auch der übrigen immateriellen Anlagewerte der entgeltliche Erwerb.[359] Falls ein entgeltlicher Erwerb vorliegt, decken sich die beiden Vorschriften auch insoweit, als für den Ansatz des Geschäftswerts ebenso wie für den

---

[356] Ganz h.M., vgl. *Thiel*, StbJb 1969/70, 255, 275; *Bühler/Scherpf*, S. 568; *Nissen*, DStZ A 1969, 129, 130 und *Freericks*, FR 1969, 518, 519; a.A. nur *Saage*, DB 1969, 1709, 1714, der entgegen dem Wortlaut des § 5 Abs. 2 EStG dem handelsrechtlichen Aktivierungswahlrecht auch steuerrechtliche Bedeutung beimisst.

[357] Ebenfalls ganz h.M., vgl. *Adler/Düring/Schmaltz*, Anm. 117 zu § 153; *Mellerowicz* in Großk.AktG, Anm. 95 zu § 153; *Thiel*, a.a.O., S. 261; *Kropff*, Wpg 1966, 369, 374 und *Bühler/Scherpf*, S. 367; a.A. *Döllerer*, BB 1965, 1405, 1408 unter Hinweis auf den Grundsatz der Vollständigkeit der Bilanz.

[358] So ausdrücklich die Begründung zum Regierungsentwurf eines Aktiengesetzes 1965, Bundestags-Drucksache IV/171, S. 177.

[359] *V. Godin/Wilhelmi*, Anm. 8 zu § 153; *Baumbach/Hueck*, AktG, Anm. 26 zu §§ 153 - 156; *Mellerowicz* in Großk.AktG, Anm. 79 zu § 153.

Ansatz der übrigen immateriellen Anlagewerte handelsrechtlich keine Bilanzierungspflicht, sondern nur ein Bilanzierungswahlrecht besteht (§ 153 Abs. 5 Satz 2 AktG).[360] Beide Vorschriften enthalten also unter jeweils gleichen Voraussetzungen sowohl ein Aktivierungsverbot als auch ein Aktivierungswahlrecht.

Die fast wörtliche Übereinstimmung des § 5 Abs. 2 EStG mit dem Aktivierungsverbot des § 153 Abs. 3 AktG und die sinngemäße Übereinstimmung mit dem § 153 Abs. 5 Satz 1 AktG lassen für die Auslegung des § 5 Abs. 2 EStG zwei Möglichkeiten zu. § 5 Abs. 2 EStG könnte die Maßgeblichkeit der Handelsbilanz für die Steuerbilanz insoweit ausdrücklich hervorheben, dass er die Aktivierungsverbote der §§ 153 Abs. 3 und 153 Abs. S Satz 1 AktG als maßgeblich für die Steuerbilanzen aller Steuerpflichtigen erklärt. Es wäre aber auch möglich, dass § 5 Abs. 2 EStG aufgrund seiner unterschiedlichen Fassung gegenüber den §§ 153 Abs. 3 und 153 Abs. 5 Satz 1 AktG als lex specialis und allein für die steuerliche Aktivierung maßgebend anzusehen ist.

Wenn § 5 Abs. 2 EStG gegenüber den aktienrechtlichen Aktivierungsverboten als Spezialvorschrift den Vorrang hätte, wäre eine Abweichung der steuerlichen Eröffnungsbilanz der Kapitalgesellschaft von der handelsrechtlichen dergestalt möglich, dass letztere vom nicht entgeltlichen Erwerb der übernommenen immateriellen Wirtschaftsgüter ausgeht, während für die Steuerbilanz ein entgeltlicher Erwerb und damit eine Aktivierung bejaht wird.[361] Eine solch unterschiedliche Auslegung des Begriffs "entgeltlicher Erwerb" im Gesellschafts- und im Steuerrecht wäre aufgrund der im Steuerrecht herrschenden wirtschaftlichen Betrachtungsweise (§ 1 Abs. 2 und 3 StAnpG) durchaus möglich. Auch müssten wohl bei einer Auslegung des § 5 Abs. 2 EStG ohne Rücksicht auf die handelsrechtlichen Aktivierungsverbote Sinn und Zweck der hier einschlägigen Vorschriften des Umwandlungssteuergesetzes beachtet werden. Nur bei einer solchen Auslegung sind die Ausführungen von *Widmann/Mayer*[362] zum Ansatz des Geschäftswerts in der Eröffnungsbilanz der Kapitalgesellschaft zu verstehen. Sie vertreten die Auffassung, dass ein etwaiges handelsrechtliches Verbot, den Geschäftswert anzusetzen, seinem Ansatz in der Steuerbilanz nicht entgegenstehe, da das Umwandlungssteuergesetz die Umwandlung der Personengesellschaft als Erwerbsvorgang auf Seiten

---

[360] Ganz h.M., vgl. u.a. *Adler/Düring/Schmaltz*, Anm. 131 zu § 153; *Baumbach/Hueck*, AktG, Anm. 26 zu §§ 153 - 156 und *Albach*, BB 1966, 377, 378.

[361] So auch *Littmann*, DStR 1969, 321, 322 r. Sp.

[362] In Anm. 4205.

der Kapitalgesellschaft auffasse. Deutlicher drückt es *Littmann*[363] aus: § 5 Abs. 2 EStG stehe dem Ansatz immaterieller Wirtschaftsgüter in der Eröffnungsbilanz der Kapitalgesellschaft nicht entgegen, weil der Gesetzgeber im Umwandlungssteuergesetz im Hinblick auf die Frage der Gewinnrealisierung den Vorgang der Unternehmensänderung als Veräußerungsvorgang betrachtet hat.

Falls nun aber § 5 Abs. 2 EStG lediglich die Maßgeblichkeit der Aktivierungsverbote in den §§ 153 Abs. 3 und 153 Abs. 5 Satz 1 AktG für die Steuerbilanz besonders herausstellt, um klarzustellen, dass die aktienrechtlichen Regelungen auch unmittelbar steuerlich gültig sind, hätte die Feststellung, dass ein Ansatz der übernommenen immateriellen Wirtschaftsgüter mangels entgeltlichen Erwerbs in der Handelsbilanz unzulässig ist, auch unmittelbar steuerliche Wirkung. Eine Prüfung, ob nicht bei wirtschaftlicher Betrachtungsweise und unter Berücksichtigung des Zwecks der §§ 17 - 20 UmwStG entgegen dem handelsrechtlichen Aktivierungsverbot ein Ansatz in der steuerlichen Eröffnungsbilanz möglich ist, wäre nicht mehr zulässig.

b) Zweck und Entstehungsgeschichte des § 5 Abs. 2 EStG

Nach § 1 Abs. 2 StAnpG ist bei der Auslegung eines Steuergesetzes in erster Linie sein Zweck zu ermitteln. Hierbei sind vor allem die Entstehungsgeschichte und die amtliche Begründung zum Gesetz zu berücksichtigen.[364]

§ 5 Abs. 2 EStG wurde im Zuge der Änderung der §§ 5, 6 EStG durch das Gesetz zur Änderung des Einkommensteuergesetzes vom 16. 5. 1969[365] neu in das Einkommensteuergesetz aufgenommen. Die Änderung der § 5 und 6 EStG ist nur verständlich, wenn man sich die bisherige Rechtsprechung des Bundesfinanzhofs, die Verwaltungspraxis und den Streit im Schrifttum zur Frage der steuerlichen Bilanzierung vor Augen hält. Obwohl sich aus § 5 EStG in der bisherigen Fassung bereits klar der Grundsatz der Abhängigkeit der Steuerbilanz von der Handelsbilanz ergab, bestand keine einhellige Meinung darüber, ob die Frage der Aktivierungsfähigkeit eines Wirtschaftsguts ausschließlich aus § 5 EStG oder aus den Bewertungsvorschriften des § 6 EStG zu beantworten war. Die h.M. im Schrift-

---

[363] EStR, Anm. 95 a zu § 16.

[364] *Hübschmann/Hepp/Spitaler/Spanner*, Anm. 8 zu § 1 StAnpG.

[365] BGBl. 1969 I, 421.

tum[366] vertrat die Meinung, dass § 6 EStG nur den Charakter einer steuerlichen Bewertungsvorschrift besitze und deshalb aus dieser Vorschrift steuerliche Aktivierungspflichten nicht hergeleitet werden könnten. Die Frage nach der steuerlichen Aktivierungspflicht beantworte sich ausschließlich nach § 5 EStG und dem dort verankerten Maßgeblichkeitsgrundsatz. Dieser Grundsatz verbiete es, in der Steuerbilanz Positionen zu aktivieren, deren Ansatz in der Handelsbilanz unzulässig ist. Demgegenüber wurde von einer Mindermeinung im Schrifttum[367] und von der Mehrheit der Länderfinanzverwaltungen die Auffassung vertreten, die steuerlichen Vorschriften über die Bewertung in § 6 EStG seien die alleinige Rechtsquelle für die Frage, ob ein Betrag als Wirtschaftsgut in die Steuerbilanz einzusetzen sei.

Die Rechtsprechung des Bundesfinanzhofs führte auch nicht zu einer Klärung der Rechtslage. Er entschied die Frage der steuerlichen Aktivierung teilweise aus § 5 EStG, überwiegend aber aus § 6 EStG[368] mit der Begründung, dass diese Vorschrift steuerlich die Aktivierung aller Positionen gebiete, denen im Sinne der das Steuerrecht beherrschenden wirtschaftlichen Betrachtungsweise der Charakter eines Wirtschaftsguts beizumessen ist. Dies führte dazu, dass in Einzelfällen eine steuerliche Aktivierung auch dann gefordert wurde, wenn eine Aktivierung in der Handelsbilanz nicht in Betracht kam. Hinzu kam, dass die Heranziehung des Begriffs "Wirtschaftsgut" für die Frage, ob etwas zu bilanzieren sei, zu einer ungeheuren Aktivierungswelle führte.[369]

Dieser Ausuferung der Aktivierungspflicht entgegenzutreten und dem Maßgeblichkeitsgrundsatz für die Frage der Aktivierung im Sinne der h.M. im Schrifttum Geltung zu verschaffen, war der Zweck der Gesetzesänderung, der insbesondere in der Neufassung des Einleitungssatzes des § 6 EStG zum Ausdruck gekommen ist. Dies ergibt sich eindeutig aus der Begründung der Bundesregierung[370] und dem Bericht des Finanzausschusses des Bundestages[371]. Die Einfügung des § 5 Abs. 2

---

[366] Vgl. die bei *Thiel*, FR 1969, 165 und *Döllerer*, BB 1969, 501 aufgeführten Autoren.

[367] Vgl. die bei *Thiel*, FR 1969, 165 und *Döllerer*, BB 1969, 501 aufgeführten Autoren.

[368] Vgl. insoweit den Beschluss des Großen Senats des BFH vom 3. 2. 1969 - GrS 2/68 -, BStBl. 1969 II, 291, 293.

[369] Vgl. die von *Döllerer* in BB 1969, 501 r. Sp. und *von Gail* in Wpg 1969, 273, 276 aufgeführten zahlreichen Beispiele aus der Rspr. des BFH in den Jahren 1953 bis 1965.

[370] Bundestags-Drucksache V/3187 mit Anlagen 1 – 3.

[371] Bundestags-Drucksache V/3852; die jeweils wichtigsten Stellen sind bei *Plückebaum*, StLex 3, §§ 5-6, 9, 20/21 und bei *Saage*, DB 1969, 1709, 1711/1712 wiedergegeben.

EStG hielt der Gesetzgeber für geboten, um jeden Zweifel daran zu beseitigen, dass § 153 Abs. 3 AktG ebenso wie § 153 Abs. 5 Satz 1 und 2 AktG als Ausdruck der allgemein geltenden Grundsätze ordnungsmäßiger Buchführung zu werten ist, was bis zu diesem Zeitpunkt im Schrifttum noch vereinzelt bestritten wurde.[372] Vor allem aber wollte er ausdrücklich klarstellen, dass die Aktivierungsverbote des Aktiengesetzes für immaterielle Anlagewerte in ihrem materiellen Gehalt für alle bilanzierenden Gewerbetreibenden auch steuerrechtlich verbindlich sind.[373]

c) Vereinbarkeit des Gesetzeszwecks mit dem Wortlaut der Vorschrift

Dieser Zielsetzung des Gesetzes könnte eigentlich nur eine Auslegung gerecht werden, die das Aktivierungsverbot in § 5 Abs. 2 EStG als ausdrückliche Hervorhebung der Bindung der Steuerbilanz an die aktienrechtlichen Aktivierungsverbote für immaterielle Anlagewerte ansieht. Jedoch kann eine Auslegung nach dem Zweck der Vorschrift nur so weit gehen, wie der Wortlaut mit diesem Zweck noch vereinbar ist.[374]

aa) Keine normative Bedeutung des Begriffs „Wirtschaftsgut"

§ 5 Abs. 2 EStG enthält nicht den Begriff des immateriellen Anlagewertes, sondern den des immateriellen Wirtschaftsguts, obwohl der unterschiedliche Aktivierungsbereich der bisherigen Begriffe in der Praxis dem Gesetzgeber nicht unbekannt war. In der Verwendung des Begriffs "Wirtschaftsgut" sieht *Littmann*[375] nun die Bestätigung dafür, dass § 5 Abs. 2 EStG eine steuerrechtliche Spezialregelung sei, die unter Berücksichtigung der besonderen steuerlichen Gewinnermittlungsgrundsätze auszulegen sei.[376]

Zur Begründung hierfür führt er aus, dass sich schon aus § 4 Abs. 1 EStG ergebe, dass das Betriebsvermögen der Steuerbilanz aus Wirtschaftsgütern bestehe. § 5

---

[372] *Plückebaum*, a.a.O., S. 18; vgl. im einzelnen *Greifenhagen*, FR 1967,332, 334; *Thiel*, StbJb 1969/70, 255, 267 und *Herrmann/Heuer*, Anm. 51 zu § 5 EStG mit weiteren Literaturhinweisen.

[373] Vgl. Begründung der Bundesregierung, a.a.O., S. 4.

[374] *Palandt/Danckelmann*, Einleitung V 2 a) vor § 1 BGB.

[375] DStR 1969, 321, 325 und Inf 1970, 1, 5.

[376] Im Ergebnis ebenso, doch bei völlig unterschiedlicher und verfehlter Ausgangsposition: *Quack*, DStR 1972, 131, 133.

Abs. 1 EStG nehme ausdrücklich auf § 4 Abs. 1 EStG Bezug. Auch § 6 EStG spreche nach wie vor von den im Betriebsvermögen anzusetzenden Wirtschaftsgütern. Damit habe der Gesetzgeber der Steuerbilanz ein insoweit eigenständiges Aussehen gegeben, wobei er ganz offensichtlich davon ausgehe, dass in das Betriebsvermögen der Steuerbilanz alle Wirtschaftsgüter aufzunehmen seien. Dies ergebe sich jetzt noch eindeutiger als bisher aus der Neufassung des § 6 Abs. 1 vor Nr. 1 EStG, wenn es dort heißt, dass die Wirtschaftsgüter zu bewerten sind, die als Betriebsvermögen anzusetzen sind. Damit trete der Begriff des Wirtschaftsguts nicht nur in den Mittelpunkt der steuerlichen Gewinnermittlung, sondern er sei auch der Angelpunkt für das Maß, in dem die steuerliche Gewinnermittlung von der handelsrechtlichen abweichen müsse.[377] Die Steuerbilanz sei als Bilanz der Wirtschaftsgüter eine eigenständige Bilanz und damit auch unabhängig von handelsrechtlichen Aktivierungsverboten. Mithin seien in das Betriebsvermögen der Steuerbilanz nur solche Wirtschaftsgüter nicht aufzunehmen, für die dies aus den Gesamtumständen des Falles unter Berücksichtigung des Sinns und Zwecks der steuerlichen Gewinnermittlung folgt oder die ausdrücklich durch § 5 Abs. 2 EStG von der Aktivierung ausgeschlossen sind. Diese Auffassung werde noch dadurch bestätigt, dass § 5 Abs. 2 EStG ein Bilanzierungsgebot, § 153 Abs. 3 AktG jedoch nur ein Bilanzierungswahlrecht enthalte.[378]

Die Rechtsauffassung von *Littmann* hält einer kritischen Nachprüfung nicht stand. Die Steuerbilanz ist keine eigenständige Bilanz, sondern eine nach steuerrechtlichen Vorschriften korrigierte Handelsbilanz.[379] § 4 Abs. 1 EStG bedient sich des Begriffs des Wirtschaftsguts nur in seinen Sätzen 2 und 3 zum Zwecke der Definition des Entnahme- und Einlagebegriffs. Diese Definition gibt zur Beantwortung der Grundsatzfrage, welche Positionen im Einzelnen in die Steuerbilanz einzustellen sind, ebenso wenig her wie § 6 EStG. Aufgrund der Neufassung seines Einleitungssatzes hat § 6 EStG - bezogen auf § 4 Abs. 1 EStG und den Begriff des Wirtschaftsguts - jeden normativen Sinngehalt eingebüßt.[380] Gerade die Formulierung des § 5 Abs. 2 EStG zeigt, dass auch solche immateriellen Werte, die nicht entgeltlich erworben wurden und deswegen nicht aktiviert werden dürfen, als Wirtschaftsgüter anzusehen sind. Hieraus muss geschlossen werden, dass die Charak-

---

[377] In DStR 1969, 321, 323 und Inf 1970, 1, 4.

[378] In DStR 1969, 321, 322 und 325.

[379] Ganz h.M., s. S. 64 und die dort angeführten Literaturhinweise.

[380] Ebenso *Thiel*, StbJb 1969/70, 255, 271; *Brönner*, Bilanz, S. 98 und *Uelner*, NWB Fach 17a, S. 311, 315; vgl. auch das nicht rechtskräftige Urteil des FG Nürnberg vom 17. 12. 1971 - III 54/70 -, StBp 1972, 90, 91/92.

terisierung eines immateriellen Wertes als Wirtschaftsgut noch nichts über die Aktivierungsfähigkeit an sich aussagt.[381] Damit hat der Begriff des Wirtschaftsguts zumindest seit der Neufassung der §§ 5 und 6 EStG keine normative Bedeutung etwa in dem Sinne, dass wenn ein Wirtschaftsgut vorliegt, auch eine Aktivierung zulässig ist.[382] Der Begriff "Wirtschaftsgut" ist lediglich eine allgemeine Bezeichnung für solche Werte, die potentiell für eine Bilanzierung (Aktivierung oder Passivierung) in Betracht kommen.[383]

Die unterschiedliche Bezeichnung in § 5 Abs. 2 EStG und in § 153 Abs. 3 AktG hat keinen tieferen Sinn. Es handelt sich nur um eine historisch begründete Verschiedenheit im Sprachgebrauch. Es ist verständlich, dass der Gesetzgeber sich in einem Steuergesetz der steuerlichen Ausdrucksweise bedienen wollte.[384] Der steuerrechtliche Begriff "Wirtschaftsgut des Anlagevermögens" und der handelsrechtliche Begriff "Anlagewert" sind deckungsgleich.[385] Es kann deshalb nicht davon gesprochen werden, dass der Wortlaut des § 5 Abs. 2 EStG mit dem Gesetzeszweck unvereinbar sei. Vielmehr hat der Wille des Gesetzgebers in § 5 Abs. 2 EStG einen hinreichenden Ausdruck gefunden.[386]

bb) Keine Erfassung der handelsrechtlichen Aktivierungswahlrechte durch den Maßgeblichkeitsgrundsatz

Hieran kann auch nichts ändern, dass § 5 Abs. 2 EStG im Falle des entgeltlichen Erwerbs im Gegensatz zu den Aktivierungswahlrechten der §§ 153 Abs. 3 und 153 Abs. 5 Satz 2 AktG ein Aktivierungsgebot enthält. Der Maßgeblichkeitsgrundsatz bedeutet, dass handelsrechtliche Aktivierungsverbote steuerlich zu beachten sind. Nach h.M. beinhaltet er jedoch nicht, dass auch handelsrechtliche

---

[381] Ebenso *Nissen*, DStZ A 1969, 129, 132.

[382] So auch *Saage*, DB 1969, 1709, 1713.

[383] *Döllerer*, BB 1965, 1405; *van der Velde*, FR 1969, 441, 447; Nissen, a.a.O.

[384] Ebenso *van der Velde*, a.a.O. und *Rau*, DB 1969, 676, 677.

[385] So auch *Döllerer*, *Nissen* und *Saage*, a.a.O.; *Gail*, Wpg 1969, 273, 275; *Thiel*, StbJb 1969/70, 255, 273; *Herrmann/Heuer*, Anm. 53 zu § 5 EStG; *Plückebaum*, StLex 3, §§ 5 - 6, 9, 32 und *Uelner*, NWB Fach 17 a, S. 311, 315; a.A. außer *Littmann* noch *Wiebusch*, StBp 1971, 78; *Bühler/Scherpf*, S. 168; *Ellenberger*, Wpg 1971, 271, 275 und *Curtius/Hartung*, StbJb 1969/70, 325, 335.

[386] So auch *Plückebaum*, a.a.O., S. 26.

Bilanzierungswahlrechte steuerlich schlechthin verbindlich sind.[387] Nach den Ausführungen des Großen Senats des Bundesfinanzhofs in seinem Beschluss vom 3. 2. 1969[388] würde es eine Verletzung der steuerlichen Bewertungsvorbehalte beinhalten, wenn man ein handelsrechtliches Bilanzierungswahlrecht für entgeltlich erworbene immaterielle Wirtschaftsgüter steuerlich für beachtlich erklärte. Da es dem Sinn und Zweck der steuerrechtlichen Gewinnermittlung entspricht, den vollen Gewinn zu erfassen, könne es nicht im Belieben des Kaufmanns stehen, sich durch Nichtaktivierung von erworbenen Wirtschaftsgütern, die handelsrechtlich aktiviert werden dürfen, ärmer zu machen als er ist. Eine solche Auslegung des Maßgeblichkeitsgrundsatzes verstoße auch gegen den verfassungsrechtlichen Grundsatz der Gleichmäßigkeit der Besteuerung.

Dieser Auffassung ist in vollem Umfang zuzustimmen. Ein Wahlrecht bedeutet praktisch das Recht, die Leistung selbst zu bestimmen. Ein solches Recht passt in das privatrechtliche Schuldverhältnis (§ 315 BGB), dürfte aber mit dem Wesen des öffentlich-rechtlichen Schuldverhältnisses - zumindest bei entgeltlichem Erwerb eines Vermögensgegenstandes - unvereinbar sein. Ein solches nur den Kaufleuten eingeräumtes Wahlrecht stünde zudem - worauf der Große Senat ausdrücklich hingewiesen hat - mit dem Grundsatz der Gleichheit der Besteuerung schwerlich im Einklang.

Auch ohne das in § 5 Abs. 2 EStG enthaltene Aktivierungsgebot derivativer immaterieller Wirtschaftsgüter wären also nach der Rechtsprechung und der h.M. im Schrifttum die Aktivierungswahlrechte in den §§ 153 Abs. 3 und 153 Abs. 5 Satz 2 AktG für die Steuerbilanz unbeachtlich, da sie vom Maßgeblichkeitsgrundsatz nicht erfasst werden. Das Aktivierungsgebot in § 5 Abs. 2 EStG ist somit lediglich eine gesetzliche Klarstellung und berührt nicht die ausdrückliche Anordnung der Maßgeblichkeit der Aktivierungsverbote in den §§ 153 Abs. 3 und 153 Abs. 5 Satz 1 AktG für die Steuerbilanz in derselben Vorschrift.

Es ist daher nach den §§ 153 Abs. 3 und 153 Abs. 5 Satz 1 AktG zu prüfen, ob die Kapitalgesellschaft die von der Personengesellschaft übernommenen, bisher nicht

---

[387] So der Große Senat des BFH in seinem Beschluss vom 3. 2. 1969 - GrS 2/68 -, BStBl. 1969 II, 291, 293; *Plückebaum*, a.a.O., S. 27; *Döllerer*, BB 1969, 501, 504 und BB 1969, 1445; *Gail*, Wpg 1969, 273, 277; *Thiel*, FR 1969, 165, 166 und StbJb 1969/70, 255, 275; *Nissen*, DStZ A 1969, 129, 130; *Littmann*, DStR 1969, 321, 325 und *Uelner*, a.a.O., S. 314; a.A. *Bühler/Scherpf*, S. 368; *Saage*, DB 1969, 1709, 1714; *Mutze*, StBp 1961, 141, 145 und *Schaudwet*, GmbHR 1968, 51, 55 als Vertreter eines uneingeschränkten Maßgeblichkeitsgrundsatzes.

[388] A.a.O., S. 293 r. Sp.

bilanzierungsfähigen immateriellen Anlagewerte einschließlich des Geschäftswerts infolge der Umwandlung in ihrer handelsrechtlichen Eröffnungsbilanz ansetzen darf. Ist dies nicht der Fall, ist auch ein Ansatz in der steuerlichen Eröffnungsbilanz nicht möglich. Falls aber ein entgeltlicher Erwerb und damit ein handelsrechtliches Bilanzierungswahlrecht gegeben ist, sind die immateriellen Anlagewerte und mit ihnen auch der Geschäftswert der Personengesellschaft nach dem Aktivierungsgebot in § 5 Abs. 2 EStG mit ihren Teilwerten in der steuerlichen Eröffnungsbilanz anzusetzen, damit ein Ansatz des Betriebsvermögens zum Teilwert vorliegt.

7.   Begriff des entgeltlichen Erwerbs i.S. der §§ 153 Abs. 3 und 153 Abs. 5

Entgeltlicher Erwerb i.S. der §§ 153 Abs. 3 und 153 Abs. 5 AktG bedeutet Erwerb des Geschäftswerts oder eines anderen immateriellen Anlagewertes von einem Dritten unter Erbringung einer Gegenleistung.[389] Die Auffassung von *Birkholz*,[390] dass ein entgeltlicher Erwerb i. s. des § 153 Abs. 3 AktG bereits vorliege, wenn eine Gesellschaft Aufwendungen mache, um einen Wert zu schaffen, entspricht weder dem Wortlaut noch dem Sinn und Zweck des Gesetzes; denn dann hätte es der Vorschrift des § 153 Abs. 3 AktG nicht bedurft, da dies schon in § 153 Abs. 1 AktG bestimmt ist.[391] Auch kann *Rau*[392] nicht in seiner Auffassung gefolgt werden, dass insoweit ein unentgeltlicher Erwerb vorliege. Unter Erwerb ist nach dem Wortlaut und dem Zweck des Gesetzes allein der Übergang eines immateriellen Anlagewertes aus dem Vermögen eines Rechtssubjekts in das Vermögen eines anderen Rechtssubjekts zu verstehen.[393] Nur was man selbst schafft oder sich aneignet, ist nicht erworben.[394]

Ob dieser erforderliche Vermögensübergang sich im Wege der Einzel- oder Gesamtrechtsnachfolge vollzieht, ist unbeachtlich, da es sich insoweit lediglich um die sachenrechtliche Gestaltung des Vermögensübergangs handelt. Auch die Fra-

---

[389] Vgl. *Adler/Düring/Schmaltz*, Anm. 116 zu § 153; Curtius/Hartung, StbJb 1969/70, 325, 335; v. *Godin/Wilhelmi*, Anm. 6 zu § 153; *Nissen*, DStZ A 1969, 129, 133; *Gail*, Wpg 1969, 273, 276; *van der Velde*, FR 1969, 441, 444.

[390] BB 1966, 709, 710.

[391] *Adler/Düring/Schmaltz*, a.a.O.

[392] DB 1969, 676, 677.

[393] So auch *Uelner*, NWB Fach 17 a, S. 311, 316.

[394] *Plückebaum*, StLex 3, §§ 5 - 6, 9, 36.

ge, ob bei dem Vermögensübergang eine Gegenleistung erbracht worden ist, kann nicht allein wegen einer andersartigen sachenrechtlichen Gestaltung unterschiedlich beantwortet werden. Daher ist für die hier zu entscheidende Frage, ob die neugegründete Kapitalgesellschaft die immateriellen Anlagewerte einschließlich des Geschäftswerts im Wege der Umwandlung entgeltlich erworben hat, ohne Bedeutung, ob die Umwandlung sich im Wege der Sacheinlage nach § 7 AktG bzw. § 5 Abs. 4 GmbHG oder im Wege der Gesamtrechtsnachfolge nach den §§ 44 Abs. 1 bzw. 49 Abs. 2 UmwG vollzogen hat.

8.   Kein Erfordernis eines gegenseitigen schuldrechtlichen Leistungsaustausches

Die Umwandlung einer Personengesellschaft in eine Kapitalgesellschaft ist ein Veräußerungsvertrag eigener, gesellschaftsrechtlicher Art, bei dem die Übertragung des Vermögens auf die Kapitalgesellschaft ein Teil der Gründung selbst ist. Vermögensübertragung und dafür gewährte Gesellschaftsanteile erweisen sich nicht als Leistung und Gegenleistung i.S. eines schuldrechtlichen gegenseitigen Vertrages.[395] Hieraus wird in der Literatur[396] und neuerdings auch in der Rechtsprechung[397] teilweise gefolgert, dass bei der Umwandlung einer Personengesellschaft in eine Kapitalgesellschaft schon deshalb nicht von einem entgeltlichen Erwerb i.S. der §§ 153 Abs. 3 und 153 Abs. 5 AktG gesprochen werden könne, weil für den Begriff des entgeltlichen Erwerbs ein Leistungsaustausch i.S. eines schuldrechtlichen gegenseitigen Vertrages erforderlich sei, der bei der Umwandlung nicht gegeben ist. Da sich die Vermögensbeteiligung der Gesellschafter unmittelbar aufgrund des bestehenden Gesellschaftsverhältnisses mit der Übertragung des Unternehmens auf die Kapitalgesellschaft ergibt, fehle es an einer selbständigen Gegenleistung der Kapitalgesellschaft.[398]

Eine solche enge Auslegung des Begriffs "entgeltlicher Erwerb" deckt sich zwar mit dem Wortlaut der aktienrechtlichen Vorschriften, würde jedoch nach Sinn und

---

[395] S. S. 55 mit Literaturangaben.

[396] *Böttcher/Beinert/Hennerkes*, S. 179 i.V. mit S. 40; *Fasold*, BB 1969, 1428, 1430 und StbJb 1970/71, 183, 214 und wohl auch *Uelner*, NWB Fach 17 a, S. 311, 315.

[397] Vgl. das nicht rechtskräftige Urteil des FG Nürnberg - III 54/70 - vom 17. 12. 1971, StBp 1972, 90, 92.

[398] *Fasold*, BB 1969, 1428, 1430.

Zweck dieser Vorschriften zu einer ungerechtfertigten Einengung des Ansatzes von immateriellen Anlagewerten in der Bilanz führen.

a) Die Ermöglichung einer objektiven Wertbestimmung als Zweck der handelsrechtlichen Aktivierungsverbote

Der Grund, weswegen nur von Dritten erworbene immaterielle Anlagewerte aktiviert werden können, ist die schwierige und unsichere Bewertung eigengeschaffener immaterieller Werte.[399] Dies geht auch eindeutig aus der Regierungsbegründung zum Entwurf des Aktiengesetzes 1965[400] hervor. Bei selbstgeschaffenen unkörperlichen Gütern wäre es dem subjektiven Ermessen des Kaufmanns überlassen, ob er sie in die Bilanz einsetzt. Die damit verbundene Gefahr, dass in der Bilanz nicht vorhandene Werte erscheinen, die vor allem in schlechten Zeiten nicht unterschätzt werden darf, nimmt das Handelsrecht nicht in Kauf.[401] Es ist das Prinzip der Vorsicht und des Gläubigerschutzes, das hier zu Recht zum Zuge kommt. Bei eigengeschaffenen immateriellen Werten ist die Unsicherheit zu groß, um dem Sicherheitsprinzip, das jeder Bilanz zugrunde liegt (die Aktiva müssen in der ausgewiesenen Höhe mindestens vorhanden sein) genügen zu können.[402] Erst eine Objektivierung der Wertbestimmung rechtfertigt die Aktivierung solcher immaterieller Posten.[403]

Diese Objektivierung sah der Gesetzgeber nur in dem Erwerb von einem Dritten gewährleistet. Deshalb ist nach dem Sinn und Zweck des Gesetzes für die Aktivierbarkeit entscheidend, ob durch den Erwerb eine objektive Bestimmung des Wertes der immateriellen Anlagegüter ermöglicht wird. An das Entgelt knüpfen die §§ 153 Abs. 3 und 153 Abs. 5 AktG dabei nur deshalb an, weil sich mit dessen Hilfe die Werte der immateriellen Anlagegüter am einfachsten ermitteln lassen.[404] Dies wird an dem Normalfall deutlich, dass immaterielle Anlagewerte unter Fremden aufgrund eines gegenseitigen Vertrages, vor allem eines Kaufvertrages, veräußert werden. Hier bietet der Kaufpreis die Gewähr einer möglichst objekti-

---

[399] Vgl. *Mellerowicz* in Großk.AktG, Anm. 94 zu § 153; *Adler/Düring/Schmaltz*, Anm. 115, 116 zu § 153; *v. Godin/Wilhelmi*, Anm. 3 zu § 153; *Kropff*, Wpg 1966, 369, 374.

[400] Bundestags-Drucksache IV/171, S. 177.

[401] *Döllerer*, BB 1965, 1405, 1407; *Bühler/Scherpf*, S. 164.

[402] *Mellerowicz* in Großk.AktG, Anm. 94 und 101 zu § 153.

[403] So auch *Curtius/Hartung*, StbJb 1969/70, 325, 335.

[404] Ähnlich *Schaudwet*, GmbHR 1968, 51, 53 und *Döllerer*, BB 1969, 501, 505.

ven Bestimmung des Wertes der immateriellen Güter; denn das Handelsrecht geht davon aus, dass ein Kaufmann grundsätzlich nichts verschenkt. Der Tatsache, dass hierbei aufgrund der subjektiven Wertschätzung der Beteiligten eine nur bedingt objektive Wertbestimmung erreicht wird, trägt das Gesetz dadurch Rechnung, dass es abweichend von den allgemeinen Bilanzierungsbestimmungen, die grundsätzlich auf eine Aktivierungspflicht hinauslaufen, ein Aktivierungswahlrecht gewährt.[405]

Eine solche objektive Wertbestimmung der erworbenen immateriellen Anlagegüter ist aber auch außerhalb eines Leistungsaustausches aufgrund eines gegenseitigen Vertrages durchaus möglich. Dabei ist in erster Linie an die Fälle zu denken, in denen sich die objektive Bestimmbarkeit aus einem Gegenwert ergibt, der keine Gegenleistung aufgrund eines gegenseitigen Vertrages ist. Es sind jedoch auch Fälle denkbar, dass eine objektive Wertbestimmung unabhängig von einer gewährten Gegenleistung aufgrund von Umständen getroffen werden kann, die unmittelbar mit dem Vermögensübergang auf den Erwerber in Zusammenhang stehen und die sogar von einer subjektiven Werteinschätzung der Beteiligten frei sind.[406]

b)   Die untergeordnete Bedeutung des Begriffs „Entgelt"

Diese Überlegungen verdeutlichen, dass dem Begriff des Entgelts bzw. der Gegenleistung lediglich eine Hilfsfunktion für eine möglichst objektive Wertbestimmung der immateriellen Güter zukommt. Nach dem Sinn und Zweck der Vorschriften würde zur Aktivierbarkeit ein Rechtsgeschäft genügen, aufgrund dessen die immateriellen Anlagewerte aus dem Vermögen eines Rechtssubjekts in das Vermögen eines anderen Rechtssubjekts übergehen, wenn hierdurch ihr Wert einer objektiven Ermittlung zugänglich gemacht wird. wenn das Gesetz trotzdem den Begriff des Entgelts bzw. der Gegenleistung erwähnt, so darf dieser Begriff nicht ohne Rücksicht auf den Gesetzeszweck rein wörtlich interpretiert werden, sondern muss entsprechend seiner Hilfsfunktion und damit weit ausgelegt werden.

Dies muss dazu führen, dass unter Entgelt bzw. Gegenleistung i.S. der §§ 153 Abs. 3 und 153 Abs. 5 AktG nicht nur eine Gegenleistung innerhalb eines Leis-

---

[405] *Adler/Düring/Schmaltz*, Anm. 117 zu § 153; *Claussen* in Kölner Komm. z. AktG, Anm. 30 zu § 153.

[406] S. hierzu S. 133 ff.

tungsaustausches aufgrund eines gegenseitigen Vertrages zu verstehen ist. Vielmehr genügt jeder Gegenwert, der dem Dritten für die Übertragung der immateriellen Anlagewerte zufließt, soweit aus ihm oder aus Umständen, die sich unmittelbar aus dem Vermögensübergang auf den Erwerber ergeben, eine möglichst objektive Wertbestimmung der immateriellen Güter herbeiführen lässt. Allein diese sehr weite, lediglich durch den Zweck des Gesetzes eingeschränkte Auslegung entspricht dem Willen des Gesetzgebers, der auch insoweit noch einen hinreichenden Ausdruck im Wortlaut der Vorschriften gefunden hat.

9.   Die Umwandlung als Erwerbsvorgang trotz Identität der Gesellschafter

Wenn damit auch die Tatsache, dass die erhaltenen Gesellschaftsanteile keine Gegenleistung der Kapitalgesellschaft i.S. eines gegenseitigen Vertrages sind, eine Aktivierbarkeit der immateriellen Anlagewerte nicht von vornherein ausschließt, so bestehen doch aufgrund der Gesellschafteridentität bei der Personengesellschaft und der neugegründeten Kapitalgesellschaft erhebliche Zweifel, ob es bei der Umwandlung in eine Kapitalgesellschaft nicht an der Grundvoraussetzung der Aktivierbarkeit, dem Erwerb von einem Dritten, mangelt. Immerhin ist das Gesellschaftsvermögen, der Träger der neuen juristischen Person, mit den übernommenen Vermögenswerten der bisherigen Gesamthand identisch. Das gesamte Grund- bzw. Stammkapital der Kapitalgesellschaft wird durch Sacheinlagen gedeckt, die ausschließlich in Werten des übertragenen Unternehmens bestehen, so dass wirtschaftlich gesehen die Gesellschafter die bislang gesamthänderisch gebundenen Werte des Vermögens der Personengesellschaft unter Wegfall ihrer persönlichen Haftung in ein rechtlich verselbständigtes Zweckvermögen verwandeln.

Diese Erwägungen haben das LG Köln in seinem Beschluss - 24 T 6/58 - vom 26. 2. 1959[407] veranlasst, im Falle der Umwandlung einer OHG in eine GmbH den Ansatz des Geschäftswerts der OHG in der Eröffnungsbilanz der GmbH nicht zuzulassen. Zwar sieht das LG Köln mit der h.M. im Schrifttum[408] bei der Sachgründung einer Kapitalgesellschaft in der Einbringung eines Unternehmens als Sacheinlage grundsätzlich einen entgeltlichen Erwerb der Kapitalgesellschaft und

---

[407] BB 1959, 1081 ff.

[408] Vgl. u.a. *Barz* in Großk.AktG, Anm. 24 b zu § 27; *v. Godin/Wilhelmi*, Anm. 14 zu § 27 und Anm. 6 zu § 153; *Adler/Düring/Schmaltz*, Anm. 116 zu § 153; *Hachenburg/Schilling*, Anm. 17 zu § 5; *Mutze*, Aktivierung, S. 248; *Gail*, Wpg 1969, 273, 276 und *Freericks*, FR 1969, 518, 520.

lässt damit eine Aktivierung des Geschäftswerts und anderer immaterieller Anlagewerte zu, doch macht es hiervon für den speziellen Fall der Umwandlung eine Ausnahme. In diesem Fall ändere sich durch die Einbringung des Unternehmens in die Kapitalgesellschaft die frühere Rechtslage im Ergebnis nur dahin, dass zugunsten der Personen, für deren Rechnung das Unternehmen bisher betrieben wurde und wirtschaftlich auch weiterhin betrieben wird, eine Haftungsbeschränkung eintrete. Diese Veränderung reiche nicht aus, um den Geschäftswert des Unternehmens in der neuen Rechtsform nunmehr als einen fremden und damit für die Kapitalgesellschaft bilanzfähigen Vermögenswert gelten zu lassen.[409]

Dieser Auffassung hat sich das Schrifttum, soweit sich zu dieser Frage Stellungnahmen finden, überwiegend ohne eigene Begründung angeschlossen.[410] Das Bemerkenswerte an dieser Auffassung ist, dass sie sich ganz bewusst unter Zuhilfenahme wirtschaftlicher Gesichtspunkte darüber hinwegsetzt, dass die umzuwandelnde Personengesellschaft, also die Gesellschafter in ihrer gesamthänderischen Bindung, und die neu zu errichtende Kapitalgesellschaft sich der rechtlichen Gestalt nach als fremde Rechtssubjekte gegenüberstehen. Eine solche Ignorierung der rechtlichen Selbständigkeit der Kapitalgesellschaft gegenüber der bisherigen Personengesellschaft aus wirtschaftlichen Gesichtspunkten kann zwar im Steuerrecht aufgrund der dort herrschenden wirtschaftlichen Betrachtungsweise geboten sein, sollte aber im Zivilrecht vermieden werden, solange mit dogmatischen Erwägungen auszukommen ist. Dies muss uneingeschränkt gelten, solange unser Recht die Identitätsvorstellungen beim Wechsel der Unternehmensform nicht auf das Unternehmen als solches, sondern auf dessen Rechtspersönlichkeit bezieht.[411]

Der Beschluss des LG Köln kann nur aus der Überlegung verstanden werden, dass vermieden werden sollte, die Wertbestimmung der immateriellen Anlagewerte dem subjektiven Ermessen der Gesellschafter zu überlassen, weil dies dem Zweck der aktienrechtlichen Aktivierungsverbote zuwiderliefe. Diese Gefahr bestände grundsätzlich nicht, wenn die Gesellschafter der Personengesellschaft nicht mit den Gesellschaftern der Kapitalgesellschaft identisch wären. Die neu hinzukommenden Gesellschafter würden in ihrem eigenen Interesse die überhöhte Bewertung von immateriellen Anlagewerten verhindern. Sonst würden sie - wirtschaft-

---

[409] LG Köln, a.a.O., S. 1082 r. Sp.

[410] So z. B. *Mutze*, Aktivierung, S. 249; *Thiel*, Wpg 1966, 11, 12; *Herrmann/Heuer*, Anm. 73 zu § 16 EStG; *Glade/Steinfeld*, UmwStG, Anm. 493 a.E.; *Fasold*, BB 1969, 1428, 1430 und *Gail*, NWB Fach 18, S. 2041, 2043; a.A. *Groh*, StuW 1963, Sp. 449, 457 und *Schaudwet*, GmbHR 1968, 51 55.

[411] Vgl. *Flume*, ZfbF 1968, 90, 101, der dies allerdings für eine Betrachtung de lege ferenda für nicht sachgerecht hält.

lich gesehen - einen Teil ihrer eigenen Bar- oder Sacheinlagen unentgeltlich den bisherigen Gesellschaftern der Personengesellschaft zuwenden. Eine solche Kontrolle ist aber bei Gesellschafteridentität nicht gegeben.

Diesen Überlegungen ist jedoch nicht bei der Prüfung des Erwerbs von einem Dritten Rechnung zu tragen, sondern bei der Frage, ob der erhaltene Gegenwert oder andere Umstände, die unmittelbar mit dem Erwerb der immateriellen Güter in Zusammenhang stehen, eine objektive Wertbestimmung der Immaterialgüter ermöglichen. Deshalb kann die Begründung des LG Köln, ein Erwerb von einem fremden Unternehmen liege nicht vor, nicht überzeugen. Das Landgericht nimmt ohne Not zu wirtschaftlichen Gesichtspunkten Zuflucht, nur weil es sich in der Frage des Entgelts bereits vorher festgelegt hat. Damit ignoriert es zu Unrecht, dass die immateriellen Anlagewerte auch im speziellen Fall der Umwandlung aus dem Vermögen der Gesellschafter der Personengesellschaft in das Vermögen eines anderen Rechtssubjekts, der Kapitalgesellschaft, übergehen und damit ein Erwerb von einem Dritten vorliegt.

Auch können die Ergebnisse, zu denen diese Auffassung führt, nicht befriedigen, da sie mit dem Zweck der Aktivierungsverbote nicht im Einklang stehen. Einerseits dürften im Falle der Umwandlung wegen der Gesellschafteridentität selbst dann keine immateriellen Werte aktiviert werden, wenn eine objektive Wertbestimmung dieser Güter möglich ist. Dies kann besonders dann eine große Ungerechtigkeit sein und einer Umwandlung im Wege stehen, wenn der Ansatz der immateriellen Anlagegüter mit ihren oft beträchtlichen Werten zum Bilanzausgleich erforderlich ist, weil der Nennbetrag des für die Gründung der Kapitalgesellschaft notwendigen Kapitals (§§ 6 AktG, 5 Abs. 1 GmbHG) die Werte der eingebrachten materiellen Vermögensgegenstände übersteigt.[412] Andererseits wäre eine Aktivierung der immateriellen Anlagewerte bereits stets dann ohne Einschränkung möglich, wenn außer den Gesellschaftern der Personengesellschaft nur noch ein einziger weiterer Gesellschafter mit einer ganz geringen Quote an der neugegründeten Kapitalgesellschaft beteiligt wäre. Dabei soll von der Möglichkeit, dass es sich insoweit noch um einen "Strohmann" handelt, ganz abgesehen werden. Deshalb kann der Beschluss des LG Köln vom 26. 2. 1959 in keiner Weise überzeugen.

---

[412] Ebenso *Groh*, StuW 1963, Sp. 449, 457.

10.   Keine Anwendbarkeit des Urteils des BFH vom 29. 5. 1956

Auch das Urteil des Bundesfinanzhofs - I 39/56 S – vom 29. 5. 1956,[413] das den umgekehrten Fall der Umwandlung einer GmbH in eine OHG betrifft und dessen Ergebnis ein großer Teil des Schrifttums[414] auch auf den Fall der Umwandlung in eine Kapitalgesellschaft angewendet wissen will, kann für die Lösung der hier anstehenden Frage nur bedingt herangezogen werden.

Der Bundesfinanzhof hat in diesem Urteil den Ansatz eines Geschäftswerts in der steuerlichen Umwandlungsbilanz vor allem mit der Begründung abgelehnt, dass bei Ansatz des Geschäftswerts der Umwandlungsgewinn, der die Doppelbesteuerung vor Wegfall der Kapitalgesellschaft sichern soll, um Beträge erhöht würde, die zu keiner Zeit den steuerlichen Gewinn der Kapitalgesellschaft gemindert haben.[415] Insoweit ist die Entscheidung speziell auf die Körperschaftsteuer bezogen.[416]

Auch ansonsten zeichnet sich das Urteil durch eine fast ausschließlich steuerrechtliche Betrachtungsweise aus und ist damit für das vorliegende Problem wenig ergiebig. Soweit der Bundesfinanzhof zur Bekräftigung seiner Auffassung darauf hinweist, dass

> "nach wirtschaftlicher Betrachtungsweise die bisherigen Gesellschafter der Kapitalgesellschaft tatsächlich den gleichen Betrieb nur in der veränderten Form der Personengesellschaft fortsetzen",

ist dies eine rein steuerrechtliche Würdigung, der zudem noch das Eingeständnis vorausgeht, dass

> "bei mehr formalrechtlicher Betrachtung manches für den Ansatz des Geschäftswerts in der Umwandlungsbilanz spricht".[417]

---

[413] BStBl. 1956 III, 226.

[414] Vgl. u.a. *Glade/Steinfeld*, UmwStG, Anm. 493; *Glade*, StbJb 1969/70, 287, 307; *Felix*, Anm. 153, Fußnote 166 und *Uhl*, GmbHR 1956, 203, 206.

[415] A.a.O., S. 227.

[416] Darauf weisen auch *Vangerow*, StuW 1956, Sp. 845, 848 und der IV. Senat des BFH in seinem Urteil - IV R 122/66 - vom 4. 4. 1968, BStBl. 1968 II, 580, 581 hin, der sich deshalb bei der Einbringung eines Einzelunternehmens in eine Personengesellschaft hinsichtlich des Ansatzes des Geschäftswerts nicht durch das Urteil des I. Senats vom 29. 5. 1956 gebunden fühlt.

[417] A.a.O., S. 227.

Auch das weitere Argument des Bundesfinanzhofs, die Umwandlung würde durch eine Forderung nach Ansatz eines Geschäftswerts erheblich erschwert, wenn nicht unmöglich gemacht,[418] ist nur aus überspitzter steuerlicher Sicht erklärbar und trifft zudem auf die Umwandlung einer Personengesellschaft in eine Kapitalgesellschaft nur in ganz bestimmten Ausnahmefällen zu; denn die Gesellschafter sind grundsätzlich nicht zum Ansatz des Betriebsvermögens zum Teilwert gezwungen.

Deshalb ist das Urteil des Bundesfinanzhofs für das vorliegende Problem nur insoweit verwendbar, als es am Rande auf die Frage der Aktivierbarkeit des Geschäftswerts in der Handelsbilanz der neuen Personengesellschaft eingeht. Hierzu bemerkt es lediglich, dass eine Bilanzierung des Geschäftswerts auch mit dem Niederstwertprinzip und dem Gedanken des Gläubigerschutzes nur schwer vereinbar wäre, weil es an einer aus der Vereinbarung der Parteien bestimmbaren Gegenleistung fehlt[419]. Dieses Argument überzeugt aber nicht. Der Grundsatz der kaufmännischen Vorsicht, insbesondere auch die Rücksicht auf den Schutz der Gläubiger gebieten es, in der Bilanz nur solche Gegenstände anzusetzen, deren Wert möglichst objektiv bestimmt werden kann. Diese möglichst objektive Bestimmung braucht sich aber nicht aus der Vereinbarung der Parteien zu ergeben. Auch im Falle des käuflichen Erwerbs eines Unternehmens kommt es für die Bewertung des Geschäftswerts nicht darauf an, wie hoch die Parteien selbst die übrigen Vermögensgegenstände bewertet haben, sondern es ist ein objektiver Bewertungsmaßstab anzulegen.[420] Die den Gesellschaftsgläubigern von einer etwaigen Überbewertung des Geschäftswerts und der übrigen immateriellen Anlagewerte drohenden Gefahren sind nicht größer, sondern eher geringer, wenn eine Wertbestimmung der immateriellen Güter statt aufgrund von Parteivereinbarungen aufgrund anderer objektiver Kriterien möglich ist.

Ebenso wenig wie das LG Köln berührt auch der Bundesfinanzhof in seiner Entscheidung das eigentliche Problem der Aktivierbarkeit der immateriellen Anlagewerte, ob der erhaltene Gegenwert oder andere Umstände, die unmittelbar mit dem Erwerb der immateriellen Güter in Zusammenhang stehen, eine objektive Wertbestimmung ermöglichen.

---

[418] A.a.O., S. 228.

[419] *Döllerer*, BB 1969, 501, 505.

[420] *V. Godin/Wilhelmi*, Anm. 8 zu § 153; *Schlegelberger/Quassowski*, AktG, Anm. 40 zu § 133; *Glade*, StbJb 1969/70, 287, 297.

11. Die Unmöglichkeit einer objektiven Wertbestimmung aufgrund der erhaltenen Gesellschaftsanteile

Ein entgeltlicher Erwerb der immateriellen Anlagewerte durch die Kapitalgesellschaft läge vor, wenn den Gesellschaftern für die erworbenen immateriellen Anlagewerte ein Gegenwert zugeflossen ist und sich aufgrund dieses Gegenwerts eine objektive Wertbestimmung der Immaterialgüter herbeiführen lässt.

Für die mit der Aufgabe ihrer Mitunternehmerstellung verbundene Übertragung der gesamten Unternehmenswerte ist den Gesellschaftern ein Gegenwert in Form des gemeinen Werts der erhaltenen Gesellschaftsanteile zugeflossen.[421] Soweit diese Gesellschaftsanteile wertmäßig auf die immateriellen Anlagewerte einschließlich des Geschäftswerts entfallen, stellen sie das Äquivalent für den Verlust der Gesellschafter an den ihnen bisher gesamthänderisch gehörenden immateriellen Anlagewerten der Personengesellschaft dar.

Den Wert der immateriellen Anlagewerte anhand des Gegenwerts, also der anteilig auf sie entfallenden Gesellschaftsanteile, zu bestimmen, stößt jedoch auf unüberwindliche Schwierigkeiten. Im speziellen Fall der Umwandlung fehlen Vergleichsmöglichkeiten wie z. B. Bareinlagen neu hinzukommender Gesellschafter völlig. Der gemeine Wert der erhaltenen Gesellschaftsanteile kann deshalb nicht bestimmt werden, ohne den Wert des gesamten Unternehmens einschließlich der immateriellen Anlagewerte und des Geschäftswerts zu berücksichtigen. Es geht nicht an, die ausgegebenen Anteile einfach mit ihrem Nennbetrag zu bewerten, da der Nennbetrag der Anteile nur in den seltensten Fällen mit ihrem gemeinen Wert identisch ist. Man müsste daher, um den Wert der Gesellschaftsanteile festzustellen, erst den Wert des gesamten übernommenen Unternehmens einschließlich der Immaterialgüter und des Geschäftswerts bestimmen. Da es aber unmöglich ist, den Wert einer unbekannten Größe mit Hilfe einer anderen unbekannten Größe festzustellen, kann nicht der Wert der immateriellen Anlagewerte aufgrund des anteiligen gemeinen Werts der Gesellschaftsanteile ermittelt werden.[422]

---

[421] So auch *Groh*, StuW 1963, Sp. 449, 456.

[422] Ähnlich *Thole*, S. 53 unter Berufung auf die Urteile des RFH vom 16. 11. 1933 - III A 243/33 -, RStBl. 1934, 37, 38 und vom 17. 7. 1936 - III A 67/36 -, RStBl. 1936, 877, 878.

12. Die Möglichkeit einer objektiven Wertbestimmung aufgrund einer Kontrolle durch unabhängige Dritte

Damit bleibt für eine Aktivierung der übernommenen immateriellen Anlagewerte in der Eröffnungsbilanz der Kapitalgesellschaft nur noch die Möglichkeit, dass aufgrund von Umständen, die unmittelbar mit dem Erwerb der Immaterialgüter in Verbindung stehen, eine objektive Wertbestimmung herbeigeführt werden kann.

a) Die Bestimmbarkeit des Geschäftswerts aufgrund betriebswirtschaftlicher Methoden

Voraussetzung hierfür ist, dass eine Bestimmung des wichtigsten immateriellen Anlagewertes, des Geschäftswerts ohne Berücksichtigung eines etwaigen Gegenwertes überhaupt möglich ist. Das Gesetz geht davon aus, dass sich sein Wert bei der Veräußerung des Unternehmens in Form einer Differenzrechnung (Gesamterlös des Unternehmens abzüglich des Wertes aller übrigen materiellen und immateriellen Vermögensgegenstände) feststellen lässt. Daneben hat aber die Betriebswirtschaftslehre verschiedene Methoden entwickelt, die es gestatten, den Geschäftswert allein aus den Daten des lebenden Unternehmens, insbesondere aus den Gewinnen der letzten Jahre zu berechnen.

Als hauptsächliche Bewertungsmethoden werden in der Betriebswirtschaft unterschieden:

a) die Mittelwertmethode,
b) die Kapitalisierungsmethode,
c) die direkte oder angelsächsische Methode.[423]

Die Methoden b) und c) gehen von dem im Unternehmen erzielbaren Ertrag aus. Sie kapitalisieren den "Übergewinn", d.h. den Gewinn, der über die normale Verzinsung des bilanzmäßig erfassten Kapitals hinausgeht, bzw. leiten den Geschäftswert unmittelbar aus einer branchentypischen Größe ab und kommen damit direkt zum Geschäftswert. Die direkten Methoden sind im Ausland, vor allem in den USA, weit verbreitet. Ihre Anwendung setzt aber eine außergewöhnliche

---

[423] Vgl. das Urteil des FG Nürnberg vom 9. 6. 1970 - II 324/65 -, EPG 1970, 515, 516 und *Glade*, StBJb 1969/70, 287, 320 ff.

Erfahrung und die umfangreiche Kenntnis von Vergleichsdaten voraus, die auf dem engen deutschen Markt nicht gegeben ist.[424]

Das in Deutschland bekannteste und in der Praxis am häufigsten verwandte Verfahren zur Ermittlung des Geschäftswerts eines Unternehmens ist die Mittelwertmethode, die zudem den Vorzug hat, dass sie auch von Praktikern ohne mathematisch-betriebswirtschaftliche Kenntnisse angewendet werden kann.[425] Bei dem Mittelwertverfahren, der sogenannten klassischen Methode i.S. *Schmalenbachs*, wird der Unternehmenswert aus dem arithmetischen Mittel von Substanzwert und Ertragswert errechnet, wobei der Ertragswert dem Barwert einer ewigen Rente gleichkommt.[426] Sie ist eine indirekte Ermittlungsmethode, weil der Geschäftswert auf dem Umweg über den Gesamtwert des Unternehmens berechnet wird.

Die Mittelwertmethode wird unter der Bezeichnung indirekte Methode auch von der höchstrichterlichen Rechtsprechung bei der Berechnung des Geschäftswerts angewandt. So geht der Bundesfinanzhof[427] bei der Berechnung des Geschäftswerts vom Ertragswert des Unternehmens aus, den er durch die Kapitalisierung des nachhaltig erzielbaren Gewinns ermittelt, zieht davon das gegenständige Betriebsvermögen, den Substanzwert, ab und kommt nach einem "Risikoabschlag" von 50 % zum Geschäftswert.

Diese Berechnungsmethode kann durchaus zutreffende Ergebnisse hervorbringen, kann aber auch - schematisch gehandhabt - zu völlig willkürlichen Ergebnissen führen. Dadurch, dass diese Methode für die Berechnung des Ertragswerts einen nicht vorgegebenen, sondern jeweils erst anzusetzenden Zinsfuß zugrunde legen muss und sich genötigt sieht, zur Abgeltung von Fehlerquellen und Risiken einen Abschlag von 50 % anzuerkennen, enthält sie bereits zwei mehr oder minder frei gewählte Variable. Hinzu kommt, dass einzelne Gerichte den für die Ermittlung des Ertragswerts zu errechnenden nachhaltig erzielbaren Gewinn noch um einen geschätzten Betrag für die tatsächliche Arbeitsleistung der Gesellschafter und die Verzinsung ihres Eigenkapitals kürzen.[428] Das Ergebnis einer Berechnung kann

---

[424] *Glade*, a.a.O., S. 321.

[425] *Brinkmann*, StLex 3, §§ 5 - 6 , 83, 84.

[426] Vgl. *Schmalenbach/Bauer*, S. 62 ff.

[427] Vgl, u.a. die Urteile vom 11. 10. 1960 - I 229/59 U -, BFHE 71, 695, 698; vom 19. 2. 1965 - III 342/61 U -, BFHE 82, 1, 8 und vom 31. 10. 1967 - II 148/63 -, BFHE 91, 127, 130.

[428] Vgl. das Urteil des FG Nürnberg - III 218/67 - vom 23. 10. 1970 mit zustimmender Anmerkung von *Sauer* in StBp 1971, 183, 185.

aber nur so genau sein wie ihre Grundlagen; ein falscher Ansatz in den Grundlagen kann sich durch eine scheinbar exakte Berechnung vervielfachen.[429] Deshalb räumt auch der Bundesfinanzhof in seinem Urteil - II 95 - 96/64 – vom 16. 6. 1970[430] ein, dass die von ihm angewandte Methode nicht juristische, sondern allenfalls pragmatische Bedeutung beanspruchen kann und sie nur solange richtig ist, als ihr die Übung im Wirtschaftsleben folgt.[431] Es kann deshalb im speziellen Fall durchaus angebracht sein, die indirekte Mittelwertmethode durch die direkte Kapitalisierungsmethode zu ergänzen.[432]

Diese Überlegungen zeigen, dass es zwar aufgrund der verschiedenen betriebswirtschaftlichen Methoden möglich ist, bei genauer Analyse des Unternehmens und der Marktlage den Geschäftswert einigermaßen exakt zu ermitteln, dass es aber unmöglich ist, allein aufgrund einer bestimmten mathematischen Formel zu einer zuverlässigen Berechnung des Geschäftswerts zu gelangen.[433] Weil aber die Möglichkeit einer einigermaßen zuverlässigen Ermittlung des Geschäftswerts besteht, ist es nicht gerechtfertigt, seine Aktivierung lediglich unter Hinweis auf seine schwierige Bestimmbarkeit abzulehnen.[434] Die Berechnung des Geschäftswerts aufgrund eines gezahlten Kaufpreises bietet wegen der subjektiven Wertschätzung der Beteiligten auch keine größere Gewähr für die Richtigkeit des ermittelten Wertes.[435]

b) Die Gefahr der Manipulation bei der Wertbestimmung aufgrund der Gesellschafteridentität

Die Bedenken, die gegen eine Aktivierung des Geschäftswerts sprechen, sind dieselben, die auch gegen die Aktivierung aller übrigen immateriellen Anlagewerte sprechen. Sie erwachsen aus dem Umstand, dass es im Falle der Umwandlung

---

[429] Vgl. das Urteil des BFH vom 10. 3. 1970 - II 83/62 -, BFHE 99, 133.

[430] BFHE 99, 413, 421.

[431] Zu den Bedenken gegen eine schematische Handhabung der vom BFH vertretenen indirekten Methode vgl. auch *Siebel*, BB 1971, 612, 613; *George*, NWB Fach 17 a, 381, 384; *Glade*, StbJb 1969/70, 287, 523 ff. und *Brinkmann*, a.a.O., S.84 ff.

[432] So vom FG Münster in seinem Urteil vom 14. 10. 1970 - II 2235/67 E -, EFG 1971, 169 gehandhabt.

[433] Ähnlich *Glade*, StbJb 1969/70, 287, 322.

[434] So jedoch *Thole*, S. 52 und *v. Wallis*, BB 1968, 1477, 1480.

[435] So auch *Schaudwet*, GmbHR 1968, 51, 53.

allein die Gesellschafter sind, die den Geschäftswert berechnen. Durch die eigene Wahl der Bewertungsmethode oder deren Grundlagen, z. B. des nachhaltig erzielbaren Gewinns oder des Kapitalisierungszinsfußes bei der Ermittlung des Ertragswerts, ist es ihnen möglich, trotz scheinbar exakter Berechnung die Höhe des Geschäftswerts in ihrem Sinne zu manipulieren. Dadurch besteht bei der Ermittlung des Geschäftswerts ebenso wie bei der Ermittlung der übrigen immateriellen Anlagewerte die Gefahr, dass ein nicht vorhandener oder zumindest nicht in dieser Höhe vorhandener Wert in der Bilanz der Kapitalgesellschaft erscheint.

Diese Gefahr, die trotz des Vermögensübergangs auf ein anderes Rechtssubjekt das Aktivierungsverbot für immaterielle Anlagewerte rechtfertigt, bestände nicht, wenn die Gesellschafter bei der Bewertung des Geschäftswerts und der übrigen immateriellen Anlagewerte einer objektiven Kontrolle unterworfen wären. Bei einer Kontrolle durch unparteiische Dritte anlässlich des Vermögensübergangs auf die Kapitalgesellschaft wäre eine objektive Wertbestimmung der immateriellen Anlagewerte i.S. der §§ 153 Abs. 3 und 153 Abs. 5 AktG gewährleistet.

c) Die objektive Kontrolle durch die Gründungsprüfung bei der Umwandlung in eine AG

Eine solche Kontrolle durch unparteiische Dritte könnte bei der Umwandlung in eine Aktiengesellschaft durch die gesetzlich vorgeschriebene Gründungsprüfung i.V. mit dem Prüfungsrecht des Registergerichts gegeben sein. Neben der stets notwendigen Prüfung durch die Mitglieder der Gesellschaftsorgane (§ 33 Abs. 1 AktG) müssen nach §§ 33 Abs. 2 Nr. 4, 34 Abs. 1 Nr. 2 AktG im Falle der Sachgründung einer Aktiengesellschaft unabhängige Gründungsprüfer nachprüfen, ob der Wert der Sacheinlage den Nennbetrag der dafür zu gewährenden Aktien erreicht. Dies gilt über § 40 Abs. 2 Satz 1 UmwG auch für den Fall der Umwandlung im Wege der Gesamtrechtsnachfolge.

Da Ziel der Gründungsprüfung ist, die Überbewertung der übernommenen Sachwerte zu vermeiden, schützt die Gründungsprüfung vor zu hohen und unangemessenen Bewertungen der übernommenen immateriellen Anlagewerte.[436] Trotz dieser Zielrichtung besteht auch noch eine gewisse Kontrolle im Falle der Unterbewertung der übernommenen Unternehmenswerte. In einem solchen Fall werden sich die Prüfer in ihrem Bericht nicht auf die Feststellung, es liege keine Überbe-

---

[436] So auch *Mutze*, Aktivierung, S. 75.

wertung der Sacheinlage vor, beschränken dürfen, sondern auch auf das Vorhandensein stiller Reserven mindestens hinzuweisen haben.[437]

Damit die für eine objektive Kontrolle erforderliche Unparteilichkeit der Gründungsprüfer gewährleistet wird, hat das Gesetz ihre Bestellung ausschließlich dem Gericht des Sitzes der zukünftigen Aktiengesellschaft übertragen, das nur die Industrie- und Handelskammer vorher anzuhören hat (§ 33 Abs. 3 AktG). Außerdem hat es bestimmte Personen, bei denen eine Interessenkollision zu befürchten ist, von der Bestellung ausgeschlossen (§ 33 Abs. 5 AktG). Hinzu kommt, dass die Gründungsprüfer eine beschränkte vermögensrechtliche (§ 49 AktG) und strafrechtliche (§ 403 AktG) Verantwortlichkeit für die Richtigkeit ihres Berichts tragen. Sie üben ein Amt aus und stehen weder mit den Gesellschaftern noch mit der zukünftigen Aktiengesellschaft in einem Vertragsverhältnis.[438]

Falls nach Abschluss der Gründungsprüfung der Prüfungsbericht nebst urkundlichen Unterlagen, wie Gutachten oder Taxen,[439] dem Registergericht bei der Anmeldung vorgelegt wird (§ 37 Abs. 3 Nr. 4 AktG) und sich aus dem Prüfungsbericht ergibt, dass die übernommenen Unternehmenswerte nicht unwesentlich überbewertet sind, kann das Registergericht die Eintragung in das Handelsregister ablehnen (§ 38 Abs. 2 AktG).

Durch diese umfangreichen Kontrollen wird die Gefahr einer Überbewertung der immateriellen Anlagewerte einschließlich des Geschäftswerts vermieden und eine Objektivierung der Wertbestimmung erreicht. Deshalb muss bei der Umwandlung einer Personengesellschaft in eine Aktiengesellschaft von einem entgeltlichen Erwerb der immateriellen Anlagewerte i.S. der §§ 153 Abs. 3 und 153 Abs. 5 Satz 2 AktG gesprochen werden. Eine Aktivierung des Geschäftswerts und der anderen übertragenen immateriellen Güter in der handelsrechtlichen Eröffnungsbilanz der Aktiengesellschaft ist damit möglich.

Dies hat zur Folge, dass in der steuerlichen Eröffnungsbilanz der Aktiengesellschaft bei einem Ansatz des Betriebsvermögens zum Teilwert auch die immateriellen Anlagewerte mit ihrem Teilwert angesetzt werden müssen. Falls nur einzelne Gesellschafter die auf sie entfallenden Anteile am Betriebsvermögen zum Teilwert auf die Aktiengesellschaft übertragen, während die übrigen Anteile von der Akti-

---

[437] *Barz* in Großk.AktG, Anm. 2 zu § 34.

[438] *V. Godin/Wilhelmi*, Anm. 4 zu § 33.

[439] *Barz* in Großk.AktG, Anm. 5 zu § 37.

engesellschaft zum Buchwert übernommen werden, sind Geschäftswert und immaterielle Anlagewerte nur anteilig aufzustocken, d.h. nur soweit, als sie anteilig auf die Gesellschafter entfallen, deren Anteile freiwillig oder gezwungenermaßen mit dem Teilwert angesetzt werden.[440]

d)   Keine ausreichende Kontrolle bei der Umwandlung in eine GmbH

Bei der Umwandlung einer Personengesellschaft in eine GmbH bestehen derartige umfangreiche Prüfungsmöglichkeiten anlässlich des Vermögensübergangs wie bei der Umwandlung in eine Aktiengesellschaft nicht. Das zurzeit noch gültige GmbH-Recht kennt eine Gründungsprüfung nicht. Auch das Umwandlungsgesetz hat keine derartigen Schutzvorschriften eingeführt, weil sich die Interessenlage kaum von der Neugründung einer GmbH mit Sacheinlage unterscheidet und der Reform des GmbH-Rechts nicht vorgegriffen werden sollte.[441]

Somit verbleibt für das bisherige Recht als einzige Kontrollmöglichkeit die Nachprüfung der Bewertung der übernommenen Unternehmenswerte durch den Registerrichter. Nach heute ganz h.M.[442] hat der Registerrichter im Interesse der Gläubiger entsprechend § 38 Abs. 2 AktG das Recht und die Pflicht, die Eintragung ins Handelsregister abzulehnen, wenn die Sacheinlage offensichtlich unangemessen hoch bewertet worden ist. Er hat jedoch keine allgemeine Prüfungspflicht bezüglich des Wertes der Sacheinlagen und ist zur Prüfung nur berechtigt und verpflichtet, wenn Anhaltspunkte für eine offensichtliche Unrichtigkeit der Angaben in der Anmeldung erkennbar sind.[443]

Die Bewertung des Geschäftswerts und der anderen immateriellen Anlagewerte ergibt sich bei der Umwandlung in eine GmbH nur aus dem Gesellschaftsvertrag. Dieser ist zwar mit der Anmeldung dem Registergericht einzureichen (§ 8 Abs. 1 Nr. 1 GmbHG), doch verlangt § 5 Abs. 4 GmbHG nicht mehr als die Verlautba-

---

[440] So auch Widmann/Mayer, Anm. 4229 und Herrmann/Heuer, Anm. 58 a.E. zu § 17 UmwStG.

[441] *Glade/Steinfeld*, UmwStG, Anm. 63; *Meyer/Ladewig*, GmbHR 1969, 231, 232.

[442] Vgl. das Urteil des BGH vom 16. 2. 1959 - II ZR 170/57 -, BGHZ 29, 300, 305; *Hachenburg/Schilling*, Anm. 11 a zu § 5; *Baumbach/Hueck*, GmbHG, Anm. 8 zu § 5; *Schneider/Schlaus*, DB 1969, 2213, 2217; *Meyer-Ladewig*, a.a.O., S. 252; *Widmann/Mayer*, Anm. 909 und *Scholz*, GmbHR 1957, 65, 69.

[443] Vgl. das Urteil des KG vom 9. 9. 1937 - 1 WX 655/36 -, HRR 1937, Nr. 1647; den Beschluss des RG vom 20. 7. 1937 - II B 3/37 -, RGZ 155, 211, 215, 218 und *Hachenburg/Schilling*, Anm. 11 a zu § 5.

rung der festgesetzten Sacheinlage.[444] Bei der Einlage eines Handelsgeschäfts ist noch nicht einmal die Angabe der einzelnen Vermögensgegenstände, Aktiva und Passiva erforderlich.[445] Auch die Anfügung einer Bilanz ist grundsätzlich nicht nötig, da sie mit der Identität der Sacheinlage nichts zu tun hat.[446] Nur im Fall der Umwandlung im Wege der Gesamtrechtsnachfolge fordert § 49 Abs. 1 Satz 2 UmwG die Beifügung der Umwandlungsbilanz.

Aus diesen Gründen dürfte es dem Registerrichter in den seltensten Fällen gelingen, allein aus den eingereichten Unterlagen Anhaltspunkte für eine offensichtliche Unrichtigkeit der Bewertung zu entdecken. Hinzu kommt meistens noch seine mangelnde Fachkenntnis auf dem schwierigen Gebiet der Unternehmensbewertung. So bleibt es mehr oder minder dem Zufall überlassen, ob er Anhaltspunkte für eine offensichtliche Überbewertung der Unternehmenswerte entdeckt und daraufhin gemäß § 12 FGG Ermittlungen anstellt. Auf jeden Fall aber können auf diese Weise nur besonders schwerwiegende Fälle unsolider Sachgründungen entdeckt und verhindert werden.[447] Daher ist die Nachprüfungsmöglichkeit durch den Registerrichter in keiner Weise geeignet, die Gefahren einer Überbewertung der immateriellen Anlagewerte, die sich aus der unkontrollierten Bewertung durch die Gesellschafter ergeben, zu vermeiden.

Weiterhin ist zu beachten, dass das GmbH-Gesetz eine Haftung der Gesellschafter nur für die Richtigkeit ihrer Angaben über die auf die Stammeinlagen bewirkten Leistungen statuiert (§§ 9 Abs. 1, 8 Abs. 2, 7 Abs. 2 GmbHG), nicht dagegen in Bezug auf die richtige Bewertung der Sacheinlagen. Die Auffassung von *Boesebeck*,[448] das Sacheinlageversprechen enthalte ein Kapitaldeckungsversprechen, das stets eine reine Werthaftung des Sacheinlegers bedingt, wird von der h.M. schon wegen der damit über § 24 GmbHG verbundenen Aushöhlung des § 46 Abs. 2 AktG mit seinen erhöhten Anforderungen abgelehnt.[449] Ein Schadensersatzanspruch gegen die Gesellschafter könnte entsprechend § 46 Abs. 2 AktG allenfalls dann anzuerkennen sein, wenn die Bewertung so überhöht ist, dass sie

---

[444] Urteil des RG vom 25. 1. 1939 - II 94/38 -, RGZ 159, 321, 335.

[445] *Scholz*, GmbHG, Anm. 26 zu § 5.

[446] *Hachenburg/Schilling*, Anm. 41 zu § 5.

[447] So auch die Regierungsbegründung zu § 15 des Entwurfs eines GmbH-Gesetzes vom 5. 11. 1971, Bundesrats-Drucksache 595/71, S. 91.

[448] DR 1939, 434, 436.

[449] Vgl. u.a. die Urteile des RG vom 25. 1. 1939, a.a.O., S. 336 und des BGH vom 16. 2. 1959, a.a.O., S. 506 und *v. Godin/Wilhelmi*, Anm. 11 zu § 46.

entweder willkürlich oder doch nach kaufmännischen Grundsätzen nicht mehr vertretbar ist und die Gesellschafter dabei vorsätzlich oder grob fahrlässig gehandelt haben.[450]

Das derzeitige GmbH-Recht sieht also weder eine ausreichende Kontrolle noch ausreichende Sanktionen gegen die Gesellschafter vor, um eine möglichst objektive Bewertung der immateriellen Anlagewerte zu gewährleisten.[451] Daher kann bei der Umwandlung in eine GmbH nach bisherigem Recht nicht wie bei der Umwandlung in eine Aktiengesellschaft davon gesprochen werden, dass es bei dem Vermögensübergang zu einer ausreichenden objektiven Wertbestimmung der immateriellen Güter kommt. Es bleibt vielmehr weitgehend dem freien Ermessen der Gesellschafter überlassen, in welcher Höhe sie den Geschäftswert und die übrigen immateriellen Anlagewerte in der Eröffnungsbilanz der GmbH ansetzen. Damit fehlt es an einer Objektivierung der Wertbestimmung, wie sie die §§ 153 Abs. 3 und 155 Abs. 5 AktG fordern, und somit an einem entgeltlichen Erwerb durch die GmbH. Eine Aktivierung der immateriellen Anlagewerte einschließlich des Geschäftswerts ist deshalb bei der Umwandlung in eine GmbH nach bisherigem Recht nicht möglich.

e)   Ermöglichung einer objektiven Wertbestimmung der Immaterialgüter nach dem Regierungsentwurf eines neuen GmbH-Gesetzes

Eine andere Beurteilung könnte am Platze sein, wenn der Regierungsentwurf eines GmbH-Gesetzes vom 5. 11. 1971[452] unverändert oder nach Änderungen, die lediglich redaktionelle Klarstellungen enthalten oder den Vorschlägen des Bundesrates in seiner Stellungnahme vom 17. 12. 1971[453] entsprechen, Gesetz werden sollte.[454]

Der Regierungsentwurf vom 5. 11. 1971 sieht trotz des starken Widerstandes der Spitzenverbände der gewerblichen Wirtschaft[455] in § 15 ähnlich wie bei der Akti-

---

[450] So das Urteil des RG vom 25. 1. 1939, a.a.O.; noch strenger *Hachenburg/Schilling*, Anm. 42 zu § 5: nur bei bewusster Täuschung.

[451] Ähnlich *Schaudwet*, GmbHR 1968, 51, 54.

[452] Bundesrats-Drucksache 595/71.

[453] Bundesrats-Drucksache 595/71 (Beschluss)

[454] Vgl. zum Regierungsentwurf *Winter*, GmbHR 1972, 5.

[455] Vgl. die Stellungnahme der Spitzenverbände zum Referentenentwurf eines GmbH-Gesetzes, GmbHR 1970, 40, 41.

engesellschaft eine Gründungsprüfung vor. Allerdings unterwirft er die GmbH nicht generell einer Gründungsprüfung, weil dazu nach Meinung der Bundesregierung[456] im Gegensatz zur Aktiengesellschaft kein Bedürfnis besteht. § 15 des Regierungsentwurfs schreibt auch nicht für alle Sachgründungen eine Gründungsprüfung vor, weil sie eine Gesellschaft je nach Art der Sacheinlage unnötig mit Kosten belasten würde. Ziel der Gründungsprüfung bei der GmbH ist es, Sachgründungen zu erfassen, bei denen der Wert der eingelegten Gegenstände in der Regel zweifelhaft und nicht ohne eingehende Prüfung zu beurteilen ist.[457] Dementsprechend stellt § 15 Abs. 1 des Regierungsentwurfs gegenüber der missglückten Fassung des Referentenentwurfs[458] klar, dass die Pflicht zur Gründungsprüfung nur bei der Einlage von Wertpapieren ohne amtlich festgestellten Börsen- oder Marktpreis oder von anderen Gegenständen als Sachen besteht.[459] Der Bundesrat schlägt hierzu lediglich eine nochmalige redaktionelle Neufassung, aber keine sachliche Änderung der Bestimmung vor.[460] Daher wäre nach dem neuen GmbH-Recht bei der Einbringung eines Unternehmens mit Geschäftswert und anderen immateriellen Anlagewerten stets eine Gründungsprüfung erforderlich. Insoweit würde kein sachlicher Unterschied zur Gründungsprüfung bei der Aktiengesellschaft bestehen.

Eine weitere Annäherung an die Vorschriften über die Gründungsprüfung bei der Aktiengesellschaft bringt § 15 Abs. 2 des Regierungsentwurfs. Während der Referentenentwurf es noch für ausreichend erachtete, die Bestellung der Gründungsprüfer durch die Gesellschafter nach Anhörung der Industrie- und Handelskammer vornehmen zu lassen,[461] sieht der Regierungsentwurf zur Sicherung der Unabhängigkeit der Gründungsprüfer ihre Bestellung durch das Gericht nach Anhörung der Industrie- und Handelskammer vor. Hierdurch wird bei der Umwandlung in eine GmbH die gleiche objektive Kontrolle hinsichtlich der Bewertung der immateriellen Anlagewerte erreicht wie bei der Aktiengesellschaft. Hinzu kommt, dass der Registerrichter nach § 20 Satz 3 des Regierungsentwurfs verpflichtet ist, die Ein-

---

[456] Vgl. die Regierungsbegründung zum Entwurf eines GmbH-Gesetzes, Bundesrats-Drucksache 595/71, S. 92.

[457] Vgl. die Regierungsbegründung zum Entwurf eines GmbH-Gesetzes, a.a.O.

[458] S. § 15 des Referentenentwurfs eines GmbH-Gesetzes vom 1. 4. 1969, S. 5.

[459] Die Vorschrift des § 15 des Referentenentwurfs war zunächst entgegen der Begründung meistens dahin verstanden worden, dass bei jeder Einbringung von Sachen eine Gründungsprüfung zu erfolgen habe; vgl. dazu *Geßler*, BB 1971, 665, 666.

[460] S. Stellungnahme des Bundesrates zum Regierungsentwurf eines GmbH-Gesetzes, a.a.O., S. 5.

[461] Vgl. § 15 Abs. 2 des Referentenentwurfs vom 1. 4. 1969, S. 5 und die erläuternden Bemerkungen zu § 15 auf S. 153.

tragung ins Handelsregister abzulehnen; wenn sich aufgrund des ihm eingereichten Prüfungsberichts (§ 15 Abs. 5 Satz 1 des Regierungsentwurfs) ergibt, dass der Wert der Sacheinlagen nicht den Nennbetrag der dafür zu gewährenden Gesellschaftsanteile erreicht.

Aufgrund dieser vorgesehenen umfangreichen Kontrollen würde ebenso wie bei der Umwandlung in eine Aktiengesellschaft die Gefahr einer Überbewertung der immateriellen Anlagewerte einschließlich des Geschäftswerts vermieden und eine Objektivierung der Wertbestimmung erreicht. Daher läge nach Inkrafttreten des neuen GmbH-Gesetzes bei der Umwandlung einer Personengesellschaft in eine GmbH ein entgeltlicher Erwerb der immateriellen Anlagewerte durch die GmbH vor mit der Folge, dass ihre Aktivierung handelsrechtlich möglich und steuerrechtlich beim Ansatz des Betriebsvermögens zum Teilwert zwingend geboten wäre. Damit wäre auch die unbefriedigende, aber sachlich gerechtfertigte unterschiedliche Behandlung der immateriellen Güter bei der Umwandlung einer Personengesellschaft in eine Aktiengesellschaft einerseits und in eine GmbH andererseits beseitigt.

Bis zur gesetzlichen Neufassung des GmbH-Gesetzes ist jedoch eine Aktivierung des Geschäftswerts und der anderen übertragenen immateriellen Anlagegüter in der handelsrechtlichen Eröffnungsbilanz der GmbH gemäß §§ 155 Abs. 3 und 153 Abs. 5 Satz 1 AktG nicht möglich. Dies hat nach dem Maßgeblichkeitsgrundsatz über § 5 Abs. 2 EStG zur Folge, dass ein Ansatz der immateriellen Anlagewerte auch in der steuerlichen Eröffnungsbilanz der GmbH unterbleiben muss.

13. Unanwendbarkeit des Urteils des BFH vom 4. 4. 1968 wegen fehlender Personenidentität

Dieser Auffassung steht auch nicht das Urteil des Bundesfinanzhofs - IV R 122/66 - vom 4. 4. 1963[462] entgegen, dessen Grundsätze der Bundesfinanzhof in seinem Urteil - VIII 13/65 - vom 11. 8. 1971[463] noch einmal ausdrücklich bestätigt hat und auf das sich Teile des Schrifttums[464] für ihre gegensätzliche Auffassung in erster Linie berufen.

---

[462] BStBl. 1968 II, 580.

[463] DStZ B 1972, 87.

[464] U.a. *Würdinger*, Steuererleichterungen, Anm. 87 a.E.; Hübl, StbJb 1969/70, 215, 220 und *v. Wallis*, StuW 1970, Sp. 465, 475.

In diesem Urteil hat der Bundesfinanzhof bei der Einbringung eines Einzelunternehmens in eine Personengesellschaft zur Gewährung der Steuerbegünstigung den Ansatz des Geschäftswerts in der Eröffnungsbilanz der Personengesellschaft gefordert und in seiner Begründung u.a. darauf hingewiesen, dass § 153 Abs. 5 Satz 1 AktG dem Ansatz nicht entgegenstehe, da es sich um einen entgeltlichen Erwerb handele. Ob dieses Urteil in Begründung und Ergebnis gebilligt werden kann, mag dahinstehen. Die Einbringung eines Einzelunternehmens in eine Personengesellschaft ist schon wegen der fehlenden Personenidentität nicht mit der Umwandlung einer Personengesellschaft in eine GmbH vergleichbar. Auch üben die neu hinzukommenden Gesellschafter eine ausreichende Kontrolle bei der Bewertung der immateriellen Anlagewerte aus. Sie werden schon in ihrem eigenen Interesse eine überhöhte Bewertung verhindern, da sie sonst einen Teil ihrer eigenen Bareinlagen unentgeltlich dem bisherigen Inhaber des Einzelunternehmens zuwenden würden. Deshalb kann dieses Urteil des Bundesfinanzhofs mit der hier vertretenen Auffassung gar nicht konkurrieren.

Es bleibt festzuhalten, dass beim Ansatz des Betriebsvermögens zum Teilwert im Falle der Umwandlung einer Personengesellschaft in eine Aktiengesellschaft auch die immateriellen Wirtschaftsgüter des Anlagevermögens einschließlich des Geschäftswerts in der steuerlichen Eröffnungsbilanz mit ihrem Teilwert anzusetzen sind. Im Falle der Umwandlung in eine GmbH muss jedoch nach dem bisherigen Rechtszustand ein Ansatz der immateriellen Anlagewerte unterbleiben.

§ 7 Der Ansatz der Wirtschaftsgüter zum Zwischenwert

Nach § 17 Abs. 2 Satz 1 UmwStG haben die Gesellschafter grundsätzlich die Wahl, einen beliebigen Wert zwischen dem Buchwert und dem Teilwert für den Ansatz des Betriebsvermögens zu wählen, soweit sie nicht zum Ansatz zum Teilwert verpflichtet sind. Dabei ist jeder Gesellschafter hinsichtlich seines Mitunternehmeranteils völlig unabhängig von der getroffenen Wahl seiner Mitgesellschafter. In bestimmten Fällen sind die Gesellschafter jedoch gezwungen, das Betriebsvermögen mindestens mit einem Zwischenwert anzusetzen. Dies ist dann der Fall, wenn die neugegründete Kapitalgesellschaft das übernommene Betriebsvermögen gemäß § 17 Abs. 2 Satz 3 oder 4 UmwStG mit einem über dem Buchwert liegenden Wert ansetzen muss und dieser Wert den Teilwert des eingebrachten Betriebsvermögens nicht erreicht. Ein Ansatz mindestens zum Zwischenwert ist aber auch erforderlich, wenn trotz positiven Buchwertansatzes des übertragenen Betriebsvermögens das auszuweisende Grund- bzw. Stammkapital der Kapitalgesellschaft wegen des Maßgeblichkeitsgrundsatzes auf der Aktivseite der steuerlichen Eröffnungsbilanz nur durch einen Ansatz des Betriebsvermögens über dem Buchwert ausgeglichen werden kann.

I. Folgen des Ansatzes zum Zwischenwert

Soweit ein Gesellschafter den auf ihn entfallenden Teil des Betriebsvermögens über dem bisherigen Buchwert ansetzt, muss er sich die Differenz gemäß § 17 Abs. 4 Satz 1 UmwStG als Veräußerungsgewinn zurechnen lassen. Diesen Gewinn braucht er aber, falls er eine natürliche Person ist, gemäß § 17 Abs. 5 Satz 1 UmwStG nur mit dem ermäßigten Steuersatz gemäß § 34 EStG zu versteuern. Insoweit verbessert das Umwandlungssteuergesetz seine Rechtsstellung gegenüber den bisher geltenden Grundsätzen, wonach er bei partieller Auflösung der stillen Reserven die volle Tarifsteuer zu zahlen hatte.

Allerdings bleiben die Gesellschaftsanteile, die der teilweise aufstockende Gesellschafter von der Kapitalgesellschaft erhält, gemäß § 18 Abs. 1 UmwStG wie beim Ansatz zum Buchwert "verstrickt". Auch rückt die Kapitalgesellschaft insoweit in die Rechtsstellung der Personengesellschaft ein und bleibt grundsätzlich an deren Bilanzierung gebunden (§ 20 Abs. 2 UmwStG i.V. mit § 7 UmwStG). Da die Kapitalgesellschaft diesen Teil des Betriebsvermögens jedoch mit einem über dem Buchwert liegenden Wert ansetzt, müssen die Absetzungen für Abnutzung bei den einzelnen Wirtschaftsgütern anders bemessen werden, als es bei der Personengesellschaft der Fall war. Dementsprechend bestimmen die §§ 20 Abs. 2 Nr. 1 und

Nr. 2 UmwStG, dass bei der degressiven Absetzung für Abnutzung nach § 7 Abs. 2 EStG die Übernahmewerte an die Stelle der Buchwerte treten und in den übrigen Fällen (§ 7 Abs. 1, 4, 5 und 6 EStG) die Bemessungsgrundlage für die Abschreibung um den Aufstockungsbetrag anteilig erhöht wird. Da die Kapitalgesellschaft aber in diesen Fällen gemäß § 7 Abs. 1 UmwStG an den Abschreibungsprozentsatz der Personengesellschaft gebunden bleibt,[465] verlängert sich die Abschreibung über den Zeitraum hinaus, den die Personengesellschaft für das Wirtschaftsgut als Lebensdauer zugrunde gelegt hatte. Es wäre eine gerechtere und glücklichere Lösung gewesen, wenn das Gesetz bei der linearen Absetzung für Abnutzung nicht den von der Personengesellschaft angewandten Abschreibungssatz, sondern die Restnutzungsdauer zum Zeitpunkt der Umwandlung der Abschreibung zugrunde gelegt hätte.

Der Ansatz des Betriebsvermögens zu einem Zwischenwert hat also ebenso wie der Ansatz zum Buchwert eine Verdoppelung der nicht aufgelösten stillen Reserven und die Bindung an die Bilanzierung der Personengesellschaft zur Folge. Daher dürfte sich die Wahl von Zwischenwerten nur dann empfehlen, wenn die zukünftige steuerliche Entlastung der Kapitalgesellschaft durch das höhere Abschreibungsvolumen den Nachteil der sofortigen, wenn auch ermäßigten Versteuerung des anfallenden Veräußerungsgewinns bei den Gesellschaftern überwiegt. Dies ist grundsätzlich nur dann der Fall, wenn sich die Auflösung der stillen Reserven auf das Umlaufvermögen und auf rasch abnutzbare Anlagewerte beschränkt. Denn je eher sich die Aufstockungsbeträge wieder Gewinn mindernd auflösen, desto geringer ist die zu berücksichtigende Abzinsung der steuerlichen Entlastung der Kapitalgesellschaft infolge des höheren Abschreibungsvolumens.

II. Gleichmäßige oder selektive Aufstockung der einzelnen Wirtschaftsgüter

Stille Reserven finden sich in erster Linie bei langlebigen Wirtschaftsgütern des Anlagevermögens und bei Betriebsgrundstücken. Daher wäre ein Ansatz des Betriebsvermögens zu einem Zwischenwert kaum zu empfehlen, wenn unter dem Ansatz zum Zwischenwert zu verstehen wäre, dass die aufzulösenden stillen Reserven gleichmäßig - prozentual - auf die einzelnen Wirtschaftsgüter verteilt werden müssen. Dies würde nicht nur bedeuten, dass praktisch die meisten stillen

---

[465] So auch *Glade/Steinfeld*, UmwStG, Anm. 575; *Widmann/Mayer*, Anm. 4508 a und *Loos*, UmwStG, Anm. 976; a.A. *Würdinger*, StuW 1970, Sp. 255, 259.

Reserven auf nur langfristig abnutzbare Wirtschaftsgüter und teilweise sogar auf nicht abnutzbare Wirtschaftsgüter wie Grund und Boden verlagert würden. Es hätte bei der Umwandlung in eine Aktiengesellschaft - und nach Inkrafttreten des neuen GmbH-Gesetzes auch bei der Umwandlung in eine GmbH - konsequenterweise zur Folge, dass auch der steuerlich nicht abschreibungsfähige Geschäftswert teilweise - prozentual - aufgedeckt werden müsste.

Dagegen wäre ein Ansatz zum Zwischenwert durchaus empfehlenswert, wenn die Wertansätze der einzelnen Wirtschaftsgüter nach freiem Ermessen der Gesellschafter unterschiedlich - selektiv - aufgestockt werden dürfen. Dann wären die Gesellschafter in der Lage, gezielt nur das Umlaufvermögen und kurzlebige Anlagewerte aufzustocken und auf den Ansatz des anteiligen Geschäftswerts zu verzichten.

1.   Die unterschiedlichen Auffassungen wegen einer fehlenden Regelung in § 17 UmwStG

Die Frage, ob bei einem Ansatz zum Zwischenwert die einzelnen übernommenen Wirtschaftsgüter gleichmäßig oder selektiv aufzustocken sind, wird vom Umwandlungssteuergesetz nicht ausdrücklich geregelt. § 17 Abs. 2 Satz 1 UmwStG sagt lediglich, dass die Kapitalgesellschaft das eingebrachte Betriebsvermögen mit seinem Buchwert oder einem höheren Wert ansetzen darf. Unter Betriebsvermögen. ist die Summe aller Wirtschaftsgüter, die dem Betrieb dienen der ihrer Art nach zu dienen bestimmt sind, zu verstehen.[466] Aus dieser Definition kann aber nicht die Forderung nach einer gleichmäßigen Aufstockung hergeleitet werden. Es handelt sich beim Betriebsvermögen um die Summe einzelner Wirtschaftsgüter, die nach dem Grundsatz der Einzelbewertung aufzugliedern und in der Bilanz jeweils für sich zu bewerten sind.[467]

Andererseits kann aber auch nicht gesagt werden, dass eine gleichmäßig vorzunehmende Aufstockung mit dem Grundsatz der Einzelbewertung unvereinbar sei;[468] denn der Grundsatz der Einzelbewertung erfordert lediglich die Aufteilung des aufzustockenden Betrages auf die einzelnen Wirtschaftsgüter, stellt die Art der

---

[466] Vgl. das Urteil des BFH vom 22. 12. 1955 - IV 537/54 U -, BStBl. 1956 III, 65.

[467] *Würdinger*, Steuererleichterungen, Anm. 88.

[468] So *Kamprad*, DB 1970, 1291.

Aufteilung aber nicht von vornherein ins Belieben der Gesellschafter.[469] Auch dass i.S. des Umwandlungssteuergesetzes jeder Gesellschafter seinen Mitunternehmeranteil getrennt auf die Kapitalgesellschaft überträgt, bringt keine Klärung in der einen oder anderen Richtung; denn unter Mitunternehmeranteil ist steuerlich lediglich der Anteil des Gesellschafters am Betriebsvermögen der Personengesellschaft einschließlich der ihm allein gehörenden, aber der Gesellschaft dienenden Wirtschaftsgüter zu verstehen.

Somit liegt es nahe, dass die wohl überwiegende Meinung im Schrifttum eine selektive Aufstockung mit der Begründung für zulässig hält, der Gesetzeswortlaut biete keinen Anhaltspunkt für eine Beschränkung der Kapitalgesellschaft bei der Auswahl ihrer Buchansätze.[470] Für diese Auffassung spricht, dass lediglich § 17 Abs. 2 Satz 5 UmwStG insoweit eine Beschränkung enthält, als die Teilwerte der einzelnen Wirtschaftsgüter nicht überschritten werden dürfen.

Demgegenüber hält die Finanzverwaltung an ihrer schon vor Erlass des Umwandlungssteuergesetzes vertretenen Auffassung,[471] dass nur eine gleichmäßige - prozentuale - Aufstockung bei den einzelnen Wirtschaftsgütern möglich sei, weiterhin fest.[472] Lediglich für den Ansatz des Geschäftswerts macht sie eine Ausnahme. Er soll bei der Aufstockung nur berücksichtigt werden, wenn die übrigen Wirtschaftsgüter bis zu den Teilwerten aufgestockt sind, aber gegenüber dem Übernahmewert noch eine Differenz verbleibt.[473] Diese inkonsequente Empfehlung kann aber nur als Billigkeitsregelung verstanden werden. Zur Begründung ihrer Auffassung beruft sich die Finanzverwaltung auf die Urteile des Reichsfinanzhofs - VI 129/41 - vom 14. 1. 1942[474] und des Bundesfinanzhofs - I 405/61 U - vom 22. 6. 1965[475] und die dort aufgestellten allgemeinen Grundsätze. Auch soweit sich das Schrifttum der Auffassung der Finanzverwaltung angeschlossen hat, verzichtet

---

[469] Vgl. die ähnliche Argumentation im Urteil des BFH vom 22. 6. 1965 - I 405/61 U-, BStBl. 1965 III, 482, 483.

[470] So *Loos* in DB 1970, 9 und im UmwStG, Anm. 957; *Meyer-Arndt*, Anm. 322; *Gail*, NWB Fach 18, S. 2041, 2043; *Böttcher/Beinert/Hennerkes*, S. 179; *Würdinger*, Steuererleichterungen, Anm. 83; *Lohnert*, BB 1970, 253, 254; *Felix*, Anm. 150 und 158 a.E.; *Littmann*, DStR 1970, 203, 205 und *v. Wallis*, StuW 1970, Sp. 465, 474.

[471] Vgl. die Ländererlasse vom 29. 5. 1968 und vom 7. 6. 1968 in StEK KStG § 15 Nr. 17 und die Vfg. der OFD Düsseldorf - S 2706 A - St 13 H 1 - vom 20. 3. 1969 in DB 1969, 811.

[472] Schreiben des BdF vom 20. 7. 1970, Abschnitt II Nr. 2 Abs. 2 zu § 17, BStBl. 1970 I, 922, 926.

[473] Schreiben des BdF vom 20. 7. 1970, Abschnitt II Nr. 3 Abs. 1, a.a.O.

[474] RStBl. 1942, 314.

[475] BStBl. 1965 III, 482.

es fast ausschließlich auf eine eigene Begründung und verweist lediglich auf diese beiden Urteile.[476]

2. Untersuchung der höchstrichterlichen Rspr. zur Lösung des Problems

Der vom Reichsfinanzhof damals entschiedene Fall betrifft das Ausscheiden eines Gesellschafters aus einer Personengesellschaft und dabei die Frage, wie ein durch die Höhe der Abfindung feststehender Wertansatz auf die einzelnen Wirtschaftsgüter zu verteilen ist. Dieser Tatbestand lässt sich mit dem hier gegebenen nicht vergleichen. Der Fall des Ausscheidens eines Gesellschafters ist wirtschaftlich nichts anderes als der Kauf der Anteile an den Wirtschaftsgütern durch die übrigen Gesellschafter und wird steuerlich auch so behandelt. Ebenso wie ein Kaufpreis verkörpert auch der Abfindungsbetrag im Zweifel den Teilwert des veräußerten Vermögens. Beim Ausscheiden eines Gesellschafters ist also eine Verteilung des Abfindungsbetrages auf die einzelnen Wirtschaftsgüter erforderlich, bei der es theoretisch gar keine stillen Reserven geben kann und bei der es nur darum geht, jedem Gegenstand den richtigen Teilwert zuzumessen.[477] Dass es dabei kein freies Ermessen der verbleibenden Gesellschafter geben kann, ist selbstverständlich. Eine willkürliche Verteilung des Abfindungsbetrages ohne Rücksicht auf die Teilwerte der einzelnen Wirtschaftsgüter wäre mit dem das Handels- und Steuerrecht gleichermaßen beherrschenden Grundsatz ordnungsmäßiger Buchführung unvereinbar.[478]

Bei der Umwandlung einer Personengesellschaft in eine Kapitalgesellschaft geht es aber um etwas völlig anderes. Es ist nicht ein vorgegebener Kaufpreis oder eine Abfindungssumme auf verschiedene Wirtschaftsgüter zu verteilen, sondern die Gesellschafter entscheiden, ob und in welcher Höhe stille Reserven aufgelöst und damit versteuert werden sollen. Bei einer Verteilung des Abfindungsbetrages fehlt dieser essentielle Punkt völlig.[479] Die Versteuerung bei einem ausscheidenden Gesellschafter ist ganz unabhängig davon, wie die verbleibenden Gesellschafter den Abfindungsbetrag auf die einzelnen Wirtschaftsgüter verteilen. Auch ent-

---

[476] Vgl. *Widmann/Mayer*, Anm. 4209; *Glade/Steinfeld*, UmwStG, Anm. 473; *Hübl*, StbJb 1969/70, 215, 221; *Rau*, DB 1969, 1421, 1433; *Uelner*, S. 57; *Glade*, NWB Fach 18, S. 2047, 2050; *Knur*, DNotZ 1971, 10, 27; *Steinfeld*, Inf 1970, 533, 536; *Plückebaum*, StBp 1971, 101, 102 und wohl auch *Herrmann/Heuer*, Anm. 36-38 zu § 17 UmwStG.

[477] Ebenso *Loos*, UmwStG, Anm. 958 und *Meyer-Arndt*, Anm. 322.

[478] So auch *Veith/Börnstein*, Anm. 42 zu § 4 UmwStG.

[479] So auch *Loos* in DB 1970, 9.

scheidet der Wertansatz bei der Umwandlung darüber, welche stillen Reserven verdoppelt werden sollen und welche nicht. Dieses wichtige Element fehlt ebenfalls bei einer Abfindungsverteilung.

Hinzu kommt ein weiteres von Loos[480] herausgearbeitetes Argument: Die Forderung, die Kapitalgesellschaft solle sich entsprechend dem Urteil des Reichsfinanzhofs wie ein Käufer, der das ganze Vermögen unter Preis gekauft hat, verhalten und nun gleichmäßig Reserven legen, würde logisch konsequent dazu führen, dass die Kapitalgesellschaft sich völlig von dem Gerüst der Buchwerte der Personengesellschaft lösen würde und den Gesamtbuchwert des Betriebsvermögens nach "Teilwerten" auf sämtliche Wirtschaftsgüter verteilen müsste, wobei sie die Buchwerte teils auf- und teils abzustocken hätte. Dies würde aber das genaue Gegenteil dessen sein, was die Buchwertfortführung zum Inhalt hat: Fortführung der Werte für jedes einzelne Wirtschaftsgut.

Es zeigt sich, dass das von der Finanzverwaltung als Parallelfall angesehene Urteil des Reichsfinanzhofs vom 14. 1. 1942 unter ganz anderen Gesichtspunkten ergangen ist, als es dem Sinn und Zweck des § 17 UmwStG entspricht.

Das gleiche gilt für das Urteil des Bundesfinanzhofs vom 22. 6. 1965[481]. In dem damals entschiedenen Fall der Umwandlung einer GmbH auf ihren Alleingesellschafter ging es um die Verteilung einer Abstockungssumme, die den Alleingesellschafter keine Steuern kostete. Hier wäre es eine ungerechtfertigte Begünstigung gewesen, wenn der Alleingesellschafter sich für die Abstockung auch noch besonders günstige Wirtschaftsgüter hätte aussuchen können. Wenn der Bundesfinanzhof in seiner Entscheidung unter Bezugnahme auf das Urteil des Reichsfinanzhofs vom 14. 1. 1942 ausführt, dass die Rechtslage bei der Abstockung von Wirtschaftsgütern dieselbe sei wie bei der Aufstockung,[482] so konnte er lediglich die Aufstockung nach dem Umwandlungssteuergesetz 1957 im Auge haben. Dabei handelt es sich um die Verteilung eines ohne Versteuerung sich ergebenden Aufstockungsbetrages.[483]

Bei dem hier gegebenen Tatbestand haben wir es aber nicht mit einer Ab- oder Aufstockung ohne Steuerkonsequenzen zu tun, sondern vielmehr damit, dass die

---

[480] UmwStG, Anm. 961 und DB 1970, 9, 10.

[481] A.a.O.

[482] A.a.O., S. 483.

[483] Vgl. *Loos*, UmwStG, Anm. 960.

Gesellschafter stille Reserven, die bei dem übertragenen Betriebsvermögen bestehen, durch entsprechende Steuerzahlungen ablösen. Das dürfte kaum vergleichbar sein.

Auch soweit der Bundesfinanzhof für den von ihm zu entscheidenden Fall darauf hinweist, dass die beliebige Aufteilung willkürliche Gewinnverlagerungen gestattet, trifft dieses Argument auf den hier gegebenen Tatbestand mit der sofortigen Versteuerung der aufgelösten stillen Reserven nicht zu. Auch fehlt in dem vom Bundesfinanzhof entschiedenen Fall das wichtige Element der Verdoppelung der nicht aufgelösten stillen Reserven. Da die Gesellschafter bei der Einbringung zum Buchwert oder Zwischenwert angesichts der damit verbundenen Verlagerung der nicht aufgelösten stillen Reserven sowohl in das Betriebsvermögen der Kapitalgesellschaft als auch in die Gesellschaftsanteile ohnehin nicht sonderlich begünstigt werden, hatte der Gesetzgeber keinen hinreichenden Anlass, sie auch noch in der Auswahl der beizubehaltenden stillen Reserven zu beschränken. Deshalb wäre der Vorwurf willkürlicher Gewinnverlagerung bei einer selektiven Aufstockung im hier vorliegenden Fall der Umwandlung in eine Kapitalgesellschaft verfehlt.

Das Urteil des Bundesfinanzhofs deckt aber auch noch aus einem ganz anderen Grunde die Auffassung der Finanzverwaltung nicht. Während die Finanzverwaltung eine Aufstockung im Verhältnis aller stillen Reserven zueinander fordert,[484] wie es auch das Urteil des Reichsfinanzhofs vom 14. 1. 1942 vorschlägt,[485] hält der Bundesfinanzhof eine Aufstockung im Verhältnis der Buchwerte für richtig.[486] Diese Auffassung kann aber in ihrer Undifferenziertheit nicht richtig sein. Sie nimmt auf die unterschiedliche Höhe der in den Buchwerten enthaltenen stillen Reserven keine Rücksicht und müsste bei extremer Anwendung auch zu einer Aufstockung der Buchwerte führen, die den Teilwerten bereits äquivalent sind.[487]

Es bleibt festzuhalten, dass beide Urteile, auf die sich die Finanzverwaltung und ein großer Teil des Schrifttums zur Begründung ihrer Auffassung berufen, als Parallelfälle ungeeignet sind und diese Auffassung nicht stützen können. Die äußere Ähnlichkeit, die darin gesehen werden könnte, dass eine Gesamtheit von Gegenständen bewegt wird und Wertansätze für einzelne Bestandteile festgesetzt werden, kann nicht über die vorhandenen großen Unterschiede zu dem hier vorlie-

---

[484] Schreiben des BdF vom 20. 7. 1970, a.a.O.

[485] A.a.O., S. 315.

[486] A.a.O., S. 483.

[487] Vgl. auch die Kritik von *Grieger* an dem Urteil des BFH in BB 1965, 900.

genden Fall der Umwandlung einer Personengesellschaft in eine Kapitalgesellschaft hinwegtäuschen. In beiden angeführten Urteilen ging es um die Verteilung eines feststehenden Veräußerungsbetrages auf die einzelnen Wirtschaftsgüter; hier geht es um den frei zu wählenden Wertansatz der Wirtschaftsgüter, aus dem dann ein Veräußerungspreis resultiert.[488]

Einen echten Parallelfall zu dem hier vorliegenden Tatbestand bietet aber das scheinbar in Vergessenheit geratene Urteil des Reichsfinanzhofs - VI A 1559/32 - vom 12. 4. 1934[489]. Dort ging es um die Einbringung eines Einzelunternehmens gegen Gewährung von Gesellschaftsrechten in eine neugegründete, von dem Einzelinhaber beherrschte Aktiengesellschaft. Ein Fall also, auf den heute § 17 UmwStG Anwendung fände. Aufgrund seiner beherrschenden Stellung in der Aktiengesellschaft war es dem Inhaber des Einzelunternehmens möglich, die Aufstockung der von ihm eingebrachten Wirtschaftsgüter in der Eröffnungsbilanz der Aktiengesellschaft nach seinem Belieben vorzunehmen. Er setzte die Wirtschaftsgüter teilweise mit den Buchwerten, zum Teil aber auch mit höheren Werten an, als sie in der Steuerbilanz des Einzelunternehmens zu Buche standen. Der Reichsfinanzhof beanstandete diese selektive Aufstockung nicht, sondern sah sie als zulässige teilweise Realisierung der stillen Reserven an.[490] Zu einer Beanstandung hatte er auch keinen Anlass, weil - wie im hier vorliegenden Fall der Umwandlung einer Personengesellschaft in eine Kapitalgesellschaft - der gewählte höhere Wertansatz zur sofortigen Versteuerung der aufgelösten stillen Reserven führte.

Diesem Urteil des Reichsfinanzhofs ist in vollem Umfang zuzustimmen. Es ist auch nicht durch die später ergangenen Urteile des Reichsfinanzhofs vom 14. 1. 1942 und des Bundesfinanzhofs vom 22. 6. 1965 überholt, da beide Urteile unter ganz anderen Gesichtspunkten ergangen sind. Es ist deshalb verfehlt, wenn sich die Finanzverwaltung für ihre Auffassung auf die höchstrichterliche Rechtsprechung beruft.

3. Keine Bedenken gegen eine selektive Aufstockung

Die einzigen Bedenken gegen eine selektive Aufstockung ergeben sich aus dem Umwandlungssteuergesetz selbst, und zwar aus der Tatsache, dass der bei der

---

[488] So auch *v. Wallis*, StuW 1970, Sp. 465, 474/475.

[489] RStBl. 1934, 838.

[490] A.a.O., S. 839.

teilweisen Auflösung der stillen Reserven anfallende Veräußerungsgewinn nach §
17 Abs. 5 Satz 1 UmwStG bei natürlichen Personen nur ermäßigt, d. h. mit dem
halben tariflichen Steuersatz, versteuert wird. Dieser Tatsache wird von den Be-
fürwortern einer selektiven Aufstockung keine Bedeutung beigemessen. Es darf
aber nicht außer acht gelassen werden, dass das Umwandlungssteuergesetz hiermit
gegenüber der bisher geltenden Rechtslage eine echte Vergünstigung geschaffen
hat. Im Urteil des Reichsfinanzhofs vom 12. 4. 1934 führte die selektive Aufstockung noch zur vollen Versteuerung der aufgelösten stillen Reserven und konnte
damit keine Besserstellung gegenüber der Fortführung aller Buchwerte bringen.
Dagegen kann die selektive Aufstockung nach dem Umwandlungssteuergesetz bei
geschickter Auswahl der aufzustockenden Wirtschaftsgüter trotz des zu berück-
sichtigenden Zinsverlustes eine echte Steuerbegünstigung gegenüber dem Ansatz
zum Buchwert sein.

Hieraus kann aber nicht beschlossen werden, dass das Umwandlungssteuergesetz
nach seinem Sinn und Zweck eine gleichmäßige Aufstockung bei allen Wirtschaftsgütern fordere.[491] Auch bei einer gleichmäßigen Aufstockung kann sich
vereinzelt eine Vergünstigung gegenüber dem Ansatz zum Buchwert ergeben. So,
wenn dem Unternehmen der umgewandelten Personengesellschaft kein Betriebsgrundstück und keine langlebigen Wirtschaftsgüter des Anlagevermögens gehören
- wie bei freiberuflichen Sozietäten - oder wenn stille Reserven ausnahmsweise
nur in kurzlebigen Wirtschaftsgütern und im Vorratsvermögen vorhanden sind.
Das Gesetz hat also bewusst in Kauf genommen, dass die Wahl des Ansatzes zum
Zwischenwert zu einer Vergünstigung gegenüber dem Ansatz zum Buchwert
führen kann.

Weiterhin kommt der ermäßigte Steuersatz nur natürlichen Personen zugute. Falls
eine GmbH & Co. KG in eine Aktiengesellschaft umgewandelt wird und die
GmbH wegen ihres negativen Kapitalkontos[492] gezwungen ist, ihren Anteil am
Betriebsvermögen gemäß § 17 Abs. 2 Satz 3 UmwStG teilweise aufzustocken,
kommt sie nicht in die Vergünstigung des ermäßigten Steuersatzes.

Schließlich spricht auch die Entstehungsgeschichte der Vorschrift des § 17 Abs. 5
Satz 1 UmwStG dagegen, aus ihrem Vorhandensein auf das Erfordernis einer

---

[491] So wohl *Herrmann/Heuer*, Anm. 39 zu § 17 UmwStG, die als einzige Autoren auf die Bedenken
aus § 17 Abs. 5 Satz 1 UmwStG eingehen.

[492] Besonders häufig bei Berliner Gesellschaften wegen der hohen Sonderabschreibungen nach § 14
BerlinFG; vgl. *Kamprad*, DB 1970, 1291, 1292.

gleichmäßigen Aufstockung zu schließen. Der Regierungsentwurf sah eine Steuerbegünstigung nach § 34 EStG entsprechend der bisherigen Rechtslage nur für den Fall des Ansatzes des Betriebsvermögens zum Teilwert vor,[493] also nur bei Auflösung aller stillen Reserven. Insofern konnte von einem wohlausgewogenen Gesetzesentwurf gesprochen werden, der selbst bei geschicktester selektiver Aufstockung zu keiner Besserstellung gegenüber einem Ansatz zum Buchwert führte.

Die Steuerbegünstigung des § 34 EStG auch bei teilweiser Realisierung der stillen Reserven wurde erst nachträglich auf Vorschlag des Finanzausschusses in den neuen § 17 Abs. 5 UmwStG aufgenommen, um Härten im Falle der zwangsweisen Aufstockung des Betriebsvermögens zum Zwischenwert zu vermeiden.[494] Hätte der Gesetzgeber in Anbetracht der Folgen der nachträglichen Einfügung des § 17 Abs. 5 Satz 1 UmwStG eine Beschränkung der Kapitalgesellschaft bei der Auswahl der aufzulösenden stillen Reserven gewollt, um mögliche Steuervorteile auf ein Mindestmaß zu beschränken, wäre es ihm ein leichtes gewesen, den völlig vorbehaltlosen Gesetzestext in § 17 Abs. 2 Satz 1 UmwStG in diesem Sinne abzuändern. Aus § 17 Abs. 5 Satz 1 UmwStG kann daher nicht geschlossen werden, dass nach Sinn und Zweck des Umwandlungssteuergesetzes nur eine gleichmäßige Aufstockung der übernommenen Wirtschaftsgüter in der Eröffnungsbilanz der Kapitalgesellschaft möglich ist.

4.   Die Möglichkeit selektiver Aufstockung trotz praktischer Schwierigkeiten

Somit ergeben sich weder aus dem Umwandlungssteuergesetz noch aus irgendwelchen allgemeinen Grundsätzen, die von der Rechtsprechung unter ganz anderen Gesichtspunkten aufgestellt worden sind, Anhaltspunkte für die von der Finanzverwaltung aufgestellte Forderung, dass bei einem Ansatz des Betriebsvermögens zum Zwischenwert nur eine gleichmäßige - prozentuale - Aufstockung zulässig sei. Es ist der wohl überwiegenden Meinung im Schrifttum zuzustimmen, dass auch eine selektive Aufstockung durchaus möglich ist. Die sich hieraus ergebenden praktischen Schwierigkeiten sind zwar nicht zu unterschätzen, stehen aber doch in keinem Verhältnis zu den rechtlichen Schwierigkeiten, denen die abweichende Meinung begegnet: Wie sind bei einer Aufstockung im Verhältnis aller

---

[493] Bundestags-Drucksache V/3186, S. 5 mit Begründung auf S. 16.

[494] Vgl. den schriftlichen Bericht des Finanzausschusses zu § 17 Abs. 5 UmwStG, Bundestags-Drucksache V/4245, S. 6.

stillen Reserven zueinander diese stillen Reserven zu messen? Aufteilung des Aufstockungsbetrages auch auf den Geschäftswert und geschäftswertähnliche Wirtschaftsgüter bei der Umwandlung in eine Aktiengesellschaft? Wenn nein, warum dann Aufstockung auf die übrigen immateriellen Wirtschaftsgüter? Gerade diese letzten Fragen können für die Gegenmeinung nicht durch die im Schreiben des Bundesministers der Finanzen vom 20. 7. 1970 hierzu ausgesprochenen Empfehlungen[495] als geklärt angesehen werden, weil diese wegen ihrer Inkonsequenz nicht zu überzeugen vermögen.

Weil die Gesellschafter beim Ansatz des Betriebsvermögens zu einem Zwischenwert bei der Auswahl ihrer Buchansätze in der Eröffnungsbilanz der Kapitalgesellschaft nicht beschränkt sind, vielmehr gezielt einzelne Wirtschaftsgüter bis zu ihrem Teilwert aufstocken dürfen, kann der Ansatz des Betriebsvermögens zu einem Zwischenwert durchaus empfehlenswert für sie sein.

---

[495] A.a.O., S. 926.

Schlussbetrachtung

1. Die notwendigen Überlegungen der Gesellschafter bei der Wahl des Ansatzes des Betriebsvermögens

Soweit die Gesellschafter nicht gezwungen sind, den auf sie entfallenden Teil des Betriebsvermögens mit dem Teilwert oder zumindest mit einem Zwischenwert in der steuerlichen Eröffnungsbilanz der Kapitalgesellschaft anzusetzen, stehen sie bei der Umwandlung der Personengesellschaft vor der Frage, ob sie sofort ganz oder teilweise die stillen Reserven aufdecken oder ob sie die Entstehung eines Veräußerungsgewinns durch Buchwertfortführung vermeiden sollen. Hierbei handelt es sich in erster Linie um eine Zins- und Liquiditätsfrage. Je länger die stillen Reserven nach der Umwandlung noch bestehen werden, desto eher empfiehlt es sich, sie nicht aufzulösen.

Wenn die Gesellschafter eine auf Dauer angelegte Umformung ihres Unternehmens beabsichtigen und eine auch nur teilweise Veräußerung der erhaltenen Gesellschaftsanteile für sie nicht in Frage kommt, würde bei einem Ansatz des Betriebsvermögens zum Buchwert die Verdoppelung der stillen Reserven praktisch ohne Folgen bleiben. In diesem Fall hätte die Umwandlung ertragsteuerlich für die Gesellschafter die Wirkung, dass die Besteuerung der stillen Reserven in dem übertragenen Betriebsvermögen auf die Kapitalgesellschaft übergeht, bei der sie dann - wenn auch zu einem anderen Steuersatz - in derselben Zeit eintritt, wie sie auch ohne Umwandlung bei den Gesellschaftern eingetreten wäre.

Trotzdem kann der Ansatz des Betriebsvermögens zum Zwischenwert oder Teilwert vorteilhafter sein. Zum Teilwert allerdings nur dann, wenn die stillen Reserven vor allem in den kurzlebigen Anlagewerten und im Vorratsvermögen ruhen und zusätzlich der anfallende Veräußerungsgewinn so gering ist, dass der Freibetrag des § 16 Abs. 4 EStG in voller Höhe oder zumindest teilweise in Anspruch genommen werden kann. Hierzu ist allerdings Voraussetzung, dass es sich bei dem Gesellschafter, der die Wahl trifft, um eine natürliche Person handelt. Deshalb dürfte bei der Umwandlung einer GmbH & Co. KG in eine Aktiengesellschaft der Ansatz zum Teilwert nur in ganz bestimmten Ausnahmefällen zu empfehlen sein, etwa wenn die KG kurz vorher ganz besonders hohe Sonderabschreibungen in Anspruch genommen hatte, an die die Aktiengesellschaft beim Ansatz zum Teilwert nicht gebunden ist. Weiterhin muss bei jeder Umwandlung in eine Aktiengesellschaft nach der hier vertretenen Auffassung beachtet werden, dass beim Ansatz zum Teilwert die immateriellen Wirtschaftsgüter und damit auch ein vorhandener Geschäftswert in voller Höhe oder zumindest anteilig, falls nur einzelne Gesellschafter voll aufstocken, in der steuerlichen Eröffnungsbilanz der Aktiengesellschaft angesetzt werden müssen. Bei einer auf Dauer angelegten Umformung des Unternehmens dürfte daher ein Ansatz des Betriebsvermögens zum Teilwert grundsätzlich nur bei der Umwandlung einer kleineren Personengesellschaft in eine GmbH in Frage kommen.

Anders verhält es sich beim Ansatz des Betriebsvermögens zu einem Zwischenwert. Wegen der Möglichkeit, einzelne Wirtschaftsgüter gezielt aufzustocken, können sich bei entsprechender Auswahl aufgrund der ermäßigten Besteuerung des anfallenden Veräußerungsgewinns Vorteile gegenüber dem Ansatz zum Buchwert ergeben. Allerdings gilt auch dies nur, soweit es sich bei den Gesellschaftern um natürliche Personen handelt.

Stets ist jedoch eine möglichst genaue Berechnung notwendig, wenn auch wesentliche Faktoren nur geschätzt werden können. So müssen die Gesellschafter schätzen, wie lange die stillen Reserven, die in den übertragenen Wirtschaftsgütern enthalten sind, im Vermögen der Kapitalgesellschaft fortbestehen werden. Dazu gehört auch, dass sie überlegen müssen, wie lange eine bereits abgeschriebene Maschine ihre Arbeit noch verrichten wird. Ebenfalls ist zu berücksichtigen, dass ein hoher körperschaftsteuer- und gewerbesteuerpflichtiger Gewinn der Kapitalgesellschaft entsteht, wenn Wirtschaftsgüter mit erheblichen stillen Reserven später veräußert werden. Erfolgt die Veräußerung erst längere Zeit nach der Umwandlung, ist diese Steuerlast allerdings dementsprechend abzuzinsen und verliert damit für die Wahl des Gesellschafters an Gewicht. Daher ist auch zu schätzen, ob und wann Wirtschaftsgüter mit hohen stillen Reserven - wie z.B. Betriebsgrundstücke - veräußert werden sollen.

Vor allem ist der Berechnung zugrunde zu legen, dass bei Fortführung der stillen Reserven die infolge des niedrigeren Abschreibungsvolumens gegenüber dem Ansatz zum Zwischen- oder Teilwert künftig anfallenden Steuern der Kapitalgesellschaft auf ihren Barwert abgezinst werden müssen. Der Barwert solcher künftigen Zahlungen liegt bei einer sehr langen Restnutzungs- und Abschreibungsdauer ganz erheblich unter dem Nennwert. Dabei dürfte für die Berechnung ein Zinsfuß von 9 % eher zu niedrig als zu hoch gegriffen sein.

Falls einzelne Gesellschafter beabsichtigen, sich nach einiger Zeit von den erhaltenen Gesellschaftsanteilen ganz oder teilweise zu trennen, kommt es zusätzlich darauf an, zu wie viel Prozent der einzelne Gesellschafter an der Kapitalgesellschaft beteiligt sein wird. Ist er nur zu 25 % oder darunter beteiligt, so kommt eine

Ablösung der stillen Reserven eher in Frage. Bei einer so niedrigen Beteiligungs-quote kann der Gesellschafter bei Ansatz seines anteiligen Betriebsvermögens zum Teilwert seine Anteilsrechte später steuerfrei veräußern.

Ist er jedoch über 25 % beteiligt, so ist die Ablösung aller stillen Reserven nicht so reizvoll für ihn; er muss ja auf jeden Fall die Anteilsrechte im Falle ihrer späteren Veräußerung versteuern. Weiterhin muss er schätzen, welche stillen Reserven sich bei den Gesellschaftsanteilen zwischen der Umwandlung und einer späteren Ver-äußerung der Anteile bilden werden. Dies wird ihm allerdings kaum möglich sein. Er kann lediglich damit rechnen, dass die Kapitalgesellschaft in der Zukunft ihre Gewinne zum wesentlichen Teil thesaurieren wird, wodurch die Anteile im Wert steigen.

Je nach Lage des Einzelfalles kann die Zinslosigkeit des Steueraufschubs bei der Buchwertfortführung sowohl die Verdoppelung der stillen Reserven ausgleichen als auch dafür ein Äquivalent sein, dass nach der Umwandlung zusätzliche stille Reserven entstehen und auch diese beim Anteilseigner ohne Rücksicht auf die Höhe seiner Beteiligungsquote dem steuerlichen Zugriff unterliegen.

2. Die verfehlte Einordnung der Umwandlung in den Komplex der §§ 17 ff. UmwStG ohne Berücksichtigung der Unternehmensidentität

Das Umwandlungssteuergesetz behandelt in den §§ 17 ff. sowohl die Einbringung einer Personengesellschaft in eine bereits bestehende Kapitalgesellschaft als auch – ohne Differenzierung – die errichtende Umwandlung einer Personengesellschaft in eine Kapitalgesellschaft. Während bei der Einbringung einer Personengesell-schaft in eine bereits bestehende Kapitalgesellschaft ein besonderer Fall der Un-ternehmenskonzentration gegeben ist, handelt es sich bei der Umwandlung einer Personengesellschaft in eine Kapitalgesellschaft lediglich um eine Umorganisation des Unternehmens. Das Unternehmen als solches bleibt bestehen, lediglich seine Rechtsform ändert sich.[496] Ein solcher Gesellschaftsrechtlicher Organisationsvor-gang ist kein Tausch- oder normaler Veräußerungsvorgang und sollte deshalb auch ertragsteuerlich gar nicht erst als Veräußerung angesehen und der Besteue-rung eines fiktiven Veräußerungsgewinns unterworfen werden, wie es das Um-wandlungssteuergesetz zwangs- oder wahlweise vorsieht. Ein Steuertatbestand soll eine steuerliche Leistungsfähigkeit indizieren und nach der indizierten Leis-

---

[496] Darauf weisen auch *Böttcher/Beinert/Hennerkes* auf S. 34 ausdrücklich hin.

tungsfähigkeit die Höhe der Steuer bemessen. Die Umorganisation eines Unternehmens zeigt für sich allein jedoch keine steuerliche Leistungsfähigkeit an und ist deshalb als Steuertatbestand ungeeignet.[497] Dies ist auch für die Fälle der formwechselnden Umwandlung, wie z. B. der Umwandlung einer OHG in eine KG, anerkannt.[498] Zwar darf sich der Gesetzgeber bei der Fassung von Steuertatbeständen auch von wirtschafts- und sozialpolitischen Zielen leiten lassen,[499] doch liegen wirtschafts- und sozialpolitische Zwecke, die trotz fehlender steuerlicher Leistungsfähigkeit die Umwandlung einer Personengesellschaft in eine Kapitalgesellschaft als einen Steuertatbestand rechtfertigen könnten, nicht vor. Es war gerade das Ziel des Gesetzgebers des Umwandlungssteuergesetzes, dass die Umorganisation von Unternehmen durch steuerrechtliche Bestimmungen nicht erschwert, sondern möglichst steuerneutral vollzogen werden sollte.[500]

Deshalb besteht bei der Umorganisation von Unternehmen für eine besondere Einkommensteuerbelastung ebenso wenig ein Anlass wie für eine steuerliche Begünstigung. Es sollte niemandem die Möglichkeit gegeben werden, durch die Umorganisation von Unternehmen Steuern zu "verdienen". Ebenso wenig sollte die Umorganisation aber Nachteile mit sich bringen, sondern völlig steuerneutral vollzogen werden können. Dies hat das Umwandlungssteuergesetz trotz oder vielmehr gerade wegen seiner komplizierten Regelung nur teilweise erreicht. Ein Steuergesetz aber, das speziell steuerliche Maßnahmen bei Änderung der Unternehmensform behandelt, hätte sich um eine steuerrechtliche Regelung bemühen müssen, die der Besonderheit der Umwandlung als reiner Umorganisation des Unternehmens gerecht wird.

Dass der Gesetzgeber, dem dieser Tatbestand nicht unbekannt gewesen sein dürfte, zu einer solchen Regelung bei der Umwandlung einer Personengesellschaft in eine Kapitalgesellschaft nicht gefunden hat, liegt nur zum Teil an der Verselbständigung der Einkommensbesteuerung der juristischen Person durch die Körperschaftsteuer. Entscheidend war, dass er sich nicht davon hat lösen können, die Identitätsvorstellungen bei der Umwandlung allein auf die juristische Person statt auf das Unternehmen zu beziehen. Dabei ist die juristische Person nur die Organi-

---

[497] So auch *Flume*, ZfbF 1968, 90.

[498] Vgl. u.a. *Glade/Steinfeld*, UmwStG, Anm. 71 und 72 und *Brönner*, Besteuerung der Gesellschaften, S. 954 mit weiteren Literatur- und Rechtsprechungshinweisen.

[499] Vgl. die Beschlüsse des BVerfG vom 24. 9. 1965 – 1 BvR 228/65 –, BVerfGE 19, 119, 125 und vom 9. 3. 1971 – 2 BvR 345/69 –, BVerfGE 30, 250, 264; *Hübschmann/Hepp/Spitaler/Spanner*, Anm. 15 zu § 1 AO und *Weber*, JZ 1972, 482, 483.

[500] S. Begründung des Regierungsentwurfs, Bundestags-Drucksache V 3186, S. 8.

156

sationsform des Unternehmens. Nach *Flume*[501] ist die juristische Person nichts anderes als das Beiwort der Rechtsfähigkeit, das in bestimmter Weise verfassten Sozialgebilden von der Rechtsordnung zuerkannt wird. Die Theorie von der juristischen Person als realer Verbandspersönlichkeit, die vor allem mit dem Namen *Otto von Gierke* verbunden ist, sei längst überwunden. Dieses Sozialgebilde, das *Flume* erwähnt, ist das Unternehmen, das in der Personengesellschaft als einer Organisationsform verfasst ist und dessen Umorganisation mit der Neugründung einer juristischen Person seine Identität nicht aufhebt.

Die Möglichkeit, die Identitätsvorstellungen bei der Umwandlung von Gesellschaften allein auf das Unternehmen als solches zu beziehen, hat der Gesetzgeber bei der Neufassung des Umwandlungsgesetzes nicht verwirklicht. Er hat entgegen einiger Anregungen aus dem Schrifttum für die Umwandlung einer Personengesellschaft in eine Kapitalgesellschaft in den §§ 40 ff. UmwG nicht den Weg der formwechselnden Umwandlung, sondern den der übertragenden Umwandlung gewählt. Er ging davon aus, dass die formwechselnde Umwandlung nur bei Identität des Rechtsträgers des Vermögens möglich sei.[502] Ein allgemeiner Übergang zur formwechselnden Umwandlung ist aber möglich, wenn man nicht von der Unterscheidung des Eigentums natürlicher Personen einerseits und juristischer Personen andererseits ausgeht, sondern die Identität des Unternehmens in der Hand derselben natürlichen Personen ohne Rücksicht auf die Zwischenschaltung einer juristischen Person als maßgeblich zugrunde legt.

De lege ferenda wäre zu wünschen, dass sich diese Auffassung bei der Umorganisation von Unternehmen sowohl im Gesellschaftsrecht als auch im Steuerrecht durchsetzt. Dann bestanden steuerrechtlich auch keine Bedenken mehr, die Umwandlung einer Personengesellschaft in eine Kapitalgesellschaft als erfolgsneutralen Organisationsakt und nicht als Veräußerungsvorgang mit der Möglichkeit der Versteuerung eines fiktiven Veräußerungsgewinns anzusehen. Die Folge wäre, dass stets die Buchwerte unverändert - als hätte es keine Rechtsformänderung gegeben - in dem nunmehr als Kapitalgesellschaft geführten Unternehmen fortgeführt würden, während die erhaltenen Gesellschaftsanteile zum tatsächlichen Wert in die Buchführung der Gesellschafter eingingen.

Dass eine Verlagerung der stillen Reserven zusätzlich in die Gesellschaftsanteile der Gesellschafter nicht unbedingt erforderlich ist, zeigt der Vorschlag der EWG-

---

[501] ZfbF 1968, 90, 100.

[502] S. Begründung des Regierungsentwurfs, Bundestags-Drucksache V/3165, S. 8.

Kommission einer Richtlinie des Rates über das gemeinsame Steuersystem für Fusionen, Spaltungen und die Einbringung von Unternehmensteilen, die Gesellschaften verschiedener Mitgliedstaaten betreffen.[503] Dieser Vorschlag, der nicht ohne Einfluss auf das nationale Recht bleiben kann, weil der nationale Gesetzgeber nicht die Umwandlung in eine Kapitalgesellschaft höher besteuern kann als die Überführung eines Betriebes auf eine ausländische Kapitalgesellschaft, sieht in Art. 10 Abs. 3[504] die Fortführung der stillen Reserven nur in den Buchansätzen der Kapitalgesellschaft, nicht aber in den Gesellschaftsanteilen vor. Die hiermit verbundene Möglichkeit des Missbrauchs, die den Gesetzgeber des Umwandlungssteuergesetzes u.a. bewogen hat, die von der Rechtsprechung eingeführte Verdoppelung der stillen Reserven bei Buchwertfortführung beizubehalten und deretwegen *Kreile*[505] den EWG-Vorschlag kritisiert, darf nicht übersehen werden. Sie könnte aber dadurch abgeschwächt werden, dass den Gesellschaftern Stillhaltefristen hinsichtlich der Veräußerung der Gesellschaftsanteile auferlegt würden.

Eine solche Regelung wäre der Tatsache, dass es sich bei der Umwandlung einer Personengesellschaft in eine Kapitalgesellschaft lediglich um eine Änderung der Organisationsform des Unternehmens handelt, weit eher angemessen. Sie wäre auch nicht so kompliziert und würde jedwede Vor- oder Nachteile gegenüber der Weiterführung des Unternehmens in der bisherigen Rechtsform vermeiden.

---

[503] Bundestags-Drucksache V/3774.

[504] A.a.O., S. 12; Begründung auf S. 19.

[505] BB 1971, 793, 795.

Literaturverzeichnis

ADLER, HANS/ DÜRING, WALTHER/ SCHMALTZ, KURT	Rechnungslegung und Prüfung der Aktiengesellschaft, Band I, Rechnungslegung, 4. Auflage, Stuttgart 1968.
ALBACH HORST	Bewertungsprobleme des Jahresabschlusses nach dem Aktiengesetz 1965, BB 1966, 377.
BACH, PETER	Anmerkung zum Urteil des RG – II 7/36 – vom 12. 6. 1936, JW 1936, 3118.
BALLERSTEDT, KURT	Kapital, Gewinn und Ausschüttung bei Kapitalgesellschaften. Eine gesellschaftsrechtliche Betrachtung, Tübingen 1949.
BAUMBACH, ADOLF/ HUECK, ALFRED	GmbH-Gesetz, Kommentar, 13. Auflage, München 1969.
BIRKHOLZ, HANS	Das neue Aktiengesetz in steuerlicher Sicht, BB 1966, 709.
BLÜMICH, WALTER/ FALK, LUDWIG	Einkommensteuergesetz, Kommentar, Band I, 10. Auflage, Berlin und Frankfurt/M. 1971; Band II, 9. Auflage, Berlin und Frankfurt/M. 1964.
BOESEBECK, ERNST	Anmerkung zum Urteil des RG – II 94/38 – vom 25. 1. 1939, DR 1939, 434.
BÖTTCHER, CONRAD/ BEINERT, JÖRG	Der Wechsel der Unternehmensform, Veräußerungsgeschäft oder gesellschaftsrechtlicher Vorgang, DB 1968, 1961.
BÖTCHER, CONRAD/ BEINERT, JÖRG/ HENNERKES, BRUN-HAGEN	Wechsel der Unternehmensform; Umwandlung, Verschmelzung, Einbringung; 3. Auflage, Stuttgart 1971.

Böttcher, Conrad/ Meilicke, Heinz	Umwandlung und Verschmelzung von Kapitalgesellschaften, 5. Auflage, Berlin und Frankfurt/M. 1958.
Brinkmann, Ingrid	Zur Ermittlung des Firmenwertes, StLex 3, §§ 5 - 6, 83.
Brönner, Herbert	Die Besteuerung der Gesellschaften, des Gesellschafterwechsels und der Umwandlungen, 12. Auflage, Stuttgart 1970 (zit.: *Brönner*, Besteuerung der Gesellschaften).
Brönner, Herbert	Umwandlungssteuergesetz, Gesetz über steuerliche Maßnahmen bei Änderung der Unternehmensform, Kommentar, Berlin 1969 (zit.: *Brönner*, UmwStG).
Brönner, Herbert	Die Bilanz nach Handels- und Steuerrecht, 7. Auflage, Stuttgart 1968 (zit.: *Brönner*, Bilanz).
Bühler, Ottmar/ Scherpf, Peter	Bilanz und Steuer, 7. Auflage, München 1971.
Caspers, Hans-Friedrich	Das Gesetz zur Ergänzung der handelsrechtlichen Vorschriften über die Änderung der Unternehmensform, WM 1969, Sonderbeilage Nr. 3 zu Teil IV, S. 3.
Canaris, Claus-Wilhelm	Die Feststellung von Lücken im Gesetz, Dissertation, Berlin 1964.
Curtius-Hartung, Rudolf	Steuererleichterungen für Umwandlungen, BB 1968, 964.
Curtius-Hartung, Rudolf	Immaterielle Werte – ohne Firmenwert – in der Ertragsteuerbilanz, StbJb 1969/70, 325.
Deubner, Peter	Die Aktivierung und Abschreibung des Geschäftswerts in der Steuerbilanz, Dissertation, Köln 1971.

DÖLLERER, GEORG	Rechnungslegung nach dem neuen Aktiengesetz und ihre Auswirkungen auf das Steuerrecht, BB 1965, 1405.
DÖLLERER, GEORG	Aktienrecht und Steuerrecht, Wpg 1969, 333.
DÖLLERER, GEORG	Die Maßgeblichkeit der Handelsbilanz für die Steuerbilanz, BB 1969, 501.
DÖLLERER, GEORG	Wahlrechte bei Aufstellung der Bilanz, BB 1969, 1445.
DÖLLERER, GEORG	Maßgeblichkeit der Handelsbilanz in Gefahr, BB 1971, 1333.
DORNFELD, ROBERT ERNST/ ROSE, GERD	Teilbetriebsausgliederung und Vermögensabgabe, DB 1969, 1997
DÜRINGER, ADELBERT/ HACHENBURG, MAX	Das Handelsgesetzbuch, Kommentar, III. Band, 1. Teil, 3. Auflage, Mannheim, Berlin, Leipzig 1934 (zit.: *Düringer/Hachenburg/Bearbeiter*).
ELLENBERGER, GERT	Die Bilanzierung unentgeltlich erworbener Wirtschaftsgüter nach Handels- und Steuerrecht, Wpg 1971, 237, 271.
ENGISCH, KARL	Einführung in das juristische Denken, 2. Auflage, Stuttgart 1959.
FASOLD, RUDOLF	Das neue Umwandlungssteuergesetz, StbJb 1968/69, 221.
FASOLD, RUDOLF	Der originäre Geschäftswert bei Änderung der Unternehmensform, BB 1969, 1428.
FASOLD, RUDOLF	Probleme der Handels- und der Steuerbilanz bei Änderung der Unternehmensform, Wpg 1970, 219.

FASOLD, RUDOLF	Das Umwandlungssteuergesetz - ein Jahr danach, StbJb 1970/71, 183.
FASOLD, RUDOLF	Der Einführungserlaß zum Umwandlungssteuergesetz 1969, AG 1971, 300.
FASOLD, RUDOLF	Aktuelles aus dem Einführungserlaß zum Umwandlungssteuergesetz, BB 1971, 300.
FASOLD, RUDOLF	Zweifelsfragen zum Umwandlungssteuergesetz, kritische Anmerkungen zur Regelung durch die Finanzverwaltung, BB 1972, 309.
FELIX, GÜNTHER	Umwandlungsteuer-Praktikum, Köln 1969.
FLUME, WERNER	Ungelöste steuerliche Probleme der Unternehmenskonzentration, ZfbF 1968, 90.
FREERICKS, WOLFGANG	Der immaterielle Erwerb immaterieller Anlagewerte, FR 1969, 518.
FREY, GÜNTHER	Sacheinlage, Umwandlung und Verschmelzung im Aktienrecht, BB 1969, 1489.
FRIEDRICH, WERNER	Realisierung des Geschäftswerts bei Umwandlung einer Kapitalgesellschaft, DB 1954, 460.
GAIL, WINFRIED	Steuerliche Anerkennung der aktienrechtlichen Aktivierungsverbote, Wpg 1969, 273.
GAIL, WINFRIED	Einzelfragen zum Umwandlungssteuergesetz, NWB Fach 18, S. 2041.
GAITZSCH, ALBRECHT	Zur Umwandlung von Personengesellschaften in Kapitalgesellschaften, Dissertation, Freiburg im Breisgau 1965.

GEORGE, HEINZ	Bewertung immaterieller Wirtschaftsgüter in der Handels- und Steuerbilanz, NWB Fach 17 a, S. 381.
GEßLER, ERNST	Grundfragen der GmbH-Reform, BB 1971, 665.
GLADE, ANTON	Zur Behandlung des Firmenwertes in der Ertragsteuerbilanz und nach dem Bewertungsgesetz, insbesondere Bewertungs- und Berechnungsmethoden, StbJb 1969/70, 287.
GLADE, ANTON	Steuererleichterungen bei Änderung der Unternehmensform, NWB Fach 18, S. 2015.
GLADE, ANTON	Einzelfragen zum Umwandlungssteuergesetz 1969, kritische Stellungnahme zum BdF-Erlaß vom 20. 7. 1970, NWB Fach 18, S. 2047.
GLADE, ANTON/ STEINFELD, GUSTAV	Kommentar zum Umwandlungssteuergesetz 1969, Herne/ Berlin 1970 (zit.: *Glade/Steinfeld*, UmwStG).
v. GODIN, REINHARD FREIH./ WILHELMI, HANS/ WILHELMI, SYLVESTER	Aktiengesetz, Kommentar, Band I, §§ 1 – 178, Band II, §§ 179 – 410, 4. Auflage, Berlin 1971.
GREIFENHAGEN, H.	Das Aktivierungsverbot für eigengebildete immaterielle Anlagewerte nach § 153 Abs. 3 AktG 1965 und die Steuerbilanz, FR 1967, 332.
GRIEGER, RUDOLF	Anmerkung zum Urteil des BFH – I 405/61 U – vom 22. 6. 1965, BB 1965, 900.
GRIEGER, RUDOLF	Anmerkung zum Urteil des BFH – VI 185/64 U – vom 8. 10. 1965, BB 1965, 1387.
GROH, MANFRED	Einkommensteuerliche Wirkungen der Einbringung von Unternehmen in Kapitalgesellschaften, StuW 1963, Sp. 449.

GROẞKOMMENTAR ZUM AKTIENGESETZ	1. Band, 1. Lieferung, §§ 1 – 53, 2. Band, §§ 148 – 178, 3. Auflage, Berlin 1970 (zit.: *Bearbeiter* in Großk.AktG); 2. Band, §§ 145 – 304, 2. Auflage, Berlin 1965 (zit.: *Bearbeiter* in Großk.AktG, 2. Auflage).
GROẞKOMMENTAR ZUM HANDELSGESETZBUCH	1. Band, §§ 1 – 104, 2. Band, §§ 105 – 127, 3. Auflage, Berlin 1967 (zit.: *Bearbeiter* in Großk.HGB).
GRUND, WALTER	Das neue Umwandlungssteuergesetz, DStZ A 1968, 217.
HACHENBURG, MAX	Kommentar zum Gesetz betreffend die Gesellschaften mit beschränkter Haftung, 1. Band (§§ 1 – 34), 6. Auflage, Berlin 1956, 2. Band (§§ 35 – 84), 6. Auflage, Berlin 1959 (zit.: *Hachenburg/Bearbeiter*).
HERRMANN, CARL/ HEUER, GERHARD	Kommentar zur Einkommensteuer und Körperschaftsteuer, Band II, IV, VI und VII, 14. Auflage, 96. Ergänzungslieferung, Köln-Marienburg 1971.
HÜBL, LEO	Das Umwandlungssteuergesetz 1969, StbJB 1969/1970, 215.
HÜBSCHMANN, WALTER/ HEPP, GEORG/ SPITALER, ARMIN	Kommentar zur Reichsabgabenordnung (zit.: *Hübschmann/Hepp/Spitaler/Bearbeiter*), Band I und III, 6. Auflage, 69. Lieferung, Köln 1971.
HUECK, ALFRED	Die Umwandlung von Personengesellschaften in Kapitalgesellschaften. Handelsrechtlicher Teil, StuW 1953, 316.
HUECK, ALFRED	Gesellschaftsrecht, 15. Auflage, München 1970

HUECK, ALFRED	Das Recht der offenen Handelsgesellschaft, 4. Auflage, Berlin 1971
KAMPRAD, BALDUIN	Einbringung Berliner Betriebe oder Mitunternehmeranteile in Kapitalgesellschaften nach dem UmwStG 1969, DB 1970, 1291.
KILLINGER, WOLFGANG	Ertragsteuerliche Behandlung von Anteilen an Kapitalgesellschaften, die durch die Einbringung eines Betriebes entstanden sind, DStR 1969, 421.
KNUR, ALEXANDER	Die Reform des Umwandlungsrechts und des Umwandlungssteuerrechts, DNotZ 1971, 10.
KOBS, ERWIN	Änderungen der Unternehmensformen im Bilanzsteuerrecht, insbesondere bei Personengesellschaften, Herne/Berlin 1970
KÖLNER KOMMENTAR ZUM AKTIENGESETZ	Band 1, 1. Lieferung, §§ 1 – 53, Köln/Berlin/Bonn/München 1971; Band 2, 1. Lieferung, §§ 148 – 178, Köln/Berlin/Bonn/München 1971 (zit.: *Bearbeiter* in Kölner Komm. z. AktG).
KREILE, REINHOLD	Europäisches Umwandlungssteuergesetz, BB 1971, 793.
KROPFF, BRUNO	Bilanzwahrheit und Ermessensspielraum in den Rechnungslegungsvorschriften des Aktiengesetzes 1965, Wpg 1966, 369.
KÜHNE, WALTER/ WOLFF, BERNHARD	Die Gesetzgebung über den Lastenausgleich, Ausgabe A, Band II, 27. Ergänzungslieferung, Stuttgart 1971.
LARENZ, KARL	Methodenlehre der Rechtswissenschaft, Berlin und München 1960
LEHMANN, HEINRICH/ HÜBNER, HEINZ	Allgemeiner Teil des Bürgerlichen Gesetzbuches, 15. Auflage, Berlin 1966.

LEHMANN, MICHAEL	Die ergänzende Anwendung von Aktienrecht auf die Gesellschaft mit beschränkter Haftung, Köln 1970.
LENSKI, EDGAR	Zur steuerlichen Behandlung originär entstandener Geschäftswerte, insbesondere im Verlagswesen, BB 1955, 1085.
LENSKI, EDGAR	Aktuelle Fragen des Einkommensteuer- und des Gewerbesteuerrechts, StbJb 1967/68, 267.
LITTMANN, EBERHARD	Das Einkommensteuerrecht, Kommentar zum Einkommensteuergesetz, 9. Auflage, Stuttgart 1969 (zit.: *Littmann*, EStR).
LITTMANN, EBERHARD	Keine Pensionsrückstellungen mehr für Gesellschafter-Geschäftsführer von Personengesellschaften, DStR 1967, 404.
LITTMANN, EBERHARD	Zur Tragweite der neugefaßten §§ 5, 6 EStG, DStR 1969, 321.
LITTMANN, EBERHARD	Gesetz über steuerliche Maßnahmen bei Änderung der Unternehmensform - UmwStG 1969 -, Teil III, DStR 1969, 587.
LITTMANN, EBERHARD	Grundsatz der Maßgeblichkeit der Handelsbilanz für die Steuerbilanz am Scheideweg, Inf 1970, 1.
LITTMANN, EBERHARD	Buchbesprechung: Umwandlungs-Steuergesetz 1969, Umwandlung, Fusion, Einbringung, von Dr. Gerold Loos, DStR 1970, 203.
LOHNERT, FRIEDRICH	Die Einbringung eines Betriebes, Teilbetriebes oder Mitunternehmeranteils in eine Kapitalgesellschaft, BB 1970, 253.
LOOS, GEROLD	Umwandlungs-Steuergesetz 1969, Umwandlung/ Fusion/Einbringung, Kommentar, 2. Auflage, 2. Ergänzungslieferung, Düsseldorf 1971.

Loos, Gerold	Der Gesetzesentwurf über Steuererleichterungen bei Änderung der Unternehmensform, StKongrRep 1968, 96.
Loos, Gerold	Das Gesetz über steuerliche Maßnahmen bei Änderung der Unternehmensform, GmbHR 1969, 178.
Loos, Gerold	Die Betriebseinbringung in eine Kapitalgesellschaft gemäß UmwStG 1969, DB 1970, 9.
Loos, Gerold	Einbringung eines Betriebs oder Teilbetriebs durch eine Personengesellschaft in eine Kapitalgesellschaft gemäß §§ 17 ff. UmwStG, BB 1971, 304.
Loos, Gerold	Resümee der praktischen Erfahrungen mit dem UmwStG 1969 und Ausblick auf die Auswirkungen der geplanten Körperschaftssteuerreform auf das UmwStG, JbFfSt 1971/72, 191.
Markefski, Dieter	Ist der unter Berufung auf die Bilanzbündeltheorie erweiterte Betriebsvermögensbegriff des Bundesfinanzhofs bei Personengesellschaften berechtigt?, DStR 1971, 301.
Meyer-Arndt, Lüder	Steuerbegünstigt umwandeln, Heidelberg 1970.
Meyer-Ladewig, Jens	Die Umwandlung von Unternehmen in Gesellschaften mit beschränkter Haftung nach dem neuen handelsrechtlichen Umwandlungsgesetz, GmbHR 1969, 231.
Meyer-Ladewig, Jens	Die neuen handelsrechtlichen Vorschriften über die Änderung der Unternehmensform und ihre Bedeutung für das deutsche Gesellschaftsrecht, BB 1969, 1005.

MÜLLER, HANS-PETER	Einzelfragen zu den neuen Vorschriften des handelsrechtlichen Umwandlungsgesetzes – Umwandlung von Personengesellschaften und Einzelfirmen in Kapitalgesellschaften, Wpg 1969, 590.
MUTZE, OTTO	Aktivierung und Bewertung immaterieller Wirtschaftsgüter nach Handels- und Steuerrecht, Berlin 1960 (zit.: *Mutze*, Aktivierung).
MUTZE, OTTO	Die Abweichungen der Steuerbilanz von der Handelsbilanz bei Bilanzierung immaterieller Wirtschaftsgüter, StBp 1961, 141.
MUTZE, OTTO	Bilanzen und Bilanzstichtage bei Umwandlung, Verschmelzung und Kapitalerhöhung aus Gesellschaftsmitteln, BB 1969, 1055.
NEBE, HARTMUT	Fällt die Einheitstheorie beim Geschäftswert?, StB 1970, 218.
NISSEN, KARL-HEINZ	Änderung der §§ 5 und 6 des Einkommensteuergesetzes, DStZ A 1969, 129.
PALANDT, OTTO	Bürgerliches Gesetzbuch, Kommentar, 31. Auflage, München 1972 (zit.: *Palandt/Bearbeiter*).
PLÜCKEBAUM, RUDOLF	Neue Gedanken zur Betriebsverpachtung und Betriebseinstellung. Versuch einer systematischen Abgrenzung des Begriffs „wesentliche Betriebsgrundlagen" mit zahlreichen Beispielen, DStR 1967, 85.
PLÜCKEBAUM, RUDOLF	Fragen der Einbringung in eine Kapitalgesellschaft und in eine Personengesellschaft nach dem Umwandlungssteuergesetz, StBp 1971, 101.
PLÜCKEBAUM, RUDOLF	Immaterielle Wirtschaftsgüter und Rechnungsabgrenzungsposten, StLex 3, §§ 5 – 6, 9.

Quack, Engelbert	Die Einlage immaterieller Wirtschaftsgüter des Anlagevermögens im Einkommensteuerrecht, Körperschaftsteuererrecht und im Umwandlungssteuergesetz 1969 – Zum Geltungsbereich des § 5 Abs. 2 EStG, DStR 1972, 131.
Rau, Hans-Gerd	Ende der Pensionsrückstellungen für geschäftsführende Gesellschafter von Personengesellschaften? BB 1968, 412.
Rau, Hans-Gerd	Berücksichtigung der Vermögensabgabe bei Änderung der Unternehmensform, DB 1969, 455.
Rau, Hans-Gerd	Steuerliche Übernahme handelsrechtlicher Bilanzierungsvorschriften, DB 1969, 676.
Rau, Hans-Gerd	Das Umwandlungssteuergesetz 1969, DB 1969, 1421.
Reichsgerichtsräte-Kommentar	Das Bürgerliche Gesetzbuch, Kommentar, I. Band, 2. Teil, 11. Auflage, Berlin 1960; III. Band, 1. Teil, 11. Auflage, Berlin 1959 (zit.: *Bearbeiter* in RGRK z. BGB); Kommentar zum Handelsgesetzbuch, 2. Band, 2. Auflage, Berlin 1950 (zit.: *Weipert* in RGRK z. HGB).
Saage, Gustav	Veränderte Grundlagen der Gewinnermittlung nach Handels- und Steuerrecht (II), DB 1969, 1709.
Sauer, W.	Ist ein durchgeführtes vergleichsverfahren ein Indiz für das Nichtvorhandensein eines Geschäftswerts? Zur Berechnung des Geschäftswerts, StBp 1971, 183.
Schaudwet, Manfred	Die Behandlung des Geschäftswerts bei der Umwandlung einer Personengesellschaft in eine GmbH, GmbHR 1968, 51.

SCHLEGELBERGER, FRANZ	Aktiengesetz, Kommentar, Berlin 1937 (zit.: *Schlegelberger/Quassowski*, AktG); Handelsgesetzbuch, Kommentar, 2. Band, 4. Auflage, Berlin und Frankfurt/M. 1963 (zit.: *Schlegelberger/Geßler*, HGB).
SCHMALENBACH, EUGEN/ BAUER, RICHARD	Die Beteiligungsfinanzierung, 9. Auflage, Köln und Opladen 1966.
SCHNEIDER, ERNST/ SCHLAUS, WILHELM	Das neue Umwandlungsrecht, DB 1969, 2213.
SCHOLZ, FRANZ	Kommentar zum GmbH-Gesetz, 4. Auflage, Köln 1960.
SCHOLZ, FRANZ	Die Sacheinlagen der GmbH, GmbHR 1957, 65.
SCHULZE, WALTER	Zur Frage der Gewinnrealisierung bei der Umgründung von Eigenbetrieben in Eigengesellschaften, StuW 1960, Sp. 615.
SIEBEL, HANS D.	Zum Problem der Abschreibung des Geschäftswerts, BB 1971, 612.
SOERGEL, HANS THEODOR/ SIEBERT, WOLFGANG	Kommentar zum Bürgerlichen Gesetzbuch, Band 3, Schuldrecht II, 10. Auflage, Stuttgart/Berlin/ Köln/Mainz 1969 (zit.: *Soergel/Siebert/Bearbeiter*).
SPITZENVERBÄNDE DER WIRTSCHAFT	Stellungnahme zum Referentenentwurf eines GmbH-Gesetzes, GmbHR 1970, 41.
V. STAUDINGER, JULIUS	Kommentar zum Bürgerlichen Gesetzbuch, Band II, 4. Teil, Lieferung 1, 11. Auflage, Berlin 1958 (zit.: *v. Staudinger/Keßler*).
STEINFELD, GUSTAV	Änderung der §§ 5 und 6 des Einkommensteuergesetzes, Inf 1969, 214.

STEINFELD, GUSTAV	Der Einführungserlaß zum Umwandlungssteuergesetz 1969 – Klärung von Zweifelsfragen, Inf 1970, 533.
THEIS, JAKOB	Das Nachholverbot bei Pensionsverpflichtungen, FR 1956, 444.
THIEL, RUDOLF	Handelsrechtliche und steuerrechtliche Bewertung von Sacheinlagen bei der Kapitalgesellschaft, DB 1961, 212.
THIEL, RUDOLF	Gewinnverwirklichung bei Einlagen in eine Kapitalgesellschaft, DB 1961, 212.
THIEL, RUDOLF	Die Umwandlung einer Personengesellschaft in eine Kapitalgesellschaft unter besonderer Berücksichtigung der Verwendung der AG & Co. oder der GmbH & Co., Wpg 1966, 11, 41.
THIEL, RUDOLF	Die steuerneutrale Umwandlung von Kapitalgesellschaften, FR 1967, 354.
THIEL, RUDOLF	Das Gesetz zur Änderung der §§ 5 und 6 EStG, FR 1969, 165.
THIEL, RUDOLF	Die Bilanzierungsnormen des Aktienrechts und ihre Bedeutung für die Steuerbilanz, StbJB 1969/70, 255.
THOLE, ERICH	Der Geschäftswert im Steuerrecht, Dissertation, Münster 1960.
TIPKE, KLAUS	Steuerrecht und bürgerliches Recht, JuS 1970, 149.
UELNER, ADALBERT	Einbringung von Betrieben in Kapitalgesellschaften und in Personengesellschaften als Sacheinlagen, „Änderung der Unternehmensform" (Veröffentlichung einer Vortragsreihe), Bonn 1969, S. 45 – 69 (zit.: *Uelner*, S.).

UELNER, ADALBERT	Die Änderungen der §§ 5 und 6 EStG und ihre Bedeutung für das Bilanzsteuerrecht, NWB Fach 17 a, S. 311.
UHL, HANS	Die Verbuchung des Einbringens einer Personengesellschaft in eine neu gegründete GmbH unter Berücksichtigung der dabei anfallenden Steuern, GmbHR 1965, 121.
VANGEROW, FRIEDRICH	Originärer Geschäftswert bei Umwandlung einer Kapitalgesellschaft in eine Personengesellschaft, StuW 1956, Sp. 843.
VEITH, HANS-JOACHIM/ BÖRNSTEIN, ULRICH	Umwandlungsgesetz und Umwandlungssteuergesetz, München und Berlin 1958.
VAN DER VELDE, KURT	Zur Behandlung immaterieller Wirtschaftsgüter und Rechnungsabgrenzungsposten in der Handels- und in der Steuerbilanz, FR 1969, 441.
V. WALLIS, HUGO	Steuerfragen bei der Einbringung eines Personenunternehmens in eine Kapitalgesellschaft, BB 1968, 1477.
V. WALLIS, HUGO	Die Umwandlung von Personengesellschaften in Kapitalgesellschaften, StuW 1970, Sp. 465.
WEBER, HARALD	Zu einigen Grundfragen der Besteuerung verbundener Unternehmen, JZ 1972, 482.
WIDMANN, SIEGFRIED/ MAYER, ROBERT	Umwandlungsrecht, Kommentar, 3. Ergänzungslieferung, Bonn 1972.
WIEBUSCH, H. F.	Die Bewertung des Wettbewerbsverzichts bei der Betriebsveräußerung, StBp 1971, 78.
WINTER, HEINZ	Grundsätzliche Fragen zum Regierungsentwurf eines GmbH-Gesetzes, GmbHR 1972, 5.

WÖHE, GÜNTER	Zur Reform der Unternehmensbesteuerung, Dritter Teil: Die Gewinnermittlungsvorschriften des EStG, DStR, 1971, 391.
WÜRDINGER, RUDOLF	Steuererleichterungen bei Änderung der Unternehmensform und bei Organschaft, Berlin 1969 (zit.: *Würdinger*, Steuererleichterungen).
WÜRDINGER, RUDOLF	Die Problematik einer Übernahme der Sacheinlage unter dem Teilwert; eine Betrachtung zu den §§ 17 ff. UmwStG, StuW 1970, 255.

Verzeichnis der gerichtlichen Entscheidungen

Bundesverfassungsgericht

Beschluss vom		Geschäftsz.		Fundstelle
17. 01. 1957	-	1 BvL 4/54	-	BVerfGE 6, 55
11. 11. 1964	-	1 BvR 216/64	-	BVerfGE 18, 224
24. 09. 1965	-	1 BvR 228/65	-	BVerfGE 19, 119
09. 03. 1971	-	2 BvR 345/69	-	BVerfGE 30, 250

Urteil vom		Geschäftsz.		Fundstelle
15. 07. 1969	-	1 BvR 457/66	-	BStBl. 1969 II, 718

Bundesgerichtshof

Urteil vom		Geschäftsz.		Fundstelle
28. 04. 1954	-	II ZR 8/53	-	BGHZ 13, 179
17. 11. 1955	-	II ZR 42/54	-	BGHZ 19,42
16. 02. 1959	-	II ZR 170/57	-	BGHZ 29,300
19. 05. 1960	-	II ZR 72/59	-	BGHZ 32, 307
27. 02. 1961	-	II ZR 292/59	-	BGHZ 34, 324
08. 11. 1965	-	II ZR 223/64	-	NJW 1966, 499
02. 05. 1966	-	II ZR 219/63	-	JZ 1966, 450

Kammergericht

Urteil vom		Geschäftsz.		Fundstelle
09. 09. 1937	-	1 WX 655/36	-	HRR 1937, Nr. 1647

LG Köln

Beschluss vom		Geschäftsz.		Fundstelle
26. 02. 1959	-	24 T 6/58	-	BB 1959, 1081

Bundesfinanzhof

Beschluss vom		Geschäftsz.		Fundstelle
03. 02. 1969	-	GrS 2/68	-	BStBl. 1969 II, 291

Urteil vom		Geschäftsz.		Fundstelle
15. 05. 1952	-	IV 469/51 U	-	BStBl. 1952 III, 169
04. 02. 1954	-	IV 347/53 S	-	BStBl. 1954 III, 112
19. 07. 1955	-	I 149/54 S	-	BStBl. 1955 III, 266
11. 10. 1955	-	I 117/54 S	-	BStBl. 1956 III, 11
06. 12. 1955	-	I 193/55 U	-	BStBl. 1956 III, 17
22. 12. 1955	-	IV 537/54 U	-	BStBl. 1956 III, 65
13. 03. 1956	-	I 209/55 U	-	BStBl. 1956 III, 149
29. 05. 1956	-	I 39/56 S	-	BStBl. 1956 III, 226
04. 09. 1956	-	I 63/65 U	-	BStBl. 1956 III, 304
22. 08. 1957	-	IV 154/56 U	-	BStBl. 1957 III, 352
13. 09. 1957	-	III 50/56 U	-	BStBl. 1957 III, 376
14. 01. 1958	-	I 159/57 U	-	BStBl. 1958 III, 75
04. 02. 1958	-	I 173/57 U	-	BStBl. 1958 III, 109
15. 04. 1958	-	I 61/57 U	-	BStBl. 1958 III, 330
24. 03. 1959	-	I 205/57 U	-	BStBl. 1959 III, 289
24. 04. 1959	-	VI 19/57 U	-	BFHE 68, 619
05. 05. 1959	-	I 11/58 S	-	BStBl. 1959 III, 369
04. 08. 1959	-	I 4/59 S	-	BStBl. 1959 III, 374
18. 03. 1960	-	I 37/60 U	-	BStBl. 1960 III, 123
28. 07. 1960	-	IV 27/59 U	-	BStBl. 1960 III 403
11. 10. 1960	-	I 229/59 U	-	BStBl. 1960 III, 509
11. 10. 1960	-	I 229/59 U	-	BFHE 71, 695
10. 11. 1960	-	IV 62/60 U	-	BStBl. 1961 III, 95
29. 11. 1960	-	I 117/60 S	-	BStBl. 1961 III, 183

Urteil vom		Geschäftsz.		Fundstelle
22. 06. 1961	-	IV 95/59 S	-	BStBl. 1961 III, 421
16. 01. 1962	-	I 57/61 S	-	BStBl. 1962 III, 104
06. 02. 1962	-	I 197/61 S	-	BStBl. 1962 III, 190
26. 06. 1962	-	I 188/61 S	-	BStBl. 1962 III, 399
20. 11. 1962	-	I 266/61 U	-	BStBl. 1963 III, 59
05. 07. 1963	-	VI 333/61 U	-	BStBl. 1969 III, 492
10. 07. 1963	-	IV 186/60 U	-	BStBl. 1963 III, 501
20. 09. 1963	-	VI 26/63 U	-	BStBl. 1963 III, 503
29. 11. 1963	-	VI 170/62 U	-	BStBl. 1964 III, 45
31. 01. 1964	-	VI 337/62 S	-	BStBl. 1964 III, 240
07. 02. 1964	-	IV 19/63 U	-	BStBl. 1964 III, 328
26. 02. 1964	-	I 383/61 U	-	BStBl. 1964 III, 423
13. 03. 1964	-	VI 343/61 S	-	BStBl. 1964 III, 359
28. 10. 1964	-	VI 102/64 U	-	BStBl. 1965 III, 88
28. 10. 1964	-	IV 155/63 U	-	StRK EStG § 15, R. 558
03. 12. 1964	-	IV 419/62 U	-	BStBl. 1965 III, 92
19. 02. 1965	-	III 342/61 U	-	BFHE 82, 1
22. 06. 1965	-	I 405/61 U	-	BStBl. 1965 III, 482
13. 07. 1965	-	I 167/59 U	-	BStBl. 1965 III, 640
08. 10. 1965	-	VI 185/64 U	-	BStBl. 1965 III, 708
25. 11. 1965	-	V 173/63 U	-	BStBl. 1966 III, 168
15. 12. 1965	-	I 193/62 S	-	BStBl. 1966 III, 202
28. 03. 1966	-	VI 320/64	-	BStBl. 1966 III, 456
05. 07. 1966	-	I 30/64	-	BStBl. 1966 III, 604
29. 09. 1966	-	IV 308/64	-	BStBl. 1967 III, 180
04. 10. 1966	-	I 1/64	-	BStBl. 1966 III, 690
30. 11. 1966	-	I R 110/66	-	BStBl. 1967 III, 153
18. 01. 1967	-	I 77/64	-	BStBl. 1967 III, 334
16. 02. 1967	-	IV R/62-66	-	BStBl. 1967 III, 222
12. 04. 1967	-	VI R 187/66 U	-	BStBl. 1967 III, 419
31. 10. 1967	-	II 148/63	-	BFHE 91, 127
04. 04. 1968	-	IV R 122/66	-	BStBl. 1968 II, 580
01. 08. 1968	-	I 206/65	-	BStBl. 1969 II, 66
16. 10. 1968	-	I 85/86	-	BStBl. 1969 II, 147
20. 03. 1969	-	IV R 43/67	-	BStBl. 1969 II, 463
13. 03. 1970	-	II 83/62	-	BFHE 99, 133
16. 06. 1970	-	II 95-96/64	-	BFHE 99, 413

Urteil vom		Geschäftsz.		Fundstelle
16. 06. 1970	-	II 95-96/64	-	BStBl. 1970 II, 690
05. 08. 1970	-	I R 180/66	-	BStBl. 1970 II, 804
16. 09. 1970	-	I R 196/67	-	BStBl. 1971 II, 175
11. 08. 1971	-	VIII R 13/65	-	DStZ B 1972, 87

Reichsfinanzhof

Urteil vom		Geschäftsz.		Fundstelle
30. 03. 1927	-	VI A 108/27	-	RStBl. 1927, 161
26. 09. 1928	-	VI A 1139/28	-	RStBl. 1928, 363
17. 04. 1929	-	VI A 594/27	-	RStBl. 1929, 449
24. 03. 1931	-	I A 235/30	-	RStBl. 1931, 304
29. 07. 1931	-	VI A 1265/29	-	RStBl. 1931, 852
05. 11. 1931	-	I A 180/30	-	RStBl. 1932, 63
26. 11. 1931	-	VI A 1978/31	-	StuW 1932 II, Nr. 653
09. 05. 1933	-	VI A 434/30	-	RStBl. 1933, 999
16. 11. 1933	-	III A 243/33	-	RStBl. 1934, 37
12. 04. 1934	-	VI 1559/32	-	RStBl. 1934, 838
31. 10. 1934	-	VI A 848/33	-	Mrozek-Kartei § 16 Abs. 1 Ziff. 1 EStG 1934, R 1
06. 03. 1935	-	VI A 890	-	StuW 1935 II, Nr. 288
23. 05. 1935	-	I A 110/33	-	RStBl. 1935, 1467
17. 07. 1936	-	III A 67/36	-	RStBl. 1936, 877
25. 11. 1936	-	VI A 874/35	-	Mrozek-Kartei § 16 Abs. 1 Ziff. 1 EStG 1934, R 18
16. 12. 1936	-	VI A 589/35	-	RStBl. 1937, 503
14. 07. 1937	-	VI A 422/37	-	RStBl. 1937, 937
19. 01. 1938	-	VI 533/36	-	RStBl. 1938, 179
18. 10. 1938	-	I 290/38	-	RStBl. 1938, 1107
02. 08. 1939	-	VI 387/39	-	RStBl. 1939, 1078
10. 01. 1940	-	VI 704/39	-	RStBl. 1940, 134
13. 03. 1940	-	VI 750/39	-	RStBl. 1940, 474
14. 01. 1942	-	VI 129/41	-	RStBl. 1942, 314

FG Münster

Urteil vom		Geschäftsz.		Fundstelle
14. 10. 1970	-	II 2235/67 E	-	EFG 1971, 169

FG Nürnberg

Urteil vom		Geschäftsz.		Fundstelle
09. 06. 1970	-	II 324/65	-	EFG 1970, 515
23. 10. 1970	-	III 218/67	-	StBp 1971, 183
17. 12. 1971	-	III 54/70	-	StBp 1972, 90